浙江省普通高校“十三五”新形态教材

大学生
心理健康与发展

第二版

主编　郭洪芹

中国教育出版传媒集团
高等教育出版社·北京

内容提要

本书以心理健康为主线、以身心发展为主调，以全体学生为主体，以学以致用为目标，强调“心理健康”的意识培养、知识学习与技能习得的融合贯通，旨在帮助学习者在学习心理健康知识的同时掌握科学的心理健康方法和理念，获得有益的心理体验并展开积极的人生思考。各章内容紧紧围绕“心理健康”这条主线展开，引入心理学、教育学、哲学、神经科学和医学等相关学科理论和方法；突出“发展性”，以学生心理发展中的普遍性问题和促进学生心理更健康需要作为教材内容的重心和重点；把教学的目标对象定位于全体学生，着眼于全体学生的心理健康教育。栏目设置注重知识综合和实践能力整合，从难、繁、偏、旧的书本知识转向关注学生的兴趣和能力培养，在章节设计、内容阐释、案例讲解、习题设计等方面有意识地引导学生以积极昂扬向上的态度认知世界，为适应并融入社会构筑良好的心理发展基础。与此同时，本书以二维码链接形式关联拓展资源，力求以学生的学习为中心，强调教学的过程性评价，教材呈现形式多样化。

本书可供普通本科院校和高职院校作为“大学生心理健康”课程教材使用，也可作为大学生学习了解心理健康知识的课余读物。

图书在版编目（CIP）数据

大学生心理健康与发展 / 郭洪芹主编．--2版．--北京：高等教育出版社，2023.2（2025.1重印）

ISBN 978-7-04-059475-1

Ⅰ．①大…　Ⅱ．①郭…　Ⅲ．①大学生-心理健康-健康教育-教材　Ⅳ．①G444

中国版本图书馆CIP数据核字（2022）第188298号

大 学 生 心 理 健 康 与 发 展
Daxuesheng Xinli Jiankang yu Fazhan

策划编辑　吴　军　　责任编辑　吴　军　　封面设计　王　琰　　版式设计　马　云
责任绘图　李沛蓉　　责任校对　窦丽娜　　责任印制　刘弘远

出版发行	高等教育出版社	网　　址	http://www.hep.edu.cn
社　　址	北京市西城区德外大街4号		http://www.hep.com.cn
邮政编码	100120	网上订购	http://www.hepmall.com.cn
印　　刷	北京七色印务有限公司		http://www.hepmall.com
开　　本	787 mm×960 mm　1/16		http://www.hepmall.cn
印　　张	20	版　　次	2016年8月第1版
字　　数	300千字		2023年2月第2版
购书热线	010-58581118	印　　次	2025年1月第2次印刷
咨询电话	400-810-0598	定　　价	40.90元

本书如有缺页、倒页、脱页等质量问题，请到所购图书销售部门联系调换

物 料 号　59475-00

序

我国高校的大学生心理健康教育大多起步于20世纪80年代中期，至今走过了近40年的发展历程，越来越多的人认识到大学生心理健康教育的重要性，心理健康教育已经成为高校人才培养体系的重要组成部分和高校思想政治工作的重要内容。

大学生心理健康教育是提高学生心理素质、促进学生身心健康和谐发展的教育。2001年3月教育部印发的高校心理健康教育第一个专门文件《关于加强普通高等学校大学生心理健康教育工作的意见》（教社政〔2001〕1号），对大学生心理健康教育的主要任务提出了明确和具体要求，即向广大学生宣传普及心理健康知识，使大学生认识自身，了解心理健康对成才的重要意义，树立心理健康意识；介绍增进心理健康的途径，使大学生掌握科学、有效的学习方法，养成良好的学习习惯，自觉地开发智力潜能，培养创新精神和实践能力；传授心理调适的方法，使大学生学会自我心理调适，有效消除心理困惑，自觉培养坚韧不拔的意志品质和艰苦奋斗的精神，提高承受和应对挫折的能力以及社会生活的适应能力；解析心理异常现象，使大学生了解常见心理问题产生的原因及主要表现，以科学的态度对待各种心理问题。2018年7月中共教育部党组印发的《高等学校学生心理健康教育指导纲要》（教党〔2018〕41号），总结我国高校心理健康教育数十年探索和实践成果，提出了大学生心理健康教育“四位一体”的工作模式，即教育教学、实践活动、咨询服务、预防干预。

大学生心理健康教育的课程教学，是高校开展心理健康教育的主要形式和基本途径。1987年2月，马建青在浙江大学开设了

“青年心理健康”课程，开创国内高校心理健康教育课程教学先河。由于课程教学具有教育涉及面广、利于系统传授心理健康知识、技能和方法的特点，20世纪90年代起心理健康教育课程教学逐渐在国内高校展开。为了加强大学生心理健康教育课程建设，提高大学生心理健康教育课程教学质量，充分发挥课堂教学在大学生心理健康教育工作中的主渠道作用，教育部于2011年印发了《普通高等学校学生心理健康教育课程教学基本要求》（教思政厅〔2011〕5号），对大学生心理健康教育课程的课程性质与教学目标、主要教学内容、课程设置、教学模式与教学方法等做了明确规定。2018年教育部党组印发的《高等学校学生心理健康教育指导纲要》，根据大学生心理健康教育发展的需要，对心理健康教育课程建设和教学进一步提出了具体要求。

浙江工商大学自1993年起开设大学生心理健康教育选修课程，2012年起开设大学生心理健康教育必修课程。为了保障课程教学质量，我校重视心理健康教育课程的教材建设，根据教学需要精心组织心理健康教育专兼职教师认真编写教材，先后出版了《大学生心理健康》（清华大学出版社2008年版）、《大学生心理健康与发展》（高等教育出版社2016年版）。本书是对2016年版《大学生心理健康与发展》的修订，由郭洪芹老师主编，是郭洪芹老师主持的2020年浙江省普通高校“十三五”新形态教材建设项目成果。全书以心理健康为主线，以身心发展为主调，以全体学生为主体，以学以致用为目标，强调心理健康的意识培养、知识学习与技能习得的融合贯通。本书有以下五个特点：一是凸显课程教学与价值引领相结合。全书坚持立德树人，紧扣时代发展，以社会主义核心价值观为引领，挖掘提炼心理健康课程所蕴含的价值要素和德育功能。二是体现科学准确。全书内容展现学界公认和相对成熟的理论、观点、方法，体现马克思主义思想意识形态与个体心理健康发展的基本规律和要求。三是呈现理论与实践并重。本书内容具有较强的理论性，又体现理论联系实际，以理论支撑心理健康的理念、观点和方法，实现对大学生心理健康实践的指导。四是强调操作性。全书内容突出技能训练，重视技能习得、问题解决，旨在帮助大学生学会解决心理发展过程中遇到的心理问题或困难。五是可读性强。书中各级标题文艺、新颖，内容文字生动活泼、通俗易读，使枯燥难懂的概念、原理、理论变成鲜活易于理解和接受的内容。因此，本书既适于作为“大学生心理健康教育”课程的教材使用，也是适于广大青年朋友、教育工作者和学生家长作为了解心理学知识的阅读书籍。

本书主编郭洪芹老师，现任我校心理健康教育中心主任、副教授，硕士生导师；浙江省高校心理咨询专业委员会常务委员、副秘书长，浙江省高校心理咨询工作联盟副秘书长；拥有国家二级心理咨询师、中国心理学会注册心理师、中国心理卫生协会注册心理咨询师资质。郭老师与我是长期合作的同事、相互支持的朋友，我见证了她在心理健康教育事业上的勤勉和专业发展的成就。郭老师2003年从浙江大学心理系研究生毕业后，来到我校心理健康教育中心专职从事大学生心理健康教育工作，至今近20年。她是国内高校最早的专职心理健康教育教师之一，两次获得全国大学生心理咨询专业委员会心理健康教育“优秀工作者”荣誉称号，被评为首届浙江省十大“高校心理教师年度人物”。她既有扎实雄厚的心理健康教育理论功底，又有丰富深厚的心理健康教育实践经验，是国内高校心理健康教育领域的骨干教师。她长期负责我校心理健康教育课程建设和教学工作，在她的带领下，我校心理健康教育课程建设取得了可喜的成绩，获得2019年高等学校省级精品在线开放课程、2020年度省级线上线下混合式一流课程，获得2020年浙江省普通高校“十三五”新形态教材建设项目。她的教学案例被评为2019年浙江省本科院校“互联网+教学”优秀案例。参与本书编写的，是我校心理健康教育的专职或兼职教师，他们既有扎实的专业功底，又有丰富的心理健康教育工作经验，还有长期心理健康教育课程教学实践的积累。在郭洪芹老师的带领下，他们为本书付出了极大热情、洒下了辛勤汗水，在编写过程中展现了严谨的专业态度和高度的责任心。这样一支优秀的编写队伍，保障了本书的写作质量和水平。

祝贺《大学生心理健康与发展》（第二版）顺利出版，相信广大学生、读者通过认真阅读和学习本书，一定可以更准确地理解心理健康，更深刻地认识心理健康的意义，更科学地掌握维护和增进心理健康的方法。

王晓刚*

2022年2月28日于杭州

---

* 王晓刚，浙江工商大学马克思主义学院教授、硕士研究生导师，浙江工商大学心理健康教育中心原主任。中国心理学会注册督导师、中国心理卫生协会首批论证督导师。全国大学生心理咨询专业委员会常务委员，浙江省心理卫生协会理事，浙江省高校心理咨询专业委员会副主任委员。

目录

第一章

从“心”开始——心理健康导论

人生最曼妙的风景，是内心的淡定与从容。

——杨绛

随着时代的发展、科技的进步，我们的物质条件越来越好，但心理压力却越来越大，心理健康问题也越来越成为人们关注的焦点。越来越多人关注心理健康，并寻求解决心理困惑的途径。作为新时代的大学生，需要重视心理健康，增强心理健康意识，提高心理素养。本章将揭示心理的实质，分析人的心理现象，探讨心理健康的内涵和标准，介绍大学生心理健康的发展阶段与特点、大学生常见的心理问题及表现，并指导大学生掌握心理健康技能。

第一节　心的呼唤：心理健康概述

人们去喜欢的地方旅行会开心，失恋了会难过，买到假冒伪劣产品会愤怒，中了大奖会欢呼雀跃……这些都是人的心理现象。

一、心理现象概观

1-1　人的心理实质

（一）人的心理实质

人的心理现象微妙、复杂、变化万千，科学心理学认为，心理是脑的机能，人的心理是人脑对客观现实的主观能动的反映。

1. 人的心理是人脑的机能

古人认为“心之官则思”，一直把心脏看作产生心理活动的器官，可从文字表述中体会这一认知，如心想事成、心直口快、口是心非等。随着科学技术的不断进步，人们终于揭开心理的神秘面纱——心理是脑的机能。脑是产生心理活动的器官，心理现象是大脑中的神经系统运作的结果。没有正常健康的大脑，人就无法进行正常的心理活动。当人的大脑神经系统因为损伤或者疾病而遭到损害时，心理活动就会出现异常。如大脑皮层中角回受损会导致“失读症”，人就无法识别和理解文字的意思；大脑皮层中枕叶受损，人就会出现视力障碍。

20 世纪 60 年代以来，美国的心理生物学家斯佩里（R. W. Sperry）等在为治疗癫痫发作而施行割断连接两个大脑半球的胼胝体手术中，“发现大脑两半球的心理功能是有差异的。经过反复的研究发现，左半球为言语思维优势半球，右半球为空间定向优势半球。此后，持续的对两半球单侧化的大量研究，进一步揭示了左半球为认知优势半球，右半球为情绪优势半球；以及左顶叶为正性情绪优势、右顶叶为负性情绪优势等功能差异。”①由此可见，大脑是影响心理活动最关键、最核心的部位，心理是脑的机能。

2. 人的心理反应具有主观能动性

人的心理的主观能动性主要体现在三个方面：第一，人类的言语觉知性使人对客观世界的反映是有意识的、自觉的反映。人的心理反应不是消极被动的反应，是积极主动的选择性反应。第二，人们可以通过语言符号思维，去粗取精、去伪存真、由此及彼、由表及里，从而认识事物的本质和规律。第三，人的心理的主观能动性还体现在保持和监督有目的活动的进行方面。在进行活动之前，活动的目的和结果就以观念的形式存在于人的头脑之中，并以此作出计划，指导自己的社会实践活动，以便达到预期的目的。②比如我们写一篇文章之前，头脑中已经有了这篇文章的大概脉络和结构；在准备一场旅行前，我们会事先想好要去的地方和出行的方式等。

3. 客观现实是人的心理的源泉

人的心理是一种主观反映，但反映的内容来自客观现实。客观现实是心理活动的源泉和内容。心理是脑的机能，但是脑本身并不直接产生心理。心理是客观现实在大脑中的反映，离开客观现实，心理就变成无源之水。若只有健全的大脑，但缺乏客观现实的刺激，人也不会产生心理现象。

人类社会不断演进变化，人的心理的内容也会随之发生改变。时代和社会背景不同，人们认识自然，社会及其规律的深度和广度也会不同，人们的需要、动机、价值观、能力素质、人格特质等也都不尽相同。

（二）人的心理现象

1-2　人的心理现象

现代心理学把人的心理现象看作一个复杂交织的系统，从不同的维度对人的心理结构进行了划分，本书从个体心理现象的动态—稳定性维度将人的心理现象分为三部分。

① 付建中主编：《普通心理学》（第2版），清华大学出版社2017年版，第8页。

② 黄希庭、郑涌著：《心理学导论》（第3版），人民教育出版社2015年版，第61—62页。

1. 心理倾向

现实世界纷繁复杂，每个人都需要作出对自己最具生存意义和生活价值的目标选择。心理倾向是指人们的心理活动在特定时间里的指向状态，如关注、留意、向往、追求等类似的词汇就是在表达某种心理倾向。心理倾向可以分为两种类型。

一类是注意性的心理倾向，主要与我们的意识状态相关，体现在我们的心理对客观现实的选择性关注与留意，是我们的认识活动，特别是知觉的伴随现象。注意性的心理倾向是人脑对客观事物认知加工过程中需要的注意力的指向和集中。另一类是动机性的心理倾向，主要与人们的价值追求相关，满足的是人们的各种需要与欲望，带有强烈的情绪意志色彩，这类心理倾向是人们心理与行为的动力，即动机。动机性的心理倾向从各种需要开始，驱动人们的心理活动指向相应的目标，形成心理与行为的动机，推动人们作出相应的心理与行为反应并最终实现人们的价值追求。因此，兴趣、爱好、需要、动机、价值观等，都属于动机性的心理倾向。

2. 心理过程

心理过程是指在客观事物作用下，人的心理活动发生、发展、变化的动态过程，一般分为认知过程、情绪情感过程和意志过程。人的认知、情感、意志等元素构成了人丰富多彩的心理世界，是人的心理的基本过程，这三个方面既相互区别，又紧密联系。

认知过程是指个人获取知识和运用知识的心智活动，它包括感觉、知觉、记忆、想象、思维和言语等。个人对世界的认识始于感觉和知觉，眼、耳、鼻、舌、身是个体的主要感觉器官。通过感觉个体获取事物个别属性的信息，如颜色、明暗、声调、气味、粗细、软硬等；而知觉则是对客观事物整体属性的认识，感觉和知觉通常是同时发生的，合称为感知。例如，大学生走在校园里的时候，"美丽的校园"就是我们感知的对学校整体的认识，而不是仅仅看到了一排排白色的墙、闻到了一些饭菜气味等。感知过的经验会存储在我们的头脑中，有需要时我们能将相关信息提取出来，这就是记忆。如我们备考时，要识记课本的知识点，在考试时，要回忆上课学过的内容。感知觉可以使我们认识到直接作用于感官的具体事物，但这种认识是有限的，我们还要通过象征、顿悟、问题解决等类似的心智活动来认识客观事物的本质和规律，这就是思维和想象过程。语言是人类沟通的工具，只有人类才有语言，言语行为既是人类思维的呈现，也是人的认知过程的重要部分。

情绪情感是人们的内心感受，是人脑对客观事物是否满足主体需要的态度体验，反映人的需要与客观事物之间的关系。当事物符合人的需要时，个体就会产生肯定和正性的情绪情感体验，若不能满足人的需要，个体则会产生否定和负性的情绪情感体验。如当回到家尝到妈妈做的可口饭菜的时候，我们会体验幸福的感觉；当被好朋友误解时，我们会觉得委屈。

意志过程是人为了达到一定的目标，有意识、有计划地调控自己的行动，克服困难，实现目标的心理过程。如要赢得一场足球比赛，就要克服惰性，每天勤练球技；要想考研成功，就要耐得住寂寞，保持自律精神，每天努力学习。良好的意志品质具有自律性、坚毅性、自制性等特征，个体任何计划的实行以及目标的实现都离不开意志的调控作用。

1-3 心理与行为的关系

3. 心理特征

心理特征是指一个人在心理活动过程中经常表现出来的稳定特点，即人格，也称为个性。如有的人做事仔细，一丝不苟，有的人做事粗心，粗枝大叶；有的人思维敏捷，反应快，有的人思考缓慢，反应迟钝；有的人情绪稳定、沉稳内向，有的人情绪波动大，开朗外向；有的人意志顽强、百折不挠，也有的人则意志薄弱、不堪一击等。人与人之间的这些差异，有些会影响我们的活动效率和结果，如智力高低，有些则体现为我们活动风格上的差异，如性格不同。

人格代表了一个人独特的精神面貌，是有多种稳定的心理特征有机整合而成的。正如世界上没有两片相同的树叶，世界上也没有人格完全相同的两个人，正因为每个人都有独一无二的人格，才构成了精彩纷呈的人类世界。

人的各种心理现象，包括心理倾向、心理过程和心理特征，都是相互联系相互影响的，表现在人们的各种言行活动中。孩子坚信知识可以改变命运的时候，他就会发愤图强，刻苦读书，最后考上理想的大学，找到好工作，改变贫苦的家境，这是认知对意志行动的重要影响。①

二、心理健康解读

（一）健康的概念

健康是人类生存、发展的基本条件，是人类关注的永恒主题。1948年，世界卫生组织在其章程中指出，健康不仅指没有疾病，而且是身体上、心理上和社会上的完好状态或完全安宁。1989年，世界卫生组织又提出了21世纪健康新概念，指出健康不仅是没有疾病，而且包括躯体健康、心理健康、社会适应良好和道德健康。这就意味着衡量一个人是否健康，不仅要关注身体状况，还要关注其心理状况、社会适应能力和道德水平如何。②由中共中央、国务院于2016年10月印发并实施的《“健康中国2030”规划纲要》，也明确将“促进心理健康”作为“塑造自主自律的健康行为”的一部分。

（二）心理健康的内涵

1-4 心理健康的含义

第三届国际卫生大会认为，“所谓心理健康，是指在身体、智能及情感上与他人的心理健康不相矛盾的范围内，将个人心境发展成最佳状态。”《简明不列颠百科全书》：“心理健康是指个体心理在本身及环境条件许可范围内所能达到的最佳功能状态，但不是指十全十美的绝对状态。”日本学者松田岩男指出：“所谓心理健康，是指人对内部环境具有安定感，对外部环境能以社会认可的形式适应这样一种心理状态。”③2001年世界卫生组织对心理健康概念进行了界定，认为“心理健康是一种健康或幸福状态，在这种状态下，个体可以实现自我、能够应对正常

① 黄希庭、郑涌著：《心理学导论》（第3版），人民教育出版社2015年版，第4—5页。

② 黄希庭、郑涌主编：《大学生心理健康教育》（第3版），华东师范大学出版社2020年版，第3—4页。

③ 刘艳：《关于“心理健康”的概念辨析》，《教育研究与实验》1996年第3期，第48页。

的生活压力、工作富有成效和成果，以及有能力对所在社区作出贡献”。①

总体来看，心理健康是指个体内部协调与外部适应相统一的良好状态。心理健康的个体不仅没有心理疾病，且身体、智能、情绪和社会行为都处于健康的、积极的状态。心理健康是一种持续的、稳定的、积极的心理状态，认知、情绪情感、意志等心理过程协调一致，能力、气质、性格等人格特征相对稳定，能够适应社会环境，并能充分发挥其身心潜能，身心和谐，拥有幸福感。

心理健康是一个动态的过程、一种持续的状态，具有相对性、动态性、连续性特征。

1. 心理健康具有相对性

判断一个人心理是否健康，要采用相对性和综合性的标准，不能绝对化、片面看待。人的心理状态受到生理因素、情绪状态、外界环境因素、应激性事件等内外多重因素影响，不能片面以某一个具体的行为表现来判断自己或他人心理是否健康。心理健康是一种相对的、持续的状态，看一个人心理是否健康，要在一段持续的时间内来观察判断，不能根据一时一事或某一个瞬间的表现来判定他的心理是不是健康。一个心理健康的人，偶尔出现一些不健康的情绪或行为，并不意味着他整个心理状态不健康。此外，心理健康并不意味着心理各个方面都必须保持绝对的健康，而是在一段时期内心理的各个方面都能保持相对稳定的健康状态。

2. 心理健康具有动态性

人的心理状态一直处在变化中，是一个动态、变化、发展的过程。一个人的心理健康水平可以随着个人的成长、心理保健意识的增强、情绪调节能力的提高而不断提升。即使之前有心理困惑，经过及时调整心态，提升心理素养，也能很快恢复到良好状态。但一个健康的人若遭遇挫折、打击或创伤性事件，表现出一定的心理问题甚至心理疾病，却没有及时地进行心理调适，也没有主动寻求心理咨询或治疗，就会出现心理问题，丧失了心理健康。

---

① 俞国良、董妍：《我国心理健康研究的现状、热点与发展趋势》，《教育研究》2012 年第 6 期，第 97 页。

3. 心理健康具有连续性

心理健康与心理不健康并不是对立的两极，它们之间无明显界限，而是一种连续或交叉的状态。从良好的心理健康状态到严重的心理疾病之间有一个渐进的连续过程，在正常心理和异常心理之间存在一个缓冲地带。如果说正常心理是白色区，异常心理是黑色区，那么白色和黑色之间存在一个缓冲灰色区域。每个人都存在心理健康的灰色区，因此，我们要重视心理健康，加强心理保健意识，不断提升心理素养。

总之，心理健康是一种积极的心理状态，心理健康的人才能保障其心理功能获得良好的、充分的发挥。积极的心理状态表现在生活的各个方面，一个心理健康的人，才能实现自己的美好生活。

三、心理健康标准

（一）心理健康标准概述

学者们对于心理健康标准的论述颇多。归纳概括起来，主要有两种：第一种标准主要在于区分正常心理和异常心理，用于鉴别和诊断各种精神疾病。第二种标准主要关注人的心理发展与完善，追求心理发展的更高层次和理想状态。随着社会的发展，人们心理健康意识的增强，人们不再只是关注精神疾病的预防和治疗，而是更多关注自身心理素质和心理健康水平的提升。因此，第二种标准得到了广泛关注。

1946 年第三届国际心理卫生大会提出的心理健康的标志是：① 身体、智力、情绪十分调和；② 适应环境、人际关系中彼此能谦让；③ 有幸福感；④ 在工作和职业中，能充分发挥自己的能力，过高效率的生活。①

美国心理学家马斯洛等提出的 10 条标准被认为是经典的心理健康标准：① 有充分的自我安全感；② 充分了解自己并对自己的能力作适当的

---

① 李欢：《浅析大学生的心理健康问题与应对策略》，《科教新报·教育科研》2011 年第 6 期，第 203 页。

评价；③ 生活的目标能符合实际；④ 不脱离现实环境；⑤ 能保持人格的完整与和谐；⑥ 具有从经验中学习的能力；⑦ 能保持良好的人际关系；⑧ 能适当地宣泄和控制情绪；⑨ 能作有限度的个性发挥；⑩ 在不违背社会规范的情况下对个人基本要求作适当的满足。[①]

中国心理卫生协会前理事长蔡焯基介绍了中国人心理健康的 6 条标准："一是情绪稳定，有安全感。二是认识自我，接纳自我。三是自我学习，独立生活。四是人际关系和谐良好。五是角色功能协调统一。六是适应环境，应对挫折。"[②]

对于心理健康的标准，国内外学者都展开了诸多探讨，综合各国学者的观点，可以看出衡量一个人的心理健康状况，一般要从智力水平、情绪调节能力、意志品质、行为习惯、人格发展、自我意识水平、人际交往水平、环境适应能力等方面综合考虑和评价。

（二）大学生心理健康的标准

1-5　大学生心理健康的标准

根据心理健康的标准，结合时代特点以及大学生特殊的年龄、心理特征，依据我国学者桑志芹等人的研究，我们认为，当代大学生的心理健康应符合以下五个维度的标准。[③]

1. 具备基本心理能力

具备基本心理能力的大学生一般具有充足的安全感，有良好的抗压能力，有自主性、有独处和自主的需要，拥有建立亲密关系的能力，能够正确认识自己和积极接纳自己。

心理安全感是一种从恐惧和焦虑中解脱出来的信心、安全和自由的感觉，缺少安全感的人往往感觉世界充满危险、冷漠。安全感是大学生自信的基础，是建立良好人际关系和实现自身潜力的前提。拥有充足的安全感是衡量大学生心理健康的重要指标。

---

① 高东：《大学生心理健康标准研究》，《华夏医学》2011 年第 5 期，第 586 页。

② 杜学敏、戴贝钰、刘正奎：《积极心理学视野下大学生心理健康标准的研究》，《思想教育研究》2018 年第 3 期，第 124 页。

③ 桑志芹、魏杰、伏干：《新时期下大学生心理健康标准的研究》，《江苏高教》2015 年第 5 期，第 29—30 页。

抗压能力是衡量大学生心理健康标准的重要标准。心理健康的大学生拥有良好的抗压能力，能以积极乐观的心态快速适应新的生活环境和教学环境，在大学生涯里学会如何学习，如何交友，如何开展社会实践，如何提升自己的综合素质，如何适应社会，学会释放压力，调节压力。

自主性是人格的动力，是自我实现的基本趋向。当代大学生要拥有一定的自主性，能够独立思考，有主见，拥有按照自己意愿行事的能力，拥有独处的能力，能够掌握独处与社交的平衡。

大学生正处于青春期到成年早期的心理发展阶段，个体心理发展的主要任务是形成亲密感、避免疏离感。随着心理和生理的不断成熟，大学生渴望体验爱情，建立亲密关系。因此，建立亲密关系的能力是大学生保持心理健康的必备能力。

一个心理健康的大学生，在自我认知方面，能够客观认识自己，全面深刻地了解自我，客观评价自己的长处和不足，既不妄自菲薄，也不妄自尊大；在自我体验方面，能够接纳自己，自尊自爱，欣赏自己的独特性；在自我调控方面，能够自觉调控不良情绪和行为，为实现自己的目标或梦想而努力，勇往直前，克服困难，排除干扰，不断突破自我，最终实现自我价值。

2. 内外协调适应

心理健康的大学生内在与外在都能够协调适应，拥有良好的社会适应能力，与现实环境保持接触，人格独立、完整、协调，人际关系和谐，心理特点符合年龄特征。心理健康的大学生能积极调整自己的心态和行为以适应环境的变化，正视现实，当面临困难时也能从容不迫，积极行动，寻找转机，锐意进取，正确认识挫折，超越挫折，从而在新的环境中收获新的成长和蜕变。心理健康的大学生会与现实环境保持接触，积极主动地融入环境、融入社会关系。

独立、完整、协调的人格意味着人格的各心理要素保持和谐、统一、均衡、健康地发展。当今社会发展已经进入数字化、信息化时代，当代大学生可以随时通过网络获取各种信息。面对爆炸式的信息，当代大学生难以把握信息的真实性，也容易因为不良信息的冲击，产生认知偏差，增加心理压力，人格发展受到影响。面对信息社会的挑战，大学生要积累博大精深的知识体系，虚心学习，拥有扎实的专业技能，同时不断提升心理素养，积极适应社会发展形势。拥有积极乐观的生活态度，有远大的理想和抱负，具有高度的社会责任感，保持所思、所言、所行协调一致，不断完善人格，积极创新、创造，充分发挥自己的潜能，努力实现自己的人生价值。

和谐的人际关系，是个体心理健康发展、人格完善和人生幸福的必要条件。当代大学生大多是独生子女，部分家长对孩子过于溺爱，往往容易使子女形成自我中心、骄傲、固执己见的性格，这会阻碍人与人之间平等的沟通与交流。信息化时代，有的大学生过度沉溺于网络上的虚拟交友，而忽视了现实生活中的人际关系。心理健康的大学生一般敢于交往，乐于交往，能积极建立和谐的现实人际关系，与老师、同学交往融洽；有良好的人际交往艺术，能够把握交往的尺度，妥善处理自己与他人的关系，在交往中不卑不亢，又能宽容大度，乐于助人，善于合作。

一个心理健康的人，他的行为表现须与年龄特点、社会角色相一致，能够适应社会环境。人一生要经历不同的年龄阶段，每个年龄阶段，都有相符合的心理行为表现。当代大学生正处于朝气蓬勃、英姿飒爽的青年阶段，应具有与该年龄段相符的行为特征。“心理健康的大学生应该是精力充沛、勤学好问、反应敏捷、喜欢探索。过于老成、过于幼稚、过于依赖都是心理不健康的表现。”①

3. 情绪情感稳定

在生活中，每个人都有丰富多彩的情绪情感体验，有时开心喜悦，有时焦虑不安；有时喜笑颜开，有时伤心难过，这些多彩的情绪情感体验点缀了我们酸、甜、苦、辣的生活。当代大学生大多是独生子女，生活环境优越，抗挫抗压能力差，遇到挫折容易出现情绪起伏，情绪波动大。引发大学生比较严重的心理问题的原因，往往始于情绪的波动。一个心理健康的大学生在大部分情况下呈现的应是积极情绪为主的情绪状态；同时，能够主动调控自己的不良情绪以便适应外界环境，负面情绪能够适度宣泄、释放，使情绪快速恢复到积极稳定状态。

---

① 樊富珉、王建中主编：《当代大学生心理健康教程》（第2版），武汉大学出版社2014年版，第12页。

1-6　情绪也需经常锻炼

4. 角色与功能协调

个体角色是个体与其社会地位、身份相一致的行为方式及相应的心理状态。大学生进入大学后角色发生转变，大学生在扮演新角色时，新旧角色会发生矛盾，导致角色冲突。大学生因角色适应不良而导致角色冲突、角色错位、角色泛化等现象容易引发大学生的心理失衡，产生心理问题。心理健康的大学生智力正常并能充分发挥其效能，乐于学习，拥有较高的科学文化水平以及掌握一定的专业技能，做一个成熟的社会人，为未来融入社会做好职业角色准备；同时能够积极调试自己的行为，让自己符合社会、家庭、学校、人际关系等赋予的角色，设立切实可行的目标并积极追求梦想。

5. 良好的学习能力

“互联网+”时代，身处互联网数据中的当代大学生是在互联网的世界中长大的一代，对于互联网工具的使用具有更好的适应性和契合度。他们在独立自主学习方面显现出多样化和更多可能性，偏向于通过网络资源、电子笔记等方式获取自己所需的学习资料。在高校教学质量改革后，大学不再是象牙塔、安乐窝，考上大学不再是学习的最终目标，可在校园里一劳永逸的“躺平”，而是进入自主学习、自我约束、自我管理的新阶段。尤其是刚步入大学的新生，不太适应大学的教学方式和学习方式，加之大学学习任务重，容易产生巨大的心理压力。大学是大学生步入社会的过渡期，大学生要珍惜学习机会，拥有良好的学习能力，有较强的求知欲和浓厚的学习兴趣，善于时间管理，注重学习效率，能够克服学习过程中的困难，调试学习压力，不仅重视理论学习，也要重视社会实践，将所学知识用在实际生活中，学有所成，学以致用，在学习中获得满足，体验人生的价值。

第二节　心的探秘：大学生的心理健康

大学生的心理健康状况不仅影响学生自身的全面发展，而且影响国家的未来发展。近年来，大学生群体中出现的抑郁等心理问题日益引起社会关注，国家也越来越重视大学生的心理健康。作为大学生，要了解这个年龄阶段自身心理发展的特点，对可能出现的心理问题，有的放矢，科学应对，积极预防。

一、大学生的心理发展特点

1-7　大学生的心理特点

根据年龄和身体的发育特点，大学生的心理发展处于从青春期向成年期过渡的阶段。进入大学后，大学生渴望独立，但由于其经济上尚未独立，以及其人格还在发展、完善过程中，导致大学生还未具备独立的能力，容易引发各种心理冲突。此外，由于身体发育伴随激素水平的变化，大学生的情绪波动较大，处在情绪的暴风骤雨期。

大学生首要的心理发展任务是建立自我同一性。“自我同一性的形成是指青少年试图弄清楚他们的独特性，努力发现自己独特的优点和缺点以及他们在未来生活中能扮演的最好角色。其发现过程常常包括尝试不同的角色或选择，以及发现这些角色和选择是否符合自己的能力和观点。在这个过程中，青少年通过在个性、职业、爱（私人关系、亲密关系）及承诺等各个方面的选择来试图理解自己是谁，逐步建立起自我认同。”①

自我同一性的发展分为四种类型：第一是同一性获得，处在这个阶段的青少年能够正确认识自我，清楚自己想要的以及自己想做什么，能够自主地选择自我发展的道路。这个阶段的青少年心理最为健康。第二是过早自认，有些青少年往往缺乏主见，遵从他人的目标和决定，没有分析、考虑各种选择的可能性而放弃了同一性的探索。第三是同一性延缓，这类青少年积极探索各种选择，但还不清楚自己到底要做什么，没有对特定的目标进行聚焦和投入。第四是同一性扩散，有些青少年不清楚自己到底想做什么，没有明确的目标，既不探索也不考虑各种选择的可能性，缺乏兴趣，缺乏热情，逃避问题。②

大学生正处于建立自我同一性的重要阶段，同时也是解决自我同一性危机的关键时期。大一的学生更多地处于同一性扩散和过早自认的状态，

① 胡谊、张亚、朱虹主编：《大学生心理健康教育》，华东师范大学出版社 2019 年版，第 5 页。
② 胡谊、张亚、朱虹主编：《大学生心理健康教育》，华东师范大学出版社 2019 年版，第 5 页。

大二的学生则更多地处于同一性延缓和同一性获得的状态，高年级学生更多处于同一性获得的状态。大学生应该在大学阶段努力进行学习规律、生活规划、人际交往、未来职业方向等的探索，拥有清晰的学习、生活目标，规划好大学生活，积极参加社会实践活动，努力实现自己的目标，建立自我同一性。此外，随着大学生步入高年级，进入成年早期，这一时期的发展任务是亲密关系的建立。心理健康的大学生拥有爱自己的能力，同时能够给予爱和接受爱，有能力与他人建立亲密的、承诺的关系。

二、大学生的心理健康状况

1-8　文化潮流和社会转型对青少年心理健康的叠加效应

（一）新时代给大学生的心理健康带来挑战

当代大学生正处于文化碰撞、价值观多元化的时代，求新求异的大学生容易受到不同文化的冲击，特别是享乐主义、个人主义倾向、以自我为中心等不良观念的影响，导致个性膨胀，甚至出现价值观扭曲，这会严重影响大学生的人格塑造与发展。互联网时代，网络是一把双刃剑，虽带来了信息的便利，但也给大学生的心理健康带来挑战。大学生大量的空闲时间是在网络中度过的，但许多大学生缺乏对网络信息的辨别力，网络中一些错误的观念会对他们的思想和行为带来负面效应。有的大学生沉溺于网络的虚拟交友世界无法自拔，现实生活中的人际关系处理不好，性情孤僻。很多网络诈骗导致大学生钱财遭受损失，从而引发心理危机。因此，新的社会环境刺激和时代冲击给大学生的心理健康带来了严峻的挑战。

（二）新时代大学生的心理健康状况

大学生的心理健康状况一直受到多方关注。据“心理健康蓝皮书”《中国国民心理健康发展报告（2019～2020）》调查研究显示：大学生中有18.5%有抑郁倾向，4.2%有抑郁高风险倾向；8.4%有焦虑倾向；睡眠不足的问题在大学生中比较普遍，4.4%的大学生表示几乎每天都睡眠不足；有9%的本科生认为自己的心理健康状况较差；4%的大学生心理健康意识较低。当前大学生对心理健康较为重视的比例不足60%，超过40%的大学生心理健康意识仍需进一步提高。在心理健康技能方面，仍有约 40%的大学生在出现情绪波动时调控技能不足。存在抑郁高风险的大学生中仅有约四分之一使用过心理咨询服务，处于严重的抑郁状态而未能获得专业支持，将增加这部分群体问题加重和未来复发的风险。①

日益激烈的社会竞争环境以及互联网的高速发展给学生的思想和行为产生巨大影响，大学生受到的心灵冲击越来越大，抑郁、焦虑、迷茫、紧张等情绪越来越普遍，有的同学甚至出现了心理问题。但是部分大学生依然对自身的心理健康状况不够重视，对心理健康知识知之甚少，心理保健意识不足，遇到心理问题难以解决时也不会主动求助于心理咨询，以致心理问题越来越严重，对大学生的心理健康和自我发展造成越来越消极的影响和后果。

所以，大学生需要不断提升心理健康素养，增强自己的心理健康意识，培养心理健康技能，提高心理健康水平。

三、大学生的心理健康问题

1-9　历史变迁下的青少年心理健康发展状况

（一）大学生常见的心理健康问题

大学生遇到的问题大多是心理成长过程中面临的困惑和挑战，具有成长性和发展性特点。大学生中常见的心理问题主要有：新生适应问题、学习心理问题、人际关系问题、情绪情感问题、求职择业问题等，也有个别学生会发生比较严重的心理危机问题，甚至患上精神障碍。

大学生处于心理发展的关键阶段，其中大一新生的心理发展处在从未成年到成年的过渡时期。在这一“疾风骤雨”的心理发展阶段，尽快适应从中学到大学的转变，是大学生心理健康发展的前提和基础，因此，“新生适应问题”是大学生最常见、也是最主要的心理问题之一。

（二）大学新生的心理适应问题

著名心理学家皮亚杰曾说过，智慧的本质就是适应。在整个人生旅

① 傅小兰、张侃主编：《中国国民心理健康发展报告（2019～2020）》，社会科学文献出版社 2021 年版，第 98—105、119—120 页。

途中，每个生命发展阶段都会面临适应问题，适应无处不在，无时不有。心理适应是大学生保持心理健康的第一步，积极的适应可以提升大学生的心理素质，消极的适应容易引发心理冲突。大学四年都面临适应问题，大学生各个年级阶段不同，面临的适应问题也不同。本书重点介绍大一新生面临的适应问题，若大一阶段顺利适应新生活，将会为大学四年的学习、生活奠定良好的基础。

1. 适应新生活

环境的改变让很多学生无所适从。对于大部分新生而言，初次进入大学，来到的是陌生的城市，面临的是新的校园和生疏的班集体，这些环境的变化可能带来不同程度的心理冲击，表现为担心、焦虑、失眠、食欲不振等。

案 例

小刚，19 岁，工商管理专业大一男生，来自农村。性格稳重、学习刻苦，成绩优异，一直是老师和同学眼中的优等生。进入大学后，突然感觉落差很大，发现与班级很多同学相比，自己知识面比较狭窄，综合能力不强。在竞选班干部的时候落选了，觉得在同学们中间不被重视，没有地位，很失落。课余时间大家在一起谈天说地，可是自己却经常插不上话，感觉很压抑，但也找不到朋友诉说苦恼。心情总是处于烦躁状态，学习打不起精神，效率下降，开学一个月，感觉吃饭和睡眠质量都受到了影响，内心痛苦不已。

如小刚一样，角色的转变让很多大学生无所适从。许多同学在中学时代，成绩非常优异，都是同学中的佼佼者，得到父母、老师、同学的欣赏和注目，富有优越感；进入大学之后，他们发现身边人才济济、高手如云，感觉自己曾经的光环不复存在，开始产生自卑感和自我怀疑，不能适应这样的心理落差而导致心理失衡。

大学是一个新的起点，调整好心态适应新生活，尽快融入集体，对于每位新生来说至关重要。

2. 适应新学习

人的一生都离不开学习，步入大学之后，学习依然是大学生的主要任务。

案 例

小涛是会计专业大一男生，进入大学后发现所学专业不是自己喜欢的，上课时精力不集中，感觉大学的教学方式与中学的教学方式有较大的差异，上课听不进去，不能适应老师授课的方式。课后，也不能自觉自律，认真复习写作业，觉得会计专业各门学科都很难，学起来很吃力，心理压力大。后来自暴自弃沉迷于上网，打游戏，一学期过去，课程落下不少，期末考试两门功课需补考，对学习失去信心，心理压力大。

小涛的情况是很多大学生的缩影。进入大学，很多同学如小涛一样，出现学习问题。一是学习压力大。大学的教学目标、教学内容、教学进度和教学方法都与中学的教学有较大的差异，很多同学不能适应新的课堂和新的教学方式，倍感压力，缺乏科学的学习方法，甚至对学习失去信心。二是容易迷失学习目标。相对于中学时代，大学的课程设置较少，空余时间相对较多。面对大量的课余自由时间，有些学生茫然失措，不知道如何科学安排自己的学习与休闲时间，沉迷于网络，虚度光阴。没有了高中的紧张与忙碌，很多同学开始放松对自己的要求，觉得大学考试得过且过，学习目标迷失。三是学习动力不足。对所学专业不满意，缺乏学习兴趣，认为其他专业更有发展前景，学习热情不高，成绩不佳，课程考试不及格现象严重。

由于成绩的好坏以及能否顺利毕业常常关乎未来的就业和职业发展，所以每一位新生都要尽快适应新的教学方式，设立合理的学习目标，掌握科学的学习方法，提高学习效率，扩展知识，发挥潜能，为自己成功过渡为社会人奠定知识储备。

3. 适应新关系

大学生正值青年期，在心理发展上需要从人际关系中获得支持、信任和滋养。大学生渴望友谊、爱情，渴望交流，注重情感需求。

案例

小霞，20岁，法学专业大一女生。从小学到高中，成绩优秀，没有受过太大的挫折打击，但与班级同学相处得不融洽。而自小家庭不和睦，父母经常吵架，对她要求又很严格，有时会因为她没有达到父母的期望（比如考试成绩不好）而呵斥她。父母只要求她学习好，平时对她的情绪关注较少，常常忽略她内心的真实想法，缺少沟通交流。受家庭成长环境的影响，家庭氛围较压抑，加之缺少友谊，情绪无处宣泄，郁积在心中，常常一个人胡思乱想。心理较脆弱，易受外界人或事物影响，情绪波动大。进入大学后，住集体宿舍，东西乱摆放占用他人空间，就寝熄灯后她开台灯看书，影响室友休息等。由于许多小事上的摩擦越积越多，最后情绪失控，与室友大吵一架，从此闹僵，关系紧张。后来跟班级一位女生成为好朋友，每天一起学习交流，感觉很开心。后来小霞发现自己的好朋友除了跟自己关系好，还有其他很多朋友。小霞觉得很失落，认为自己把对方当作唯一的最好的朋友，而对方并不把自己当作唯一的好友，于是远离了这位女生，又成为“孤家寡人”。大一下学期，对班级一位男生产生好感，于是向对方表白，结果被对方拒绝。小霞感觉很受挫，开始自我评判，觉得是自己不够优秀才会被拒绝。因为长期情绪不佳，身体也出现问题，月经紊乱，小霞慌了，去医院看医生也没有看好，每天担心自己的身体，情绪起伏更加频繁，常常自己一个人默默流泪哭泣，情绪波动严重影响学习效率，学习成绩也一落千丈。后来，小霞找到辅导员哭诉，想要退学。

进入大学后，很多同学也如小霞一样，出现人际关系问题。在中学时代，大家都把生活的焦点放在学习上，人际交往较单纯，交往对象和范围也比较简单。进入大学后，交往范围扩大，交往对象增多。面对全新的人际关系，有些学生缺乏人际交往技巧，容易以自我为中心，很少关心别人，缺乏尊重与合作意识，导致受到人际关系困扰。有的同学初涉爱情，不懂恋爱艺术，失恋了也不能及时调控自己的情绪，对爱情失去信心，陷入自我批判。

大学生人际关系不和谐会给自己带来巨大的心理压力，所以大一新生要尽快适应新的人际关系，树立正确的人际交往观，掌握人际交往技巧，拥有良好的人际关系，开启幸福的大学生活。

（三）大学生心理问题的影响因素

大学生心理问题的产生不是单个因素导致的，往往是生理因素、心理因素、环境因素等多重因素共同作用的结果。

1. 生理因素

人的心理健康状况会在一定程度上受到生理因素的影响。生理因素主要包括遗传因素、身体状况等。

遗传因素。遗传是人心理发展的物质基础和前提，它使个体心理呈现先天差异性。越来越多的医学遗传流行病研究表明，有些精神疾病与遗传有较大的关联。如家族中有成员患有精神疾病，则后代子女患同类病的概率比一般人大。

身体状况。身体和心理密不可分，是相互联系、相互影响的，人的心理状况会受身体状况的制约和影响。如小霞出现月经紊乱症状，内分泌失调容易引起情绪波动，加之对身体疾病的担忧，使情绪起伏更加频繁。

2. 心理因素

心理因素是影响大学生心理健康的最主要原因。认知、情绪、人格等心理要素本身就是衡量人的心理健康水平的重要标志，同时，它们也是影响心理健康的重要因素。

小霞的友谊出现问题就是因为认知因素的影响。由于社会阅历较浅，实践经验不足，部分大学生分析和看待事情时存在一定的限制性、绝对性、极端性，形成不合理的认知观念，进而引发各种负面情绪和行为。小霞就存在“绝对化要求”的不合理认知，小霞发现好朋友除了自己，还有很多其他朋友，不能容忍。她觉得自己把对方当作唯一的最好的朋友，那么对方也必须只有我这个唯一的朋友，否则就不能继续交往了，导致人际交往问题。

小霞不能适应大学生活很大程度上是受情绪的影响。跟室友的矛盾也是因为自己情绪失控，与室友大吵一架，从此闹僵，关系紧张。后面由于失去友谊、情感表白失败，身体疾病等原因，她陷入情绪波动，进而影响学习。

面对同样的大学环境、同样的教学方式，有的同学适应顺畅，有的同学适应缓慢，这与他们的人格直接相关。小霞个性偏执、冷漠、孤僻，与人交往存在很大困难；同时，她又悲观、怯懦，面对交友、恋爱、学习等难关一蹶不振，失去前进的勇气。

3. 社会因素

人是社会的人，人的成长、发展离不开社会，社会因素对于人的心理健康有着不可忽视的影响。

家庭环境因素。小霞适应问题的背后也深深地反映了家庭环境因素对她的影响。父母是“原件”，孩子是“复印件”，父母的一言一行必然深深影响孩子的成长。不同的教养方式会对孩子的心理发展产生不同的影响。小霞的父母属于专制型父母，从小强迫孩子服从自己的要求，无视孩子的需求，忽略孩子内心的真实想法，以严厉、苛求的态度对待孩子，这样会使孩子产生逆反心理，形成懦弱、退缩、逃避等心理倾向，进而引发小霞一系列适应问题。

学校环境因素。教育是塑造人的灵魂的工程，学生的大部分时间都是在学校中度过的，学校教育在学生的心理发展过程中发挥着重要作用。教育体制、教师素质、朋辈关系等都对大学生的心理健康有着直接、深远的影响。一是中小学教育遗留问题。大部分中小学教育片面追求升学率和高分数，强调竞争氛围，学习任务繁重，忽视学生的兴趣和天赋开发，忽视学生创新精神、实践能力、心理素养等综合素质的培养，使不少大学生出现高分低能的现象，有的学生甚至出现考试焦虑、抑郁、失眠、烦躁、厌学等消极情绪。二是教师影响。教师是学校活动的组织者，是学生学习、模仿的榜样，教师的言传身教无时无刻不在潜移默化地影响学生的成长。教师如果能够尊重每个学生的天性，鼓励学生发展自己的特长，那么就容易激发学生学习的兴趣、唤醒学生的潜能，使学生更加爱学、乐学、好学，充满自信；相反，如果教师不顾及学生的自尊心，看不到学生身上的闪光点，总是打击、贬低学生，就容易抹杀学生学习的积极性，使学生产生自卑、敌对、逆反、厌学心理。三是朋辈关系。良好的人际关系是大学生幸福感的源泉之一，大学生能从人际互动中获得情感上的支持和心理上的满足感，与朋友分享快乐，快乐会加倍，向朋友倾诉忧愁，忧愁会减半。相反，一个人如果缺乏正常的同伴交往，就容易陷入孤独感和焦虑感，不仅影响潜能的发挥，还会引发心理冲突。

社会环境因素。人是社会的细胞，人在社会中生存发展，社会政治、经济、文化等都会对大学生的心理发展产生一定的影响。一是社会转型的影响。当前，我国正处于转型时期，竞争无处不在，人们的工作压力越来越大，生活节奏越来越快，大学生也深受社会大环境的影响，竞争的压力、经济的压力、生涯规划的压力、择业的压力无不给他们带来巨大的心理困扰。二是多元价值观的影响。随着改革开放深入开展，多种文化交叉、渗透，对大学生的价值取向造成一定的冲击和影响，常常让大学生感到迷茫、混乱和困惑。

第三节 心的修炼：促进心理健康

心理健康是一个从疾病到健康的动态连续谱，作为新时代的大学生，要不断学习心理健康知识，掌握心理健康技能，并在实践中善于应用，不断提升自己的心理健康素养。

一、增强心理健康意识

信息时代的发展，社会的快速变化给大学生带来了巨大的心理压力，信息爆炸、消费主义盛行、学习生活的快节奏、竞争压力的增加都给当代大学生的心理带来严峻的考验。大学生要顺利度过大学生活这个关键阶段，完成人生的重要课题，离不开健康的心理和良好的心态。因此，大学生要重视心理健康，主动学习心理健康知识，掌握一定的心态调适技能，提升自身的心理健康水平。

许多大学生对于心理健康的认识存在偏差，对心理健康的概念存在片面认识，认为自己没有严重心理问题，就不需要专门学习心理健康知识在遇到心理危机或困境时，不懂得求助与自助，进一步引发更大的问题。

当然，并不是所有学生都会遇到严重的心理危机或心理障碍，但几乎每个学生都面临着开发自身潜能、促进人格完善等发展性问题。为此，大学生要不断增强心理健康意识，努力提高心理素质，促进个人潜能开发与人格完善。

首先，主动学习心理健康知识。现在，高校基本都开设了心理健康教育课程，大学生可以通过课程学习系统的心理健康知识。此外，大学生也可以参加相关的心理讲座、关注心理健康公众号、阅读心理学书籍、选择用互联网学习心理健康相关的公开课等。只有具备了一定的心理健康知识，才能了解自己或他人的心理健康状态，及时发现问题并解决问题。

其次，积极参加心理健康教育活动。大学里有许多体验式工作坊、团体辅导、心理情景剧等心理健康教育活动，大学生可以积极参加这些活动，在活动中激发自己对于心理学的兴趣，掌握调整认知、调控情绪、调节行为的技能和方法，在互动和体验中不断增强心理健康意识。

最后，积极参加实践活动。实践是认识的源泉，实践有助于增加自我体验，增强自我意识，是学习心理健康知识的重要途径，大学生应积极参加各类实践活动，包括学校里的社团活动、班级活动、创新竞赛、社会实践、志愿者活动等，在实践中多与人交流，感受世界多样性，在实践互动中更客观地认识自我，找到个人的价值，同时也提升自己的同理心、包容力和处理问题的能力。

二、掌握心理健康技能

大学生在身心发展过程中，有意识地掌握一些心理健康技能，对预防心理问题的发生，促进生命的成长具有重要意义。

对于大学生来说，大多数人的心理状态是正常的，只是程度不同：有些人心理健康水平高，乐观积极，有幸福感；有些人心理健康水平相对较低，容易焦虑悲观。那么，大学生应该如何提高心理健康水平，使自己更有幸福感，实现更美好的人生呢？

美国著名心理学家、积极心理学的创始人之一马丁·塞利格曼（E. P. Seligman）认为心理学本来的任务就是使健康的人更幸福，生活更充实，心理学不仅仅要研究精神问题、心理疾病，更要研究人的幸福问题以及怎样才能增进个人的幸福感问题。通过多年的研究，塞利格曼提出了幸福五要素理论。他认为幸福的人生取决于五个元素：积极情绪（Positive emotion）、投入（Engagement）、人际关系（Relationship）、意义（Meaning）及成就（Accomplishment），简称 PERMA。要实现幸福的人生，大学生可以从这五个方面去调整和改变自己：

（一）培养积极的情绪

1-10　装着，装着，你的心情就真的变好了

积极情绪，即正性情绪或具有正效价的情绪。积极情绪体验不仅能够缓解消极情绪，还能增加个体的心理弹性，提高社会关系的质量，增进个体的主观幸福感。大量的有关压力与应对的研究发现，积极情绪能够促进压力的有效解决，进一步提高积极情绪的水平，促进主观幸福感。那么，我们怎样才能培养积极情绪呢？积极心理学的学者们为我们提供了一些方法：

弗雷德里克森（L. Fredrickson）提出了 11 种方法[①]，概述如下：① 真诚，② 找到生命的意义，③ 品味美好，④ 数数你的福气，⑤ 计算善意，⑥ 追随你的激情，⑦ 梦想你的未来，⑧ 利用你的优势，⑨ 与他人在一起，⑩ 享受自然的美好，⑪ 打开你的心灵。

塞利格曼在《真实的幸福》一书中也提到了几种应用广泛效果较明显的做法：

表达感恩。研究表明，最能预测一个人主观幸福感的就是感恩，即你的感恩水平越高，你的主观幸福感越高，生活得就越满意和幸福。积极心理学提倡人们通过感恩日记、感恩拜访等方式培养感恩之心。

学会宽恕。塞利格曼曾说，快乐的第一法宝是宽恕的心。不宽恕别人，则永远生活在仇恨当中，只会增加自己的心理负担，对身心健康都会带来不利影响。我们在与他人相处的时候会产生矛盾，可能是你们交

① ［美］芭芭拉·弗雷德里克森著，王珺译，阳志平审校：《积极情绪的力量》，中国人民大学出版社 2010 年版，第 176 页。

流讨论时意见不一致，可能是他人看你不顺眼而欺负你，也可能是因为嫉妒你而故意伤害你、疏远你。我们会因此不开心、痛苦或是愤怒，这样的我们就会被消极情绪包围，体验不到生活的乐趣。

1-11　心流体验图

（二）学会沉浸式投入

美国心理学家契克森米哈赖（M. Csikszentmihalyi）将一个人完全沉浸在某种活动当中，无视其他事物存在的状态定义为心流（flow）体验。这种体验本身会带来莫大的喜悦和充实感。在沉浸体验中我们全神贯注、忘掉了自我，忘掉了生活中的烦恼忧愁，感觉时间被扭曲了。读书、运动、科学研究、艺术创作都可能带来这种体验。①

要达到心流状态的影响因素有很多，其中最重要的一个因素是活动的挑战性，这种挑战性是指我们只有发挥最佳水平才能完成，如写文章、作曲、打游戏都是如此。在日常生活中，有些事情我们觉得太难，有些事情我们觉得很容易。面对太难的事情，由于我们的技能没法应对，因此我们会变得沮丧而焦虑；面对太容易的事情，我们的能力又远远超出事情所需的能力水平，我们会因此感到无聊与乏味。我们在学习时，如果一门课程难度很高，超过了自己的能力太多，我们可能就很难提起学习兴趣；如果一门课程太简单，你又会因为没有挑战性而感到无趣，只有当课程的难度与我们的能力范围相匹配，你觉得有难度，但只要通过自己努力就可以学会的情况下，你才会产生兴趣，认真去学，攻克难关，在这个学习过程中就很有可能产生心流体验。

值得注意的是，心流体验在当下是有利于个人积极状态的形成的，但长期来看，有些产生心流体验的活动可能对人造成伤害，或者对家庭、社会产生不良影响。如长期沉迷网络游戏、沉迷高速飙车等活动都是不利于个人、家庭与社会的，因此我们要懂得辨别短期的效用与长期的结果，了解自己的优势品格，运用我们人格中的优势让心流体验成为对自己有用的积极心态。

① ［美］米哈里·契克森米哈赖著，张定绮译：《心流：最优体验心理学》，中信出版社 2017 年版，第 65 页。

（三）建立积极的人际关系

没有人是一座孤岛，每个人都连接着他人。有人曾经要求积极心理学创始人之一彼得森（C. Peterson）用两个字来描述积极心理学讲的是什么，他回答是“他人”。他人是我们在人生低潮期的最好和最可靠的解药。许多幸福的人之所以觉得幸福，不是他们未曾经历过沮丧、愤怒、压抑等负面情绪，而是与其他人相比，他们可以更快地从困境中走出来，处理负面情绪的免疫系统更强大。他们之所以有强大的免疫系统，重要原因之一是他们有非常好的人际关系，他们与父母、爱人、兄弟姐妹、朋友等都保持着良好关系。

要建立积极的人际关系，首先要我们有意识地开展人际交往。有些大学生认为，搞人际关系就是“拉人脉”，不务正业，学生只要埋头学习就行了。其实不然，大学阶段正是自我同一性确立的阶段，在这个阶段的我们需要自我认同和归属感，与朋友互动、加入朋辈团体、参加社会活动等都有助于帮助我们实现这种需要。除了建立积极的同伴关系，大学生建立与老师等长辈的积极关系也至关重要。良好的师生关系不仅能够提高学生的学习成绩，还可以促进学生人格的完善。因此，大学生应该认识到建立积极的人际关系是促进自我发展的需要，应主动地、有意识地结交朋友，对于良师益友更是如此，更要主动积极维护好这些积极的人际关系。其次，注重学习掌握人际交往的技能。大学生不仅要学习一些人际交往的著名理论，更要以理论指导实践应用于现实的人际交往过程中。最后，大学生要善于辨别积极的人际关系。并非所有人际关系都有利于个人的发展，有些关系可能是有害的，因此要善于察觉身边的人是否是真正的良师益友，如果某些关系让你产生更多的消极情绪或消极行为，就要减少这些关系带给自己的影响。

（四）追求积极的人生意义

心理学家马斯洛将人的需求分为五个层次，从层次结构的底部向上，分别为：生理、安全、社交、尊重和自我实现的需求。这五层需求可分为基本生存性需求和发展性需求。人们在满足了基本需求后，就要去追求更高层次的需求和目标。随着社会的发展，人们已经不再像原始时期或战争时期那样追求生存的需求，越来越多的人开始“觉醒”，探寻人生的意义。

人生的意义取决于每个人的价值观，大学生处在自我同一性建立的阶段，开始走向成熟但并不成熟，人生观、世界观、价值观还没有完全确立。正因为没有完全确立，很多大学生会感到迷茫与焦虑，因此建立自己的人生观、世界观、价值观非常重要，只有这样我们才能树立自己的人生目标。要树立正确的“三观”离不开理论与实践两方面的塑造，在理论方面，我们要多学习多阅读名人传记、人文社科方面的著作，从他人的经验中汲取知识；在实践方面，我们要积极投身社会实践，参与实践活动、志愿服务、社会调研、工作实习等，让自己更多地了解社会，更好地了解自己。

（五）获得一定的成就

很多人都有这样的体验：当自己通过努力达成某个目标时，有一种非常喜悦的成就感。这种成就感也是幸福感的重要来源，这里的成就主要是指达成个人的理想和目标，无论这个理想或目标与他人比起来是伟大还是渺小，只要它属于你自己，并且你通过努力达成了，就代表你取得了成就。

大学生们渴望成功，渴望证明自己，达到自我设定目标后的成就感，能让大学生肯定自我价值，感到被世界认可，感到自信与愉快，这是积极情绪的体验。那么怎样才能获得成就呢？塞利格曼认为，成就=技能×努力。巨大的努力可以弥补技能的不足，正如强大的技能可以弥补努力的不足一样。对拥有高技能的人来说，额外的努力会带来更大的回报。对于大学生来说，技能的学习是获得成就的基础，在同样的认知水平的基础上，获得成就更关键的是努力。高深的专业知识的基石是花费的时间、精力与努力后才能完成的刻意练习。而自律是促成有意识练习的重要品格特征。因此，要获得成就就要求我们学会自律、运用自律，管理好自己进行持续的刻意练习。

三、寻求心理健康支持

没有人的生活是一帆风顺的，人生路上充满了烦恼与痛苦。面对一般的心理失衡，我们可以通过自我调适解决，但我们每个人都有可能遇到严重的心理问题，当自己无法解决这些问题时，我们要学会积极求助。

（一）寻求社会支持

人是社会的动物，大部分人都有一定的社会支持系统。当我们遇到自己难以解决的心理问题时，可以向身边的亲人、朋友、同学、老师等寻求帮助。

寻求亲人的支持。家庭是人心灵的港湾，当面对压力和困惑，大部分人会第一时间向家人求助，父母亲人看着我们长大，对于我们的性格、心态等都有充分的了解，他们也有丰富的人生阅历，一般能给我们合适的建议，也能给我们充分的心理支持，给我们带来归属感和安全感。

寻求朋友、同学的支持。朋友、同学跟我们年龄相仿，面临的许多困难也相似，对一些心理困惑也有更多的共鸣，有时候也更能提供切实可行的帮助。

寻求老师的支持。在大学里，辅导员、班主任、任课老师都是我们学习、生活以及人生的引路人，当我们遇到困难向他们求助时，一般都能得到老师们的热情帮助。辅导员、班主任一般都受到过系统的学生工作训练，对学生的问题有丰富的经验；任课老师们见多识广，视野宽阔，对很多问题的看法更加全面也更深远，对学生有很好的指导作用。

（二）求助心理咨询

1-12　认识心理咨询

1. 心理咨询的概念

提到心理咨询，很多人会联想一些影视剧中的场景：在安静、舒适的房间里，有一位善解人意的心理咨询师，她耐心倾听，安慰求助者，并且用各种方法帮助求助者走出困境，减少求助者的痛苦。确实，心理咨询是一个心理咨询师帮助求助者的过程，但并非影视剧剧情中的咨询场景。

美国著名心理学家罗杰斯认为：心理咨询是一个过程，其间咨询员与来访者的关系能给予后者一种安全感，使他可以从容开放自己，甚至可以正视自己过去曾否定的经验，然后把那些经验融合于已经转变了的自己，作为统合。我国心理学家钱铭怡认为：心理咨询是通过人际关系，运用心理学方法，帮助来访者自立自强的过程。①

《心理学大辞典》中对心理咨询的定义是：心理咨询（psychological counseling）是由受过专门训练的咨询者，运用心理学的理论与技术，通过语言及非语言的交流，给来访者以帮助、启发和教育，使来访者改变其认识、情感和态度，解决其在生活、学习、工作等方面出现的问题，促进来访者人格的发展和社会适应能力的改善。②

正确认识心理咨询，需要准确理解心理咨询的特点：

第一，心理咨询是一种专业行为。与普通的聊天谈心不同，心理咨询是心理咨询师在咨询伦理的前提下通过心理学的理论和疗法帮助来访者重新认识自我，正确评估自己的行为并学会自我成长的过程。另外，需要注意的是，心理咨询与思想政治教育不同，心理咨询不以某种思想观点或道德标准来评价学生，而是从心理学角度去解释，并帮助学生成长。

第二，心理咨询解决的是心理问题。在高校心理咨询中，大学生来访者的问题是多样的，包括学习问题、家庭问题、经济问题等，但心理咨询师关注和处理的主要是心理层面的问题，帮助来访者调适自己找到健康积极的心理状态，最终促使来访者自己有能力面对和解决问题，而不是帮来访者包办解决所有具体现实问题。

第三，心理咨询的对象很广泛。很多人认为，只有心理有问题的人才要咨询，事实上，心理咨询不同于心理治疗，心理咨询的对象范围更广泛，心理咨询的对象主要是正常人，是正常人中存在心理困扰或心理问题的人，也可以是处于康复期、没有相关精神症状发作且有完整自知力需要辅助咨询的精神障碍患者。高校的心理咨询一般秉持“来者不拒，去者不追”的原则，无论你是有小小的心理困惑还是有严重的心理问题都可以做心理咨询。

---

① 钱铭怡编著：《心理咨询与心理治疗》，北京大学出版社 2016 年版，第 2 页。

② 林崇德、杨治良、黄希庭主编：《心理学大辞典》，上海教育出版社 2004 年版，第 1418 页。

2. 心理咨询的原则

1-13 心理咨询的原则

（1）保密原则。未经来访者许可，心理咨询师不能以任何方式向任何人或机构透露来访者的咨询信息。保密原则是鼓励来访者畅所欲言的基础，也是来访者个人隐私的重要保护手段。然而，保密不是绝对的，保密原则也有例外情况。以下特殊情况通常需要打破保密原则：一是来访者有明显的自杀或伤害他人的严重危险时，二是来访者有致命的传染性疾病并可能危急他人时，三是未成年人受到性侵或虐待时，四是法律规定需要披露时。

（2）时间限定原则。心理咨询必须遵守一定的时间限制。一般来说，面谈咨询每次限时 50 分钟左右，电话咨询为 30 分钟左右，一般咨询次数为一周一次或两次。原则上不能随意延长咨询时间或咨询间隔时间。

（3）来访自愿原则。来访自愿原则也称“咨询师不主动”原则，指来访者有求助的意愿，主动寻求心理咨询师的帮助，心理咨询师不能以任何形式强迫来访者接受或维持心理咨询。但对迫于他人要求前来咨询或代替他人来咨询的来访者，心理咨询师也不会简单地拒绝。

（4）感情限定原则。感情限定原则指心理咨询师在心理咨询过程中始终保持客观身份，要尊重来访者，不把个人的认识、判断强加给来访者，也不为来访者做决定。在心理咨询期间，原则上禁止心理咨询师与来访者进行心理咨询室以外的任何接触和交往，心理咨询师不能在心理咨询中寻求个人情感和实际利益（接受来访者的请客、吃饭、送礼等）的满足和实现。

（5）价值中立原则。心理咨询师要尊重来访者的价值准则，不以自己的价值观念为准则，对来访者进行任意价值判断，心理咨询师也不能向来访者强行灌输某一价值观，或强迫对方接受自己的观点。

3. 心理咨询的形式

心理咨询的形式不是单一固定的。主要可以从以下几方面进行分类：

按心理咨询的对象分类：① 个别咨询，指咨询者与来访者之间的单独咨询，它是心理咨询最常见的形式。② 团体咨询，亦称集体咨询，小组咨询，是通过团体的人际交互作用，促进个体在人际互动中观察、学习、体验，探讨自我改善关系，学习新的行为模式，以促进个人良好发展的助人过程。

按心理咨询的时间分类：① 短程心理咨询，在相对较短的时间内（一般为 1~2 个月内）完成咨询，主要解决一个重点问题，不把范围无限制地扩大。② 长程心理咨询，是指咨询时间较为长久，如超过半年，甚至一两年或更长。其咨询的目的不仅在于使症状与问题消失，还在于改善性格与行为的方式，故需要的时间较长。其咨询重点放在深层心理探索，完善人格。③ 限期咨询，指受到外部因素制约，需要在一定时间内完成的心理咨询，如学校内的心理咨询由于学制与资源的限制，一般学校都会规定咨询期限。

按心理咨询的方式分类：① 面谈咨询，是心理咨询师与来访者面对面的谈话咨询，是最普遍的心理咨询形式。由于它能使心理咨询师与来访者面对面地交谈、接触，因而能较好地解决问题。② 电话咨询，是利用电话给求助者进行支持性咨询。多用于心理危机干预，预防由于心理危机所导致的恶性事件，如自杀、暴力行为等。也用于公益性心理服务热线以及大规模灾害后灾民的远程心理救助。③ 互联网咨询，是指通过互联网为求助者提供心理咨询。互联网咨询具有不受地域限制、收费相对低廉的优点，但也存在来访者个人隐私保护和咨询效果不稳定的问题。

4. 心理咨询的基本程序

心理咨询的程序根据咨询流派的不同而不同，但一般来说包括四个阶段。

（1）建立关系阶段。和谐、融洽的咨询关系是开展心理咨询的前提，也是取得良好心理咨询效果的关键。在这个阶段，心理咨询师会对来访者做初步心理评估并初步了解来访者的问题，确定来访者的问题是否符合心理咨询范围以及心理咨询师是否能够帮助来访者解决问题。

（2）评估阶段。心理咨询师要对来访者来访的原因、求助的问题进行具体了解，探索造成来访者问题的原因，以此对来访者的问题类型和严重程度作出判断。这个阶段主要通过与来访者会谈、心理咨询师的观察，也有可能是以沙盘游戏等方式进行。需要注意的是，根据《中华人民共和国精神卫生法》(2018年修正)规定，精神障碍的诊断应当由精神科执业医师作出。普通心理咨询中心没有诊断精神障碍的权限，但可以根据来访者情况作出初步判断并建议来访者前往专业医院进行诊断。

(3)咨询阶段。咨询阶段是心理咨询活动的核心，是解决问题的实质性阶段。包括调整求助动机、商定咨询目标、制定咨询方案、实施方案等一系列重要步骤。心理咨询师与来访者商定咨询目标和方案后，会根据咨询方案应用相应的心理咨询技术不断促进来访者的心理成长。

(4)结束阶段。这个阶段是心理咨询的总结、提高阶段。经过一段时间的咨询，在达到预期的咨询目标后，咨询关系可以结束。但在结束之前要回顾整个咨询过程，巩固总结咨询方法与技术，促进来访者在咨询中获得的成长运用于今后生活中，学会自己解决类似问题。

在实际心理咨询过程中，上述各阶段的主要内容不是截然分开的，有时会有重叠，因为心理咨询本身就是一个完整的过程，是一个整体。

5. 了解心理咨询服务信息

人的一生充满了未知，现在的心境不代表未来，即使在大学四年中，也可能出现很多意想不到的心理危机，因此，我们要了解和熟记各类心理服务信息，以备不时之需。

第一，要了解和熟记学校提供的各类心理健康服务信息。目前绝大部分高校都设有心理健康中心，为在校学生提供心理咨询、团体辅导、心理健康教育与宣传等服务。高校心理健康服务最大的优点是方便、免费，咨询师的素质也相对可靠。大学生要熟记学校心理健康教育机构的联系方式，也要多多关注学校举办的各项心理健康教育活动。

第二，要了解社会上有关专业机构的心理健康服务信息。除了学校之外，我们也要了解社会中提供心理健康服务的机构。比如，所在地区的精神卫生专科医院，以及所在街道、社区提供的公益性心理咨询服务。

第三，要了解正规的专业的网络心理健康服务信息。随着新媒体传播渠道的快速发展，目前市场上涌现出数量繁多的心理服务平台，这类网络平台不仅有自己的应用软件(APP)，也有微信公众号，服务种类较为完善，既有心理知识科普、心理测评，也提供心理咨询服务。另外，也有很多心理咨询的专业人士开通了自媒体账号，大学生可以有选择地了解或使用。

在漫长的人生中，我们很难保证不遇到低谷和困境，但当我们拥有较高水平的心理健康素养，即使面对再大的挫折与困难，我们也能坦然面对。因此，心理健康是保障幸福生活的基础。增强心理健康意识、掌握心理健康技能、提升心理健康素养是心理健康教育的主要目标，希望大学生能通过学习心理健康课程，实现幸福人生！

本章参考答案要点

思考与练习

1. 请结合生活中的心理现象阐述人的心理的实质。
2. 请根据大学生心理健康的标准分析自己的心理健康状况。
3. 请从积极心理学的视角，谈谈如何提升自己的心理健康素养。

推荐书目

1. 彭凯平、闫伟著：《活出心花怒放的人生》，中信出版社 2020 年版。

2. 任俊著：《积极心理健康：幸福快乐的科学》，开明出版社 2019 年版。

3. ［英］罗伯特·戴博德著，陈赢译：《蛤蟆先生去看心理医生》，天津人民出版社 2020 年版。

第二章

我思我在——完善自我意识

知人者智，自知者明；胜人者有力，自胜者强。

——老子

人们最难认知的，往往是我们自己。大学阶段，是人生发展的重要阶段，同时也是自我探索的重要时期。本章内容将引导大学生掌握自我意识的基本概念，自我意识与心理健康的关系，了解大学生自我意识的特点与发展规律，努力做到正确认识自我、积极悦纳自我、有效调控自我。

第一节　自知之明：自我意识概述

“我是谁？”“我从哪里来？”“我到哪里去？”……这些关于“我”的思考在大学生进入大学后变得频繁与深刻，而这些关于“我”的觉察与体验也正是自我意识在现实世界中的呈现。

一、自我意识的内涵

随着生产力和人类社会的不断发展进步，束缚着人们的各种人身依附关系相继被破除，个人成为独立、自由主体，其自我意识也从群体意识中逐渐脱离并彰显。心理学、哲学、社会学、伦理学等不同学科领域的学者对自我意识的探究日益深入，也使得自我意识成为一个多维度、多层次的概念。

（一）自我意识的概念

2-1　自我意识的概念

自1890年美国心理学家威廉·詹姆斯（W. James）在《心理学原理》一书中首次将自我意识引入心理学研究领域以来，自我意识的概念、结构、功能、发展等一系列问题得以被广泛关注和探究。当人们将自我作为研究对象时，因所处时代、立场和视角不同，也就赋予了自我意识不同的含义，并且尚未达成一个统一的见解。有学者认为自我意识是人对自己的身体状态及对自己同客观世界的关系的认识。①也有学者认为自我意识是意识的核心，就是对“自我的认知”，或者说自己对自己的认知，它包含自我认知、自我评价和自我控制部分。②自我意识是个体社会化的结果，是指个人对自己已存在的知觉，对自己与他人关系的认知、情感以及由此产生的意向。自我经由生理自我、社会自我、发展到

① 俞国良主编：《大学生心理健康》，北京师范大学出版社2019年版，第35页。
② 魏改然主编：《大学生心理健康教育》，化学工业出版社2010年版，第39页。

心理自我。①

此外，还有一些与自我意识相关的概念，如自我、自我概念、自我效能感等。自我，是主体“我”对客体“我”的反思以及能够自我意识到反思的一种能力。美国心理学家乔治·赫伯特·米德（G. H. Mead）认为人类神经系统已经进化到能够对自身与他人进行沟通的符号和姿势做出反应的阶段。因而，就个人来说，在身体与自我之间，体格与意识之间存在着明显的区别。人能够将自己作为一个对象，并与其他对象区别开来。威廉·詹姆斯第一次从科学心理学的角度将自我分为“主我”和“客我”。“主我”是认识的主体，是自我的主动部分，是认识、体验、指挥和调节个体活动的方面。“客我”是认知的客体，是自我的被动部分，是主体“我”注意、认识、思考和觉知的对象，是一个关于他自己的所有认识。在詹姆斯看来，自我意识一方面是由主我发动的，另一方面是指向发动者自己及自己与周围世界关系的。“主我”“客我”又都可分为物质自我、精神自我和社会自我。有趣的是，国外将“自我”翻译为 self 或 ego，含义也各不相同。Self，是指认识、行动的主体，是由生物性、社会性和自我意识诸因素组合而成的有机整体，是个体独特持久的同一性身份，通常受后天社会环境的影响。当前国内外心理学界的主流理论所探讨的自我，多沿用这个概念。Ego 则广泛见于精神分析学派的研究中，被认为是社会化的本我，是保证个人适应环境、健康成长，取得个人自我意识同一的根源，更多由先天遗传因素决定。如奥地利精神分析学派创始人西格蒙德·弗洛伊德（S. Freud）在解释意识和潜意识的形成和相互关系时，就指出“自我”是介于“本我”和“超我”之间的人格结构部分，其能使个体意识到自身的认识能力，同时为了适应现实生活而对本我和超我的矛盾加以约束和调节，遵循的是“现实原则”。

自我概念，有广义和狭义之分。广义的自我概念等同于自我意识，是指一系列关于“我”的态度、信念和价值观等组成的结构。狭义的自我概念仅指个体对自己某一方面的知觉、情感和态度，某一方面可以是自己的特长、能力、外表等，是自我意识的一个子概念。因涉及的是自

① 白学军主编：《心理学概论》，北京师范大学出版社 2015 年版，第 361 页。

身某一方面的内容，所以，就某种程度而言，自我概念更是一个人自我知觉的组织系统和看待自我的方式。对一个人的个性和行为有意义的是自我概念，而非真实自我。自我概念不仅控制和综合了个体对于环境知觉的意义，更是决定了个体对于环境的行为反应。国内学者更多使用的是自我意识这一概念，而在其他国家，学者们常以自我概念研究作为自我意识研究的核心。

自尊是指一个人尊重自己，对自己持肯定态度的情感体验。它是一种要求尊重自己的言行和人格，维护一定的荣誉和社会地位的自我意识倾向。自我效能感指的是一种相信自己在某种情境下能够充分表现的信念。[①]如在班级内竞选班干部时，一些同学非常自信，认为自己完全有能力担任班干部，为大家服务、帮助老师管理班级，但一些学生却因为害怕自己做不好，放弃竞选资格。这两类同学在自我评价上的差异源于他们自我效能感的差异。

（二）自我意识的内涵

自我意识是人类特有的大脑机能，是意识发展到高级阶段的产物，是人类区别于动物的重要标志。自我意识作为高级心理活动系统，具有非常丰富的内涵。

1. 自我意识的结构

从自我意识的结构来看，包括自我认知、自我体验和自我调控三部分。自我认知是个体自我意识中的认知成分，是一个人自己对自己的认识，即主体我对客体我的认识，是个体通过分析、判断、比较等获得的自我感知、自我觉察、自我分析和自我评价等。自我感知是人们通过感觉和知觉对自身生理、心理及外显行为的认识和了解。自我认知主要解决的是“我是谁”“我是一个什么样的人”的问题。自我认知对于个体的情绪、行为及调节自我与客观世界的关系具有重要影响。自我体验是个体自我意识中的情绪成分，是一个人对自我的态度体验及其相应的生理、情绪、行为反应，有积极和消极体验之分，表现为自尊、自爱、自信、自卑、自负、自怜、自罪、自我效能感、责任感、优越感等。自我体

① 魏改然主编：《大学生心理健康教育》，化学工业出版社 2010 年版，第 43、46 页。

验主要解决的是“我对自己是否满意”“我能否悦纳自己”等问题。自我体验具有个体差异性，每个人的自我体验都是不同的，大学生要用心去体验不同阶段自我的成长，积极悦纳自我。自我调控是个体自我意识中的意志成分，它负责监督、调控自我的态度和行为，调节自己与他人、与周围环境的关系。自我调控具体表现为自主、自立、自强、自制和自律等。自我调控是自我意识的最高阶段，其解决的核心问题是“我想成为一个什么样的人”“我如何成为理想中的那种人”等。

2. 自我意识的内容

自我意识的内容包括生理自我、社会自我和心理自我。生理自我是一个人对自己身高、体重、性别、容貌、体形、健康状况等生理特征的意识，是自我意识最初的发展形态。社会自我是一个人对于自己与周围关系的意识，包括个人经济水平、政治信仰、所属国家、民族、时代等状况，和家庭、亲友关系及其在群体中的地位、作用、被接纳度等情况的意识，是个体社会化的重要体现和发展课题。社会自我的存在，喻示着人们意识到自己具有个体和社会两种角色，能根据社会期待调控自我。心理自我是指一个人关于自己情绪、气质、性格、能力、兴趣、爱好等心理特质及行为表现等方面的意识。

3. 自我意识的存在形式

从存在形式上区分，自我意识可以分为理想自我、现实自我和投射自我。理想自我是个体对于理想中自我的意识，是个体在意念中构建的理想化的自我形象，即个体期望自己应该或者必须成为什么样的人。现实自我是个体基于客观现实立场对自我发展所达到的实际状态的意识，即对个体生理、心理、社会等方面真实表现的意识。投射自我是个体猜想他人对自我的意识，是存在于个体想象之中的别人眼中的自我，它与个体现实自我和理想自我可能存在一定差距，却对自我发展与完善有着十分重要的作用。

上述自我意识概念及其内涵的不同界定和划分，都是相对而言的，是心理学家对于自我意识不同方面的认识和理解。自我意识是一个多层次、多维度的复杂的心理系统，每一个不同的“我”都是自我意识不可缺少的一部分，它们相互联系、相互影响，共同构成自我意识的有机整体。缺少其中任何一部分，都会使我们对自我意识的把握有失偏颇，严重者甚至会导致个体人格扭曲，影响心理健康。如在自我认知、自我体验和自我调控三者中，自我认知是基础，决定着自我体验的主导心境和自我控制的主要内容，正确的自我认知是良好自我体验和合理自我调控的前提。自我体验强化了自我认知，决定自我调控的内容和力度。自我调控则是自我完善和自我实现的根本途径，对自我认知具有调节作用，调控的过程和结果也直接影响自我体验。因此，自我认知、自我体验和自我调控三者的不同配置决定了自我意识的不同，也决定了人格的各异。再如，理想自我、现实自我和投射自我也互为影响。理想自我与现实自我两者之间存在差距，会影响个体的目标和动力。当理想自我远高于现实自我时，个体会因为对目标求而不得，无法达成，而失去动力，甚至破罐子破摔；当理想自我低于现实自我或没有理想自我时，容易造成个体狂妄自大，或失去目标、陷入迷茫。再来看现实自我和投射自我的关系。当两者相一致时，能够加快自我发展；当两者不一致时，个人会感到不被理解，委屈伤心，或试图去改变现实自我，又会拉大理想自我和现实自我的差距，从而感觉“心累”，或担心周围的人知道理想自我与现实自我不一致时评价自己“在装”，不真实。

二、自我意识的发展

自我意识并非是人与生俱来的，而是个体在后天的成长过程中，在与外界环境的不断交互中形成、发展和成熟的。自我意识有机整体中不同部分的发展，贯穿于个体自我意识从萌芽到成熟的全过程，而不是接续发展的不同阶段的自我意识。

2-2 大学生自我意识的形成与发展

（一）自我意识的发展阶段

自我意识的发展经历了三个阶段：自我中心阶段、客观化阶段和主观化阶段。第一个阶段是自我中心阶段，是人从出生到 3 岁这一时期。在这一阶段，婴儿开始能够认识自己身体的各个部分，并会用“我”而非“宝宝”来指代自己并表达自己的意愿和要求，如“这是我的娃娃。”“我要出去玩。”这些都典型标志着人开始认识到自己是个独立的个体，清楚自己和外部世界的边界，会区分主我与非我。自我中心阶段的主要特点是个体以自我的身体、情感、想法、认识为中心，并投射到他人及外部。如自己打针疼，会认为布娃娃打针也疼。第二个阶段是客观化阶段，一般从 3 岁到 14 岁，是一个人社会自我的主要发展阶段。在这一阶段，个体通过游戏、学习、劳动、实践等习得社会规范、形成角色观念、发展道德意识，并以此来有意识地指导和调节自己的态度和行为。在客观化时期，人们能够认识到自己是家庭、班级、学校和社会的一分子，以及自己在群体中的作用和地位，能够认识到自己是学习、活动的主体，自己应当承担什么样的责任，也可以享有什么样的权利。第三个阶段是主观化阶段，一般从青春期到青年期后期。这时个体关注的重点从自我的外在形象、行为转向自己的性格、品性等内心世界和内在体验，他们喜欢以自己的眼光去认识和评价外部世界，他们渴望了解自我，塑造自我并积极地投身行动，他们渴望独立，喜爱和同辈交流。在这一阶段，自我意识再一次迅速发展，个体也将经历理想自我和现实自我的分化与矛盾，并学着解决矛盾，寻求自我意识的统一。

（二）自我意识的发展途径

2-3 大学生自我意识的迷失

人们首先通过自我觉察的方式获得身体部分的自我意识。阿姆斯特丹（B. Amsterdam）等人通过“点红实验”证明婴儿至少要到 18 个月大时，才会明显地显现出镜像自我认知能力。他们找来不同年龄段的婴儿，在婴儿未察觉的情形下（如熟睡时）在其鼻尖涂上一个红点，然后在婴儿面前放一面镜子，观察婴儿们的反应。结果发现，较小的孩子要么是无动于衷，要么有少部分去触碰镜子里的孩子的鼻子，而 18 个月左右的孩子会较多地出现摸自己鼻子的现象。这说明，他们已经意识到镜子里红鼻头的小孩就是自己，他们开始对自己有了一定的认识。在婴儿 2.5～3 岁时会出现更复杂的自我理解、自我归因。

除此之外，在成长过程中，人们还会通过反映评价、社会比较来对自我有更多的了解，促进自我意识进一步发展。反映评价，就是人们从他人（老师、父母、同伴等）那里得到有关自己的评价信息。特别是在青春期之前，个体对自己的认识，多半是通过他人的反映评价来进行的。如小学生常用他人的认识代替自己的认识，如“妈妈说我吃饭吃得快”“老师说我写字写得好”。社会比较则是个体在实践中通过与他人的比较，逐渐增加对自己的认识。如在跑步中如果他经常跑在别人前面，就会认识到自己在奔跑上具有优势；在搬运重物时，他能搬动别人搬不动的东西时，他就会知道自己的力气大，等等。

自我意识的形成和发展，依赖于个体与周围环境的互动。如米德的符号互动论称，个体自我的产生和自我概念的形成源于社会经验、社会反馈，特别是重要的人（如父母、师长、同伴）或泛化他人的反馈。个体的反省或自我觉察的能力，是在“主体我”（我的观察者）和“客体我”（我的被观察者）的交流对话中被概念化，并以语言的方式呈现。而环境的各种刺激，也只有通过个体的符号意义系统的解读，才具有意义。

2-4　自我反思对智慧的影响

三、自我意识的功能

自我意识是一种特殊的意识形态，自我既是意识的主体，又是意识的对象。自我意识与个人成长、发展与成熟息息相关，具有定位导向、适应激励、内省调节等功能。

（一）定位功能

自我意识的存在，为人们明确了自身的时空方位，为个体实践指明了方向。首先，自我意识将人从客观世界中独立出来，成为自由自主的存在。随着人类的进化发展，人们开始将人本身作为认识和改造的对象，意识到人是区别于山川河流、树木动物等物质的存在，也使得人们具有了认识、改造、创造世界的可能与力量。自我意识的出现和完善，标志着人由自觉走向自主、由被动走向主动、由感性走向理性，这是人类得以不断发展和超越的根本。其次，自我意识塑造了独一无二的个体。自我意识来源于实践活动，又指导实践活动，自我意识让我们对自身的认识、体验和调控得以实现，并区别于他人，从而帮助人们更好地明晰自己在过去、现在和未来以及不同的群体中处于什么状态、应该如何行为。最后，自我意识为主体选择指明了方向。实践活动的内容和成效，实际上体现的就是人们的一种选择。自我意识就为人们提供了一个从自身角度出发进行选择的依据。这个自身角度包括人的主体需要、能力水平、知识经验等，而这些都是基于自我意识。

（二）适应功能

良好的自我意识，可以帮助个体认清自己以及自己与客观世界的关系，从而能够较好地适应社会环境并采取合适的行动。“我”是由多重自我构成的，只有当个体的多重自我具有内在一致性、整合性时，才能够使其在不断变化的环境和多重角色中保持自我连续性和完整性，而这将有利于个体社会适应性（如学习适应性）行为和结果的发生。此外，自我意识各个结构的实际情况也会影响个体的适应性。如在那些适应不良行为之下潜藏着个体错误的自我认知：他们认为自己在与他人的关系中是没有价值的，无法胜任的；低自尊体验的个体会出现社会适应困难；高自我控制的个体拥有更健康的人际关系，更有效的压力应对技能，更出色的学业成绩等；低自我控制的个体更容易产生适应不良行为和违法违规行为。个体自我概念的发展和消极自我概念与攻击行为、学习适应、焦虑症和抑郁症之间也具有一定的相关性。

（三）调节功能

在实践中，人能够不断地自我调节满足自身需要、发展完善自我和改造创造世界，这些都离不开自我意识的作用发挥。从自我调节的过程来看，在最初建立调节目标时，人依靠自我意识觉察主体的需要、动机、价值，完善人格的自我设想，而这些要素正是构成目标的重要因素。目标确定后，在接下来的行为认知准备阶段，个体又通过自我意识的意义系统自觉能动地对信息进行加工、处理，并根据处理结果确定计划和策略的选择。随后，在执行计划时，个体仍然是通过自我意识来实现对自己行为的监督、判断，包括留意自己行为的次数和质量等各个方面，并在完成后进行自我评估，依照满意与否的情感体验对自我进行奖励或惩罚，以此强化自我调节成果。自我调节的最终目标，就是使“现实自我”不断趋向“理想自我”。在自我调节中，自我反思最为关键，特别是反思认识和实践的一致性问题对于促进人的行动具有驱动性，更是检验人们能动地认识和改造世界的客观性标准。

自我意识水平是心理健康和人格完善的重要标志。良好的自我意识有利于保持个体的内在一致性，个体自我只有表现为一致、稳定和客观时，才能引导出正确的认知、情绪与行为，才会拥有健康心理。反之，则会影响心理健康。自我意识不完整、不完善、不确定的大学生往往缺乏良好的自我感受，从而出现学习困难、人际交往问题、情感或亲密关系困扰，或出现各种心理障碍，甚至会作出病态行为。除此之外，自我意识也是推动人格发展的重要因素。自我意识可以实现人格结构的整合、统一和完善。个体如果能够充分发挥自我统一功能，将有助于发展积极完整的人格结构，并保持人格与个人行为及外部世界的协调一致。反之，若没有统一的自我意识，则会导致不协调的或未整合的人格结构，其个人与行为及外部世界易发生冲突，成为不健康的人。

健康的自我意识是幸福人生的关键。一个人的自我意识会影响其认知和行为，进而影响其生活状态。如果拥有健康的自我意识，个体便能够正确认识自我并悦纳自我，既满意于当下现状又有合理目标和前进动力，并能够审时度势，自我合理调节，勇于克服挫折与困难，体验成功与幸福，实现理想自我。如果个体拥有不健康的自我意识，他们往往过高或过低地评价自我，无法通过自我调控实现客观自我和主观自我趋于一致，他们常陷入困惑和烦恼当中，对生活状态常有抱怨或失去目标和斗志，遇到困难时易畏首畏尾或甘于放弃，生活没有幸福可言。

第二节　洞若观火：大学生的自我意识

青年期是大学生自我意识迅速发展并趋向成熟的关键时期，不少心理学家将该时期称为自我意识发展的第二个飞跃期。在大学阶段，大学生自我意识既遵循着自我意识的发展规律，又呈现出了其独特之处。

案例

小萌是一名大一的女生，近期总感到难过，她说："进入大学后，我按照之前对大学生活的规划，报名参加了学院学生会和一个兴趣类社团。虽然很忙碌，但指导老师和部长都夸我能干，我还是很开心的。但一回到宿舍我就感到非常压抑。寝室同学不喜欢我，经常当我进入寝室时，她们原本热闹的谈话就中断了，大家的表情也显示出冷淡与不在乎，我不知道自己做错了什么，得不到室友的认同，这使我非常痛苦。而且英语学习也跟不上，以前只注重笔试的我现在听也听不懂，说也说不像。自己也想把英语赶上来，像高中一样跻身年级前十，为此还和高中的英语课黄老师请教，自己也多加练习听力，可这次英语期中考试成绩我依然倒数，这是我从未有过的差成绩，也辜负了黄老师，现在的我真的一无是处。"

"我一直主动地想与所有同学相处好，想把英语学好，甚至做了一系列努力，却都得不到认可。在上大学以前，我一直是非常受人欢迎的，而且在父母眼中我一直是一个懂事、善良，让父母省心的女孩，进大学前我也曾设想我应该是学习优秀、人缘好的一个人。我实在不知道该如何做。"

后来我们也询问了这个同学的室友和她的老师。在室友眼中：小萌是个上进、有自己思想、好学的人，只是比较内向，不太爱说话；在老师眼中：小萌是一个踏实肯干、努力自律的学生。

小萌的自我认知和室友、老师的现实评价似乎有出处，出现这样的差异与大学生的自我意识发展不无关系。

一、大学生自我意识发展特点

大学时期，学生自我意识的各个成分都已经得到了较充分的发展，整个人也逐渐走向自主乃至自由。无论男生还是女生，大多数大学生能够对自己作出肯定的评价，产生积极的情感体验，较好地悦纳自己，从而实现主体我和客体我的统一。但是，不同年级、不同群体和个体的自我意识发展水平存在差异。

（一）自我认识主动但不全面

到了大学阶段，大学生自觉或不自觉地将自己的思想从客观世界中抽离，开始指向主观世界，更多主动地思考关于“我”的问题，对自己的生理、心理、社会关系也能更多地觉察、思考和作出相对稳定的评价，这种倾向在他们的博客、社交软件朋友圈中常可以被观察到。但由于知识学习、生活实践的不广泛、不充分和不深入，大学生对自我的认知并不全面，对于不同的“我”的认识也存在不平衡。此时，自我意识的指向逐渐从身体、容貌、仪表等生理外部特征转向气质、性格、能力等内在个性特征、心理品质和社会交往，并对后者表现出更大的关注。大学生对善良、真诚、热情、诚实、有上进心、勤奋刻苦、尊敬师长、团结同学、有同情心、助人为乐等心理品质认同度高，也会在潜移默化中受到熏陶，不断提高自我认识。如案例中的小萌，能够主动去思考“大学期间如何规划”“寝室同学为什么不喜欢我”“我的英语学习听力、口语跟不上”等与自我有关的问题，其中，小萌对自己的学习、人际交往方面和个人内心情绪感受的关注相对较多，对自己其他方面的关注较少。然而，与同学、老师对其的现实评价相比较，小萌的自我认知也是不够全面和客观的。

（二）自我体验深刻但不稳定

随着年龄的增长，大学生的自我体验日益深刻。在经历不同的情境与事件时，其心理也会生出相应自信、自爱、自尊、自怜、自卑等不同体验。但是这种体验也很容易发生改变，具有不稳定性。在自我体验中，自尊心占有重要地位。大学生的自尊心要强且敏感，加上心理成熟度不够，很容易陷入两极境地，或过分自尊和好胜，又或自卑和嫉妒。如案例中的小萌，上大学前她因为学习优异、受人欢迎而自信大方、阳光开朗，但在进入大学后，面对室友的冷淡、英语学习的落后，虽然在社团工作中被肯定，但还是让其陷入不自信的沉默之中，过度在意他人对自己的评价看法，一度认为自己一无是处。

（三）自我调控有力但不持续

随着人生目标和社会责任感的日益明确，大学生产生了较强的自我完善的愿望。特别是大学生在遇到理想自我和现实自我、主观我和客观我存在差距或有偏差时，会有意识地自觉、主动地对自己的认知、行为、情绪等加以调节改变，以实现“更好的自我”的目标。在自我调节、完善的过程中，大学生自我教育的能力也在逐步提高，表现为独立性和参与感，一方面希望自己像成人一样能够独立解决自己的问题，另一方面又积极参与各项活动来强烈地表现和证明自己。但由于缺乏意志力和合适方法，容易半途而废，不能持续。如案例中的小萌，在进入大学前曾设想自己是一个学习优秀、人缘好的人，进入大学后也积极参加社团等学生组织锻炼展示自我，在遇到英语跟不上时努力通过增加听力练习尝试提高成绩，但由于现实和理想的差距，她在一段时期内还是要面对室友相处不和及英语学习的落后，此时的小萌虽心有希冀却又不知该何去何从，没有解决问题的持续行动，依然不知道和室友矛盾的原因出在哪里，没有找到适合自己的更有效的学习方法。

2-5　自恋与攻击行为的关系

二、大学生自我意识发展规律

大学生自我意识的发展具有分化—矛盾—统一的规律，其自我意识成熟的过程也就是自我不断分化，由矛盾走向统一，再由新的矛盾走向新的统一的过程。这一过程并不是一次性完成的，而是一个由强到弱、由激烈到平衡、由典型到不典型的过程。每一次分化—矛盾—统一，都代表着自我在质上的一种转变，主体人格也不断得到优化和完善。

（一）自我意识分化

自我意识发展是从明显的自我分化开始的。随着大学生生理的成熟和社会性的增强，他们的意识由关注外界事物开始转向关注自我的内心世界，原本含糊笼统的“我”被分化出了许多不同的“我”：生理自我、心理自我和社会自我，理想自我、现实自我和投射自我，主观的我和客观的我，自我眼中的我和不同人眼中的我，等等。自我分化有利于人们从不同角度来认识、评价自我，有利于人们形成全面客观的自我概念从而更易接纳自我，有利于人们更准确地着眼于某个具体的“我”而加以完善提升自我。自我分化促进了大学生思维和行为主体性。自我分化越精确越丰富，自我意识就越清晰越完整。自我分化是自我意识走向成熟的标志，也是产生自我意识矛盾的源头。

（二）自我意识矛盾

处于青年期的大学生，在面对“我”的探究和追问下不断分化登场的“我”时，感到新奇、激动。而当不同关系情境下不同角色的“我”（主要是主体“我”和客体“我”、现实“我”和理想“我”）之间出现较大差距时，自我意识矛盾出现，个体会因此而内心焦虑不安，甚至会体验到强烈冲突而痛苦不已。此时的大学生们，由于认知能力有限，对整体的“我”的认识还不稳定，对一些“我”的结构和细节缺乏了解，不能有经验地协调不同的“我”之间的矛盾与冲突，而青年期又十分敏感在意周围人对自己的态度和评价，从而容易对自我的评价出现片面性的过高或过低的偏颇。如案例中的小萌，她的学习优秀、受人欢迎的理想自我就与室友关系不佳、英语学习成绩倒数的现实自我之间就存在矛盾，小萌为此而感到难过、自责、沉默。此外，自认为一无是处的小萌在老师同学们的眼中是好学、上进且自律的学生，自我眼中的“我”和他人眼中的“我”、主体“我”和客体“我”之间也存在矛盾。

（三）自我意识统一

为缓解、摆脱自我意识矛盾引发的焦虑不安和痛苦，大学生努力寻求自我意识的统一，获得自我同一性。自我意识的统一可以是不同的“我”之间的和谐统一，也可以是自我意识结构中知、情、意三者的相互协调，是自我意识各部分“我”与客观世界的吻合一致。自我各种各样的统一，既有积极向上、高水平的，有利于心理健康发展的统一；也有错误消极、低水平的，不利于心理健康的统一。不同统一的结果会转化出不同模式不同特点的自我。大学生自我统一转化的选择，既取决于其学习成长过程中的外部环境，也取决于其自身的心理发展水平，最后集中表现在大学生“理想自我”和“现实自我”的统一过程中。如果想要对自我满意，获得自我价值感和幸福感，大学生们可以做到以下三点：理想自我适当高于现实自我，具有可达成性；设定理想自我时要较好地平衡自我期待和社会期待的关系；投射自我和现实自我趋向于较为一致。

三、大学生自我意识发展偏差

2-6 大学生自我意识偏差

我国大学生自我意识发展的总体水平较高，发展的主旋律是积极的、健康的，但也存在一些需要调适的问题和偏差。下面，我们来看看大学生当中常见的自我意识偏差主要有以下几种。

（一）自负和自卑

自负与自卑是个体自我评价发生偏差的表现。

案例

这天，小晨一脸不高兴地找到了辅导员，一进办公室没等招呼就大大咧咧地坐下了。“李老师，我们班同学都故意针对我！”李老师：“你说说看，同学们是怎么针对你的？”“老师，你评评理，同学们凭什么给我综合评价的分打得这么低？我哪里都好，学习好、个子也高，还很会打球，上次我们系球赛赢了都靠我，没有我的话，就凭他们那烂技术肯定没戏。”“你们队王平不是也挺厉害的？投球很准！”“他那是运气好罢了。我觉得同学们是嫉妒我能干，故意给我打低分的。”其实李老师从同学们口中了解到的小晨却是这样的：小晨学习成绩一般，关键是学习态度让老师和同学们都不喜欢。他上课看心情，有时不高兴就不去了，需要小组配合完成的作业总是推给别人做，还美其名曰“把表现的机会让给大家”，称自己善于助人。球场上也不注意配合，拿到球总想一个人先秀一下，同伴说他还被怼回去。平时总听他埋怨这个人不好，那个人不好，天下只有他是“十全十美”。

自负，是个体自我扩张、高估自我，对自己的肯定评价超过了自己实际情况的一种不合理认知。这一类人往往对自己有着过高的肯定，扩大或夸张了自己的长处，认为自己能力很强，各方面都是优点，回避或否认自己的缺点，甚至视缺点为优点，不能进行自我批评，也不允许别人批评自己。他们在肯定自己的同时，对他人总是过低评价，无视他人的优点，看到的都是别人的缺点与不足。在人际交往中，自负的人奉行的是“我行，你不行；我能，你不能”的原则，因自感无人能及，所以也常会有孤独的自我体验。上述案例中的小晨就是自负的表现。

自卑则相反，是指个体自我贬低，低估自己，对自己的否定评价超过自己的实际情况的一种不合理认知。自卑的人往往只看到自己的缺点，看不到自己的优点，总爱拿不同人的优点和自己的不足或缺点比较，比完后越发觉得自己一无是处。他们不喜欢自己，不能容忍自己的缺点和弱点，常否定、抱怨、指责自己。有些人会有自怜、自责、自罪的一些体验。相应地，这类人，他们自我存在感低，自我常觉得没有价值，严重者还会质疑生命的意义。自卑的人自我调控时也缺乏行动力，觉得做什么都是错的，总是会不成功，得不到别人的认可。在行为上过多依赖，在人际交往中，也不敢主动去表达自己，总认为别人瞧不起自己，比较敏感。前面案例中的小萌在评价自己时说道：“我现在越来越沉默了，上课时总是坐在最后一排的角落里，最好是老师当我是‘隐形人’，这样上课就不会提问到我，虽然有些问题我也会回答，但就怕站起来一开口，同学们就笑我。我现在也比较少去社团了，除非开会要签到什么的，一定要去的才去，我觉得社团里面的同学也知道我和寝室室友关系不好了，说我文案做得好不过是口头上的客气罢了，他们并不是真的喜欢我的，谁让我是一个一无是处的人呢。”这就是小萌自卑的表现。

2-7　大学生自我中心与主观幸福感的关系

（二）自我中心与从众

自我中心和从众反映的是自我意识存在过强或缺乏的问题。

案例

“你又不是我。我觉得歌要放出来听才有感觉呀！”小文对着寝室里在看书的室友说。“说了你们又不懂……”小文在电话里对着爸爸说。

小文觉得能够理解自己的人越来越少了。这天，小文在自己的博客中写道：“今天上课被叫起来回答问题，一时没答上来。老师也没多说什么，随即让我坐下，转叫另一个同学回答了。但是一整节课我的脸一直发烫，后面什么也没听进去，总觉得同学们在议论我，在笑话我。今天一天过得像丢了魂似的。中午吃饭的时候问了好朋友小雪，大家是不是觉得我没答上来很差劲，小雪却说提问环节结束就松了一口气，接着听老师讲新课去了，没在意我今天有被叫起来回答不出来的事。要不是我问她，她都不觉得有这事了。为什么连最好的朋友也不在意我了呢？她不知道平时阳光、好学生人设的我，在没回答出问题时有多窘吗？她没经历过，一点都不懂我。”

自我中心是指个体过度关注自己，以自己为中心，不考虑他人的需要和感受。处于青年期的大学生，其认知中的“自我中心”再次复活，表现为“假想观众”和“个人神话”两类现象。“假想观众”带来的思维扭曲使大学生常认为自己是其他所有人注意的焦点，认为全世界的观点都与自己的观点相同，自己的观点即是全世界的观点。“个人神话”的错觉则使他们认为个人经历是独一无二的，别人都不会经历，没有人能真正理解他的感受，过分强调个人的独特性。自我中心的学生在人际交往中多从自己出发，忽视他人的感受，常表现得颐指气使、盛气凌人，把自己凌驾于父母、老师、同学、他人之上，对他人指手画脚，喜欢把自己的感受和想法强加于他人，对别人没有把自己放在优先重要位置而不满。案例中小文就是一个自我中心的大学生。

案例

“下学期就大四了，想好毕业后做什么了吗？”几个同学聚在一起聊天。小春一脸迷茫地看着书桌，无意识地转动着手中的笔，“班里大多数同学都在准备考研，要不我也考研吧。”如果非要说出自己为什么要考研的一二三，那对小春来说实在是太难了。“高考填志愿时，我不知道自己喜欢或不喜欢什么，感觉这些专业都差不多，是父母决定的学校和会计专业。到了大学选课，也是看同学们选什么，自己就跟着选什么。听说大学期间还得考几个证傍身，也跟着考了大学英语四、六级，还跟着老乡去考了营养师证，我也不知道以后拿着这个证干什么，对找工作有没有帮助。”

从众是指个体忽视自己的想法和观点，丧失自我，跟随他人的想法和行为。从众的学生往往认为跟随大流是最明智的选择，盲目行事，不考虑自己的实际情况和感受。从众心理人皆有之，但过强的从众心理实际上就是自我丧失的反映，他们往往缺乏对自己的认知与了解，不清楚但也不去思考或懒于思考自己的真实意图或自己的实际能力，常常“人云亦云”，难以作出全面分析，做事缺乏自我特性。小春在面对自己的专业、学习或考研等重大事情时没有正确的自我意识，总是随大流，表现出从众心理和行为。

（三）过度追求完美

过度追求完美是指个体自我设定目标过高甚至不可能达到，强迫自己去实现，并以此成就衡量自身价值。

案 例

又到夜里一点多了，小朵还端坐在电脑前奋战她的课程 PPT 作业。从老师一布置作业就马上动手，已经快一个月了，可眼看着后天就要交了，还没做好，小朵心中一阵焦虑。一直没有完成的主要原因是内容始终定不下来。这次课程小作业是要求围绕城市治理中的典型突出问题进行分析并提出对策，她为此找了很多资料，但总觉得自己找的问题不是最典型的，会不会有更好的案例，考虑对策时又想尽可能考虑周全、专业、完美一些。结果，报告写了一稿、二稿、三稿……一直没有定稿！她总觉得有些地方还不是很完善，总想着做得更好些。PPT 制作也不让人省心，今天晚上近两个小时都在折腾，到底用哪个颜色的模板、选哪个字体更好看点？时间就这样过去了。天，快亮了……

小朵是大学生中过度追求完美的典型代表。过度追求完美的学生往往给自己设立了完美的标准和很多条条框框，他们在不必要的细节或小事上投入过多的时间和精力，对自己和他人苛责，容易产生紧张、焦虑等不良情绪。在人际交往中，为了维护自身完美形象，不敢融入群体中，害怕暴露自己的缺点，流露自己的感情，不敢表达自己的态度和观点。过度追求完美的学生表面上通常是自负的，不能够全面、客观地评价、接纳自我，经常因为要塑造“优秀”“积极”“向上”“完美”的理想自我而深受压力。哪怕取得成功也不能给他们带来成就感和完整、独立的自我感受。

第三节　破茧成蝶：完善自我意识

良好的自我意识是个体走向成熟的标志，是适应社会的基础，更是获得幸福人生的重要保证。大学阶段，是青年人自我意识发展、完善的重要时期。合理认识自我、积极悦纳自我、有效调控自我，对一个人的成长有着重要的意义，是大学生自我意识发展的阶段目标和重要课题。

大学生发展和完善自我意识，首先要在思想上明确，自觉将获得自我同一性作为大学时期的心理发展任务去认真完成。其次，在设计行动方案前，要厘清自身同一性当前状态，积极大胆地去尝试，提高能够获得自我同一性的效能感，避免不经过自我探索直接获得的同一性早闭，甚至索性放弃探索和承诺，陷于同一性扩散当中。最后，在具体行动时，要积极参与实践和认真反思，才能清晰勾勒自己想要成为什么样的人以及怎样成为理想中的人，早日获得自我同一。

2-8　如何保持自信

一、正确认知自我

自我意识偏差的产生往往在于人们不能全面客观地认识自我，不能合理地评价自我。因此，完善自我意识，必须要以正确自我认识为前提。常用的认识自我的方法主要有以下几种。

（一）认识自我的方法

1. 比较法

人们通过“我”与他人的关系来了解自我、合理定位和完善自我。在成长过程中，大学生会不断和周围的人相比，如和偶像楷模相比、和家长老师相比、和同学朋友相比等。与比自己优秀的人相比时，容易看到自己的不足，明确努力前进的方向，挖掘自己的潜能；与不如自己的人相比时，可以发现自己的优点，确定自己的能力，提升自己的自信心。大学生也可以将过去的我、现在的我和未来的我加以比较，增加发展性自我的认知。采用比较法时，最重要的是要确定合理的比较内容、比较对象和比较标准。当选择比较的对象远比自己优秀或远不如自己时，个体容易产生自卑或自负的自我意识偏差。

2. 经验法

人们通过“我”与事的关系来分析自我、评价自我和发展自我。人们在成功中体验自己的成就、发现自己的优势、肯定的自己能力、提高自身价值；在失败中总结经验教训、看到缺点不足、锤炼意志品格。大学生可以梳理自己成长发展过程中印象最为深刻的成就事件或挫败经历明晰自己的优势与不足、特长与能力，并在未来发展中扬长避短或避免重蹈覆辙。同时，大学生也可以从他人经验中学习借鉴，促进自己更好成长。

3. 自省法

人们通过反思“我”与自己的关系来不断探索自我、认识自我和评价自我。人们通过对不同的“我”之间的差异进行比较，来思考“我是一个什么样的人”“我对自己哪些方面是满意的、哪些方面是不接受的”“我以后想要成为一个怎样的人”“和以前相比，我有哪些变化”等。通过自我反省，大学生可以更深入地了解自我、形成对自我相对全面客观的评价，从而有利于悦纳自我和完善自我。无论是比较，还是总结经验，最后一步，也是最重要的是人要学会自省和反思，这样才能有所成果，成果才能得以深化。

前面案例中的小萌，可以将自己的现在和过去作个比较，才会明白进入大学后，学习环境和学习要求、内容都发生了变化，过去的优秀并不能代表一直的优秀，还是要树立新的学习目标，掌握新的学习方法，适应新的学习环境。同时，经历过高考，意味着经受过一次选拔，现在的同学在原先各自高中也都是佼佼者，和这些同样优秀的同学相比，要理性看待学习排名。小萌也可以主动迈出和室友沟通的一步，了解在室友眼中的自我是怎样的，反省相处不和背后的原因；主动去和老师谈心，知道在老师眼中的自我是什么样的，明白自己有缺点不足的同时，也是有优点的，并非自己所想的是一个一无是处的人。过度自负、自卑的同学，通过自我觉察训练，全面认识自我，方知自己并非完人或并非毫无长处，从而摆正自己的位置，更理性地为人处世。

（二）自我觉察练习：“我的自画像”

练习自我觉察，可以帮助大学生走进“我”的世界，看看自己对自己到底了解多少，知道哪些方面的“我”。

著名科学家、教育家竺可桢先生曾对新入学的学生有令人深思的“两问”：诸位首先要问问自己，进大学为的是什么？将来毕业以后能够成为什么样的人？也许这些问题我们一下子很难清楚地回答，但它们的确是值得回答的，我们可以尝试画一幅自画像，从认识自我开始思考。

练习总共有四个步骤，练习前可以给自己拍一张自拍照，看着照片中的自己来完成。

第一步，思考回答 20 个“我是谁？”的问题。答案请尽可能多维度的、用个性化的语言描述，避免“我是一个男生”这样简单的句子。

1. 我是一个＿＿＿＿＿＿＿＿＿＿＿＿＿＿＿＿的人。
2. 我是一个＿＿＿＿＿＿＿＿＿＿＿＿＿＿＿＿的人。
3. ……

第二步，将上述答案进行归类，将题号写到相应的类别后面。

A. 生理状况（身高、体重、体型、外貌、是否健康等）：__________

B. 能力状况（特长、智商、能力等）：__________

C. 情绪状况（常有情绪状态，如开心、乐观、烦恼、焦虑等）：____

D. 社会功能（与他人关系、参加实践活动等）：__________

E. 其他：__________

第三步，评估答案的积极性或消极性。在上述所列的每一条关于“我是谁”的答案后，用正号（+）或负号（-）分别标注“这个陈述表达了对自己满意肯定的态度”或“这个陈述表达了对自己不满意否定的态度”。

第四步，查看一下上述答案中是否有涉及自己未来的回答。如果有，请把它标示出来。

完成上面四步后，自画像就初步画好了。我们可以从下面几个维度来解释“我的自画像”。

首先，让我们统计一下自己答案的个数，也即是写出了多少条关于“我是谁”的答案。如果数量多于等于 9 个，那大体上可以说明同学们对自己较为了解，如果只写出 7 个或更少，说明对自己的认识还不够深入，或者是过分压抑自己，那就需要我们进一步去扩展对自己未知部分的了解，获得已知部分越多越好。

其次，对答案进行分类汇总。通过分类汇总，我们可以了解自己对自己各方面的关注与了解程度。某一类的答案多，说明自己平时较多关注自己这一方面的状况；某一类答案没有或较少，说明自己对自我方面的探究较少或不了解，可以尝试增加这部分的自我探索。

再次，通过加总正号和负号的个数，可以了解自我的接纳程度。如果正号数量多于负号数量，则说明大体上自己是能够悦纳自己的，如果负号的数量多于正号的，则表明自我接纳情况不是很好，需要进一步反思原因何在。

最后，关注答案中是否有涉及未来的回答，如果有，则意味着我们的人生充满生机，对未来抱有理想信念。如果没有，则说明我们对自己的未来考虑得不多，需要加强对理想自我的构建。

我们在描述自己眼中的自我之外，还可以将此练习扩展至他人眼中的自我的探索，描述父母眼中的我、同学眼中的我、老师眼中的我、恋人眼中的我、兄弟姐妹眼中的我，等等。

我们对这些不同维度的自我描述进行梳理和总结，寻找这些描述中共同的品质，将其归类；对存在差异的部分，深入思考，探寻原因。我们描述的维度越多，就越会找到比较真实的自我。

二、积极悦纳自我

2-9　大学生自我意识完善

悦纳自我是个体对现实自我的肯定、接纳、认同和欣赏的态度。个体能否悦纳自我是判断其心理健康的一个重要标志，是健全完善自我的关键。

（一）接纳多面的“我”

积极悦纳自我，首先要做到无条件地接受自己的一切。不管是自己的优点更或是自己的缺点，不管是自己的成功还是自己的失败，要理智地认为这都是“我”，一个独一无二的“我”，一个真实存在的“我”，既能看到自己的长处和优点，也要能接纳自己的不完美与局限；其次是要积极地、喜悦地接受自我。大学生要学会喜欢自己、爱自己，能够做到自信自尊、不断肯定自我，对自己的存在抱有价值感、自豪感和满足感。对自己的不足与局限也能以积极的、乐观的和发展的眼光去看待，以此激励鞭策自己不断提升完善；最后要珍惜自己的独特性。大学生要为自己树立切合实际的目标，不盲目与人攀比，不盲目从众，是为了尊重和实现自己的人生目标和人生价值而奋斗，而不是为了讨好或超过别人而努力。

（二）转变认知悦纳“我”

要想接纳不同的“我”，特别是自己的不足、缺点，真正地悦纳自我，关键的还是要从深层次改变对自己的看法，即转变我们的自我认知。

根据认知理论，人们的情绪或行为反应并不是直接由刺激引起的，而是由认知，也就是我们对信息进行加工时所持有的某种观点、看法和态度引起的。当人们不能接纳自我，产生自卑、自责、自怜等不良体验时，其背后常会有一些不合理信念在影响。我们需要做的是：找出不合理的信念，用理性信念去替代它。大学生要学会树立“相对”思维，摒弃绝对化要求；学会“整体”思维，拒绝过分概括化；坚持“乐观”思维，去除极端化思维。我们通过改变我们的想法信念，从而改变我们对自己的态度，真正实现悦纳自我。比如：

上文案例中小萌因与室友相处不和睦而闷闷不乐，其背后的绝对化要求不合理信念是：“我以前人缘好，现在也要人缘好，做一个受大家都欢迎的人。”如果转换为更合理的想法：“用真心去对待别人，与人为善，但不能指望身边所有认识的人都喜欢自己。”这样，再回头来看这段人际关系就会更加理性，静下心来寻找不和的原因，而不是停留在自己人际关系不好的忧虑之中。针对英语学习落后一事，小萌以偏概全的不合理想法是：“成绩不再像以前一样总是名列前茅，我一无是处。”而合理的想法是：“人无完人，总是有缺点又有优点的。学习暂时不好，重要的是意识到新的阶段学习特点，找到合适的学习方法，努力迎头赶上。虽然英语学习不好，但我的社团活动能力很强，我不是一个一无是处的人。”拥有合理观念的小萌应会积极开朗地学习生活，面对困难也不再自卑沮丧。

2-10　新媒体时代的青年自我调控

三、有效调控自我

自我调控是人们主动地、有意识地改变自己的心理品质、特征和行为的心理过程和实际行动。大学生要充分结合自身生理、心理等实际和社会现实，设立恰当的理想目标，调节自己的不良认知、情绪和行为，制定具体可行的行动计划并付诸行动。自我意识完善是人一生的课题，在调控过程，大学生要注重培养自己良好的意志品质，避免懈怠和惰性，积极应对挑战，最终实现自我价值。

（一）树立合理目标

目标是我们前行的方向和动力。但是，目标并非越多越好，越高越好。目标太多了、太高了，无法实现等于没有目标。没有目标，就像黑夜中航行的船只，没有方向，缺乏动力。对于大学生来说，目标确立是否合适甚为关键。大学生在入学后，或者在拿到大学录取通知书甚至更早的时候，就应该积极思考下一步的目标问题，并通过实践探索来确定自己的最终选择，获得自我同一性。理想自我的描绘，志向目标的确立既需要考虑自己的兴趣爱好、气质性格和才能等方面的特点，又要考虑国家和社会的需要。奋斗目标必须是依据自己的客观实际情况的，力所能及可以实现的。

案例

小杰幻想自己能够成为一名出色的篮球运动员，可以代表国家队出战；幻想自己能够成为一名出色的画家，可以举办大型的画展……但他的这些目标离现实太遥远了。现实中的小杰身高只有1.65米，弹跳力也就一般平均水平；没有专业老师指导学习，画技也不突出。为此，他感到迷茫、困惑。

对于小杰来说，困惑苦恼的根源在于设立理想目标时理想自我和现实自我的矛盾冲突。解决他的苦恼则要帮助小杰厘清理想和现实的关系，肯定其能积极思考自己的未来，有自己的兴趣爱好和付诸实践的努力，同时也要让其明白理想的设立和实现必须要有现实基础，如生理条件、知识、能力、性格等，要考虑理想目标的实现度。因此，小杰在综合各方面因素后，可重新设立自己的奋斗目标，调整理想自我。

（二）落实行动计划

奋斗目标明确了有助于确定人生的方向和主线，明确自己的行动。当目标确定后，那些与目标紧密相关的事情是重要的，马上要做的事情；那些与目标实现无关或小关联的事情是不重要的事情、可以不做或缓做。目标确立以后，那些服务于目标的知识和经历是必须要具备的；反之，有些知识和经验我们可以不掌握或少掌握。

案例

进入大学后，小萌的学习生活安排得非常紧密。因从小学习舞蹈和声乐，所以大学期间参加了校舞蹈队和合唱团，同学们经常可以看到她在大大小小的演出中的优美舞姿，听到她美妙的歌声，平时她也在排练中投入了大把的课余时间。但小萌立志想当一名环境治理的专业人士，虽然别的同学认为她以后凭艺术才能也能获得一份不错的工作，但她还是心如磐石，目标明确，想当一名环保人。所以一有时间，她就泡在实验室里，与试管和仪器为伴。

目标和行动计划是紧密相连的。我们需要把大目标分解为阶段性的小目标，每一个小目标都要有与之对应的、可行的、具体的、可测的行动方案。

案 例

小萌之前对自己设定的目标比较高，学习一定要名列前茅，每门课都要优秀，而现实中英语学习落后一度让自己灰心沮丧。在经过老师的辅导谈心后，小萌重新设定了目标，设计了自己的行动方案。环境治理专业毕业要求通过大学英语四级，所以小萌就把做一名合格的环保人的大目标分解为毕业条件的每一项达标要求上，用通过英语四级考试这一小目标替代了英语要学习优秀的笼统目标，她找到英语四级考试的专项训练资料有针对性地加强练习，把上课、去食堂、训练的路上等零星时间也利用起来用来听四级听力，同时规定自己每天要背 100 个单词，精读 4 篇阅读理解。面对以前惧怕、没信心的英语，现在学习起来也从容开心了很多。

（三）监控计划实施

在确立目标和开展行动后，我们还需要监控计划的实施情况。当计划偏离目标或遇到困难时，我们要及时分析原因，必要时对目标、行动计划进行调整，适应新的形势。在朝着目标努力的过程中，我们经常遇到的挑战便是自身执行力不够、毅力不足，目标常立却总是沦为摆设或容易半途而废。像一些同学在开学初常会列目标计划，“每天要背 100 个单词，每周要精读专业文献 5 篇……”，或者放假时特地带几本书回家下决心一定要趁假期看完，但往往是计划执行了一周或一段时间后就不了了之了，背回去的几本书一页未翻又原封不动背回来了。所以，我们的同学要加强注意力和意志力的训练，这也是完善自我的重要方面。

人的潜能就如同一座蕴藏无限价值的未开发的金矿，只是没有被发现挖掘而已。弗洛伊德认为，人觉察到的自我意识只是露出水面的冰山一角，还有大部分潜意识隐没在水面之下。马斯洛也认为，人具有的巨大潜能，远要比人们平时表现的能力大得多。因此，人的潜力是无限的，大学生对自己的认知越全面越深刻，就越能清晰地认识自己的优点与不足，就越能接纳和挑战自我的局限，也越有勇气和信心实现自我突破。大学生可以通过广泛阅读、深入交流、主动实践、认真反思等方式不断扩大深化自我认知，拓展自我；可以通过积极暗示提高自我效能感，相信自己能做得更好，在实践中不断探索和积累，取得更大的进步；可以通过开放心态学会笑对一切，不惧超越自我过程中的挫折失败，学会把不喜欢的事情也做好，学会和不同的人交往，都是不断成熟的表现。超越自我、完善自我的同时促使现实自我走向理想自我，以现在和未来更好地自我实现对过去自我的致敬！

思考与练习

1. 请简述自我意识的概念和内涵。
2. 请结合个人成长经历，分析自己存在的自我意识偏差。
3. 请结合自身实际，谈谈如何完善自我意识。

本章参考答案要点

推荐书目

1. 梁钦著：《成为你自己》，东方出版中心 2021 年版。
2. 十二著：《你的自信，决定你的未来》，江苏凤凰文艺出版社 2021 年版。
3. ［奥］阿弗雷德·阿德勒著，吴杰、郭本禹译：《自卑与超越》，中国人民大学出版社 2013 年版。

第三章

与情共舞——培养积极情绪

天下本无事，庸人自扰之。

——新唐书·陆象先传

每个人都有基本的生理和心理需要，当我们的需要不能被满足时就会产生各种情绪。一个正常人有情绪是必然的，关键是我们如何能在情绪的世界里生活得更好。为此我们需要学习与情绪相处、让情绪助我们成长和成功的情绪管理本领。本章内容旨在帮助同学们科学全面地认识情绪，了解情绪发生、发展的生理和心理机制，提升情绪管理的能力，帮助大家善用情绪的正能量，寻找心灵的宁静，拥抱美好生活。

第一节 “情”为何物：揭开情绪真相

情绪帮助我们表达需要，为我们提供生命的方向。然而，我们对情绪的认识，通常是按自己的个人经历作出的一些猜测，又或是按照自己的眼光和标准片面地评判。因此，科学地认识情绪、探索情绪非常重要。

一、情绪概述

（一）情绪的内涵

情绪是指个体对客观事物是否符合自身需要而产生的态度体验和相应的行为反应。它是人们对于自己所处的环境和条件，对于自己的工作、学习和生活，对于他人的行为等某种刺激引起的一种体验。而引发情绪的前提是这些刺激必须是认知的对象，由于认知对象会引发人的需要，进而就产生了人对认知对象的不同感受或态度①。所以说情绪能够反映出客观事物与人的需要之间的关系，凡是可以激起需要或者能促进需要得到满足的事物，便能引起愉快、满足、喜悦、幸福感等正性情绪，反之则会引起焦虑、担忧、不满、悲伤、痛苦等负性情绪。我们会因为他人的善意而感到开心，会因为名落孙山而感到沮丧，会因为自己的失误而感到自责，会因为挑战、突破自我而感到自豪等。

情绪按照性质可以分成两大类：正性情绪和负性情绪。正性情绪是指令人愉悦，感到满足和幸福的情绪体验，如开心、愉快、期待、崇拜等。负性情绪是指不愉快的，甚至引发人痛苦、愤怒等情绪体验，如生气、委屈、难过、苦恼、沮丧等。情绪本身没有好坏之分，即便是诸如愤怒、焦虑等负性情绪也具有重要的意义和功能。但是情绪引发的行为

① 付建中主编：《普通心理学》（第2版），清华大学出版社2017年版，第251—252页。

及行为的后果则有好坏之分。引发消极行为或结果的情绪，我们才将其称之为消极情绪。虽然消极情绪具有一定的破坏性，却是可以通过有效疏导和管理来调节和控制的。

（二）情绪的构成与表现

从情绪的定义中，我们可以看出情绪是由独特的主观体验、外部表现和生理唤醒三部分构成。

1. 主观体验

主观体验是指人在主观上感受或意识到的情绪状况，是个体对不同情绪和情感状态的自我感受。主观体验是情绪现象不可或缺的组成部分，并且在强度和性质上有所不同。如快乐是个体所盼望的目的达到后，紧张解除继之而来的情绪体验。快乐的程度取决于愿望满足的意外程度，愿望满足越出乎意料，个体就越能体验到快乐。悲伤是个体失去所盼望的、所追求的或有价值的事物而引起的情绪体验，其强度依赖于失去的事物的价值。

主观体验具有三个特点：

第一，它是心理上多种水平的整合。它可发生在感觉水平，也可发生在认知水平；可发生在意识下水平，也可发生在意识上水平。

第二，人类情绪表情和主观情绪体验是先天一致的。心理学家伊扎德（C. lzard）认为，婴儿从出生就具有某些具体情绪的体验感受，随着表情类别数目在婴儿个体中的增长，与之相一致的体验也同时产生和增加，表情和体验的不一致则是后天习得的结果。

第三，具有不变性。即每种具体的情绪体验在主观上感受的色调是稳定的。虽然每次引起某种情绪的情境不同，引起的情绪类别和强度不同，但产生的特定情绪色调不变。

2. 生理唤醒

生理唤醒是指情绪活动所产生的生理反应[1]。中枢神经系统的脑干、丘脑、杏仁核、下丘脑、前额皮层以及外周神经系统和内外分泌腺等都与情绪活动密切相关，并伴随情绪变化表现出相应的生理唤醒反应。如

① 张积家编著：《普通心理学》，中国人民大学出版社 2015 年版，第 426 页。

与好友喝茶畅聊时，呼吸和筋肉是放松而舒适的；遇到危险感到恐惧时则会出现心跳加快、血压升高、冒冷汗以及胃部抽筋等感觉。

3. 外部表现

情绪必然会通过表情和行为表现出来。情绪总是伴随着相应的面部表情、身体姿势和行为表现，因此我们可以通过观察个体的面部表情、言语表情和肢体语言来推测其情绪状态。如快乐时眉开眼笑、平静时和声细语、紧张时严阵以待、害怕时拔腿就跑等，都是不同情绪状态的外在表现。有一些微表情，虽然难以觉察，如目光移动、摸鼻子，或者触摸头发等细微的行为，但是都可以泄露出对方目前的情绪。

总之，一个完整的情绪体验过程需同时包括主观体验、生理唤醒、外部表现三个部分，三者是同时活动同时存在的。只有其中一种或两种成分时，都不会产生一个真正的情绪过程。如一个人皮笑肉不笑时，就说明他并没有真正的愉快情绪体验，因此也有学者将这三者统称为情绪。

（三）情绪的维度和功能

3-1 情绪三要素

1. 情绪的维度

美国心理学家普拉切克（R. Plutchik）在20世纪60年代末提出情绪应该包括强度、相似性和两极性等三个维度，并用一个倒锥体来说明三个维度之间的关系（见图3-1）[①]。情绪三维模型中，垂直方向表示强度，最强烈的基本情绪在椎体的顶部，最弱的情绪在椎体的底部。椎体切成八个扇形，顶部分别是悲痛、恐惧、惊奇、接受、狂喜、狂怒、警惕和憎恨八种基本情绪。每一种情绪中都有一些性质相似、强度依次递减的情绪，如厌恶、厌烦，哀伤、忧郁。这些基本情绪产生于进化过程，并具有生存价值。各种情绪之间的相似性和对立性由排列的位置来表示。处于对立位置的是两极的情绪。排列的位置越接近，情绪间就越相似。

2. 情绪对身心健康的影响

（1）情绪影响心理健康。情绪是心理健康的重要指标。良好的情绪能够增加心灵的自由度，让内心充满能量，积极地面对生活赋予的挑战和使命。良好的情绪还可以增进自我愉悦度的体验，增强内在的和谐

---

① 付建中主编：《普通心理学》（第2版），清华大学出版社2017年版，第253页。

感，常常让人体会幸福的滋味。反之，长期沉浸在消极的情绪体验中无法自拔，会让人的内心蒙上阴霾，怨天尤人，精神萎靡不振，甚至出现心理问题和精神疾病。情绪还能够通过对其他心理因素的作用，如动机、行为、认知、个性、人际交往等方面而对心理健康产生促进或阻碍的影响。

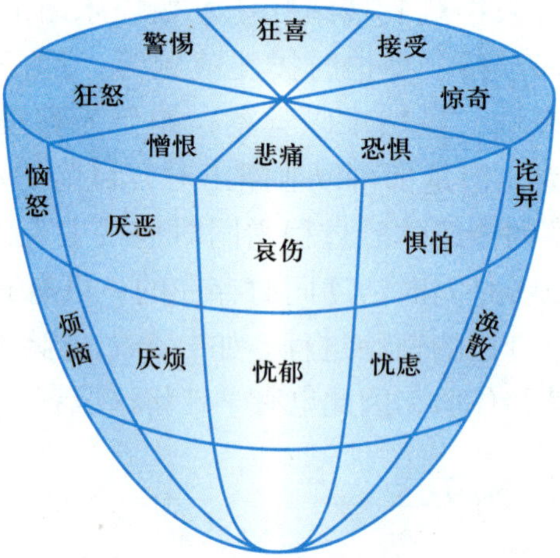

图 3-1 普拉切克的情绪三维模型示意图

（2）情绪影响身体健康。中医认为情绪是健康的寒暑表，情绪不调，百病丛生；情绪协调，则可身安体健。俗话说："笑一笑，十年少；愁一愁，白了头"。积极的情绪是增强抵抗疾病的免疫能力，促进生理健康的有效途径。它不仅能保持身心平衡，使人精神振奋，还能激活神经系统，使之兴奋和协调，调节内分泌系统的平衡，提高人体的自然治愈力。在日常生活中，我们常常可以见到，情绪乐观、心情愉快的人往往是身体健康的人；也可见到，许多得病的人通过自我调节，发挥良好的情绪作用使某些疾病自愈的例子。

而早在《黄帝内经》中就对不良情绪的影响有过详细的论述："喜怒伤气，寒暑伤形。暴怒伤阴，暴喜伤阳"。又说："怒伤肝，喜伤心，思伤脾，忧伤肺，恐伤肾。"近年，由心理因素、身心失调引起的心因性疾病又成了一个有待关注的问题。这类疾病在进行医学检查时没有任何病灶和指标征兆，但就是觉得疼痛或不舒服。长期的紧张、悲伤、痛苦等负性情绪会扰乱身体的新陈代谢和内分泌系统，会损害机体保护机制，破坏人体对于细菌和病毒的免疫功能而形成生理上的疾病，甚至还可以增加疾病本身带来的疼痛感，这正是心理学上所说的“心身症”。

一些大学生因为不能适应大学的学习生活环境，或对自己期望和要求过高，精神长期处于紧张焦虑状态，而出现如紧张性头痛、神经衰弱、心律不齐、哮喘、神经性皮炎、十二指肠溃疡、月经不调等疾病，这些病症都是与情绪的变化息息相关的。

3-2 林肯和斯坦顿的故事

二、情绪的生理基础

美国生理心理学家坎农（W. B. Cannon）在1915年《疼痛、饥饿、恐惧和愤怒下的身体变化》一书中第一次提出，交感神经系统激活的整合效应是“战或逃”反应。①当人处于危险情境，无论你决定准备对抗敌人还是准备逃跑，都需要调动身体资源，而交感神经系统的作用，正是保证这些资源可以被调动。因此，当人处于紧张或恐惧情绪时，交感神经系统会抑制身体的某些活动，而重新引导身体资源指向大肌肉活动。具体表现为：刺激交感神经能引起腹腔内脏及皮肤末梢血管收缩，导致四肢冰冷；心搏加强和加速，大肌肉血流量增多；瞳孔散大，帮助人们将视觉注意集中到目标的同时，模糊周围视野；消化腺分泌减少，胃肠停止“蠕动”，停止消化；疲乏的肌肉工作能力增加等。人体在正常情况下，功能相反的交感神经和副交感神经处于相互平衡制约中。当机体处于紧张活动状态时，交感神经活动起着主要作用。

恐惧、愤怒等其他负性情绪伴随着完整的、清晰的交感神经系统的激活和持续性紧张。既然如此，我们也可以通过放松身体的方式来调节情绪，“渐进式肌肉放松训练”技术就是基于此原理设计的。

（一）情绪和杏仁核

在情绪神经科学的早期研究中，研究者注意到一个杏仁核的脑区，

① ［美］米歇尔·N. 希奥塔（Michelle N. Shiota）、［美］詹姆斯·W. 卡拉特（James W. Kalat）著，周仁来等译：《情绪心理学》，中国轻工业出版社2021年版，第198页。

这个脑区位于颞叶，是边缘系统的一部分。①形状像一个杏仁，又名杏仁体，每个脑半球包含一个杏仁核。杏仁核是产生情绪、识别情绪和调节情绪，控制学习、记忆和注意的脑部组织。尤其杏仁核在恐惧、害怕等情绪中的作用非常突出。

刺激清醒动物的杏仁核，动物出现“停顿反应”，显得“高度注意”，表现迷惑、焦虑、恐惧、退缩反应或发怒、攻击反应。刺激杏仁首端引起逃避和恐惧，刺激杏仁尾端引起防御和攻击反应。诱发恐惧和愤怒反应时，伴随瞳孔扩大、竖毛、嗥叫等情绪表现。动物实验表明，切除杏仁核后，动物会出现“心理性失明”，通过视觉看到的东西不知是否可以吃，要放到嘴里才知道；会反复察看、触摸检查各种物体，包括原先所畏惧的活蛇或活鼠；情感性行为发生显著变化或所有的情感反应完全丧失。

杏仁核还参与“联合注意”，负责处理对面部肌肉和表情的快速识别。当人面对一张脸时，杏仁核会对其进行扫描，辨别它是友好的还是有敌意的，以此决定是面对这个人，还是逃避。杏仁核可以帮助我们作出快速的判断和反应，让人在极其短暂的时间能应急逃脱求生，这是生命进化的功能。但是在非应急状态下，有时会因杏仁核的过敏反应造成缺乏理性的行为。

（二）情绪和神经递质

近年，很多研究者开始强调神经递质的活动在情绪体验中的关键作用，神经递质是神经元用来与其他神经元交流的化学物质，同时也对我们的情绪产生重要影响。某种意义上甚至可以说，我们情绪的本质是大脑中正在发生的一场化学反应。②

1. 多巴胺

作为“快乐物质”的多巴胺产生于腹侧被盖区，该区的神经元与伏隔核和前额叶皮层神经元通过这个神经递质进行交流。多巴胺神经递质

① ［美］米歇尔·N. 希奥塔（Michelle N. Shiota）、［美］詹姆斯·W. 卡拉特（James W. Kalat）著，周仁来等译：《情绪心理学》，中国轻工业出版社 2021 年版，第 171 页。

② ［美］米歇尔·N. 希奥塔（Michelle N. Shiota）、［美］詹姆斯·W. 卡拉特（James W. Kalat）著，周仁来等译：《情绪心理学》，中国轻工业出版社 2021 年版，第 186—189 页。

对于预期和奖赏的感受很关键，可以推动目标导向活动。多巴胺的释放让人感受到快乐和乐趣，但也会造成一些成瘾行为，如电子游戏、赌博、食物、酒精、性、甚至是毒品，因为这些物质或行为可以强烈地激活多巴胺系统。

2. 5-羟色胺

5-羟色胺又名血清素，产生于脑干的中缝核，分布在整个中枢神经系统中。它是一种能产生愉悦情绪的信使，几乎影响大脑活动的每一个方面：从调节情绪、精力、记忆力到塑造人生观。5-羟色胺的分泌可以让人感受到平和、安全，对他人亲密、信任，越来越强的感觉体验（特别是对触觉），降低焦虑和攻击性，增强能量和警觉，降低对疼痛、批评的敏感度。5-羟色胺水平较低的人群更容易发生失眠、易怒、抑郁、冲动行为、酗酒、自杀、攻击及暴力行为。一些研究发现，在因攻击行为而被劝告的儿童和青少年中，5-羟色胺水平低的人最有可能再次出现暴力行为。在那些试图自杀而又活下来的人中，5-羟色胺释放水平最低的人在接下来的5年里也最有可能再次自杀。

3. 去甲肾上腺素

位于脑桥前背部的蓝斑核是合成产生去甲肾上腺素的主要部位。去甲肾上腺素可以调节身体的机敏性和对威胁作出快速反应的能力。但是去甲肾上腺素的分泌与消极的预期有关，当我们陷入负面思考的时候，去甲肾上腺素也会大量分泌。高浓度的去甲肾上腺素会使人产生恐惧、紧张、愤怒等负性情绪。同时会激活交感神经系统，让身体处于战备状态。长此以往，甚至会出现各种交感神经紧张的身心症状，如头痛、失眠、便秘、高血压、抑郁症、焦虑症等。

3-3 情绪神经递质

三、情绪的相关理论

（一）情绪的行为理论

美国心理学家华生（J. B. Watson）在1929年首次明确地提出了情绪的行为理论，他认为情绪是一种遗传的“模式—反应”，华生认为心理本质是行为，其突出的观点是环境决定论，否认遗传的作用。他认为，行为是由刺激引起的反应，刺激来源于外界，并取决于所处的环境。

华生从刺激—反应的公式出发，认为环境和教育是行为发展的唯一条件。他认为不管多么复杂的行为，都可以通过控制外部刺激而形成，因此他曾提出能够任意将一个没有缺陷的婴儿训练成为一个有成就的人，或训练成一事无成的人。

不可否认华生的环境决定论片面夸大了环境和教育在个体心理发展中的作用，忽视了个体的主动性、能动性和创造性等心理发展的内部动因。但情绪的行为理论为我们调节情绪提供了可借鉴的思路：我们可以通过改变环境刺激改变行为，进而改变情绪。①

（二）情绪 ABC 理论

3-4　情绪控制不等于不动感情

情绪 ABC 理论是由美国心理学家艾利斯（A. Ellis）所创立。艾利斯常引用古代斯多噶派哲学家爱比克泰德（Epictetus）和莎士比亚的话来表达 ABC 理论的核心观点。爱比泰德曾说：“人的烦恼不是起于事，而是起于他对事的看法”。莎士比亚在《哈姆雷特》中则有这样一句话：“世事无好坏，思想使之然”。

ABC 理论中，A 表示诱发性事件（Activating event），B 表示个体针对此诱发性事件产生的一些信念（Belief），即对这件事的一些看法、解释。C 表示自己产生的情绪和行为的结果（Consequence）。艾利斯认为激发事件 A 只是引发情绪和行为后果 C 的间接原因，而引起 C 的直接原因则是个体对激发事件 A 的认知和评价而产生的信念 B，即人的消极情绪和行为障碍结果（C），不是由于某一激发事件（A）直接引发的，而是由于经受这一事件的个体对它不正确的认知和评价所产生的错误信念（B）所直接引起。错误信念也称为非理性信念。

1. 非理性信念及其特点

艾利斯认为个体同时具有理性信念和非理性信念。非理性信念能够引起个体情绪和行为失调的偏颇想法，其特征是无弹性、非事实依据、不合逻辑。

① ［新西兰］斯托曼（Strongman，K. T.）著，王力译：《情绪心理学——从日常生活到理论》，中国轻工业出版社 2014 年版，第 45 页。

（1）所有非理性信念可以分为三类，都以“必须”为特征[①]。

即对自己，“我必须表现得不错，必须要有人赞赏我，否则就说明我是个糟糕的人”；对他人，“他人待我必须像我希望的那样周到、友善，否则就应受到谴责和惩罚”；对社会，“我的生活环境条件必须符合我心意，使我能轻松、迅速、方便地得到一切我想要的东西，免除任何我不想要的东西”。

（2）非理性信念常以不确切的语言形式存在，它是模糊不清晰的，它存在于人的“前意识”之中。因此很容易进入意识，影响人的思维运作。

（3）抽象信念反映个人的价值观。它影响一个人对现实、事件及经验的解释和评价。换句话说，信念是大脑里预先确定的组织框架，一个人会无意识地按照它们来理解、评价自己的境遇和经验。

（4）一个人带着非理性信念来理解、评价他所知觉到的现实，这种思维过程往往是非理性的、畸形的。正是这种非理性的思维及其结果最终导致情绪失调。这类自我挫败思维有四种常见的形式：

第一，“糟糕可怕至极”。例如：“我必须考上大学，现在竟然没有考上，对我来说没有比这更可怕的事！”

第二，“不能忍受”。例如：“这种事绝不能发生在我身上，现在竟然真的发生了，我无论如何接受不了！”

第三，包罗一切或过度概括。例如：“我连续 3 次考试都没有考好，我将永远不会有什么作为。”

第四，“贬低自我价值”。例如：“我没能做得像应该的那样好，那样得到别人的认可，我一点用也没有！”

2. 非理性信念的成因

艾利斯认为非理性信念与早期的学习经验、家庭或环境的影响有关[②]。

首先，人类天生就有很强的倾向——趋于非理性地思考、看待事物，这几乎是一种“本能”。

---

① 江光荣著：《心理咨询的理论与实务》（第 2 版），高等教育出版社 2012 年版，第 284—285 页。
② 江光荣著：《心理咨询的理论与实务》（第 2 版），高等教育出版社 2012 年版，第 285 页。

其次，儿童时期的学习在形成非理性信念上扮演了重要角色。由于有先天倾向的基础，加上孩子比成人更缺乏客观地评价自己和环境的能力，儿童很容易从父母的表扬和批评中概括出非理性的观念，并内化成自己的信念。

再次，人们容易把一些理性信念通过过度概括、夸大，转化为非理性信念。如“关心人、对人友善是一种好品质”，这一理性信念，通过过度概括可能会变成“我必须在任何时候、任何情况下都关心人，让所有人都离不开我，否则我的人际关系就很失败”，显然经过这种转换，就使原本理性的信念转为非理性的信念了。

最后，一个人在长大后会不断地自我灌输、自我暗示一些非理性信念，从而使它们得以维持（有些非理性信念也会由于实践检验而被丢掉）。

第二节　为“情”所困：大学生的情绪困扰

情绪既可以帮助我们迅速收集和组织接收信息，增强适应能力，也可以使我们被情绪绑架、备受煎熬、痛苦万分，阻挡生命成长。本节将会呈现大学咨询室里发生的常见情绪案例，让我们对这些情绪及其背后的成因一探究竟。

一、大学生的焦虑情绪

案例

小华是一名研究生三年级学生。从研一开始，他的导师就很器重他，给他很多实践的机会，也让他协助老师完成了很多科研项目。也因此，小华一直乐此不疲地忙碌着。直到他的毕业论文送审没有通过，他的心态崩了。他开始陷入了无休止的焦虑中。

- 万一写不完怎么办？
- 就算写完了，还是通过不了怎么办？
- 不能正常毕业就要延期至少三个月，别人会怎么看我？肯定认为我就是个笑话！
- 我帮导师做了那么多工作，她却没有办法指导我写好论文！
- 导师甚至是有意为难我，不允许我选择自己感兴趣的论文方向。
- 就算我现在更改论文方向，也无济于事，一切都来不及了。
- 我跟导师做了那么多社会实践，有什么意义？我真傻！
- 我找好的工作要是因此而丢掉了，我更不能原谅自己了！
- 我不知道该如何跟父母交代？

……

小华在将近四个月的时间里，六次来到咨询室。他一直被头脑中各种各样的自我设问所困扰，深感焦虑，眉头紧锁，愁云满面。

小华的问题首先在于他认知中的非理性思维。一是糟糕至极的想法，一旦事情没有朝预期的方向发展，就感觉发生了比100%糟糕还要糟糕的事情。这种认知让他没有办法面对现在的结果，没有办法面对与这件事情有关的、将要发生的人和事。二是认为自己没用，我没用意味着我一无是处、一文不值。小华认为"自己不行，自己是个没用的人，那些不如我用功的人论文都能过，是自己太无能"。其实，我们都会犯错误，我们都不是能集所有优点为一身的复合体。况且，有一些事情不是自己优秀就能控制的，一个人不可能100%都是无用之人，这种想法只能导致他的低价值、低自我效能感，让他越来越焦虑。

其次，小华用评判者的心态面对生活，那么未来只能是对过去的重复。评判者总是批判式的，要么批判自己，要么批判别人。小华在毕业论文送审失败后，首先想到的是"该责怪谁？是自己还是导师？或是论文方向的问题？"责怪只能让我们滞留在过去，如果要让问题得以解决，小华就必须尝试着去觉察自己的评判者状态，然后从接纳自己此刻是一个评判者开始，尝试着看到自己的责任，朝向学习者状态转变。去问问自己：现状是什么？如果事情的发生都有其意义，那么这件事情要我学习到什么？有谁能帮助我？大背景是什么？有哪些可能性等问题。

最后，小华在咨询过程中，还有一个重要的觉察——他完全不懂拒绝。准确地说是“他认为他不能拒绝别人”。其实他在三年的时间里，是完全有机会跟导师深入沟通，表达自己的想法的。但是他“老好人”的想法根深蒂固，认为拒绝别人是不好的。从小就习惯了当一个超级乖宝宝，对老师的话言听计从的他，需要从学会拒绝，坚持自己的主张开始。

二、大学生的愤怒情绪

3-5　11种常见非理性信念

案 例

小暖今年大四了。她是一个个性开朗，很会说话，大大咧咧，看起来什么都不怕的那种女生。她的困扰是害怕与别人发生冲突，一旦别人刁难她，她就不知道说什么好，甚至内心会很恐惧。

导火索是几天前，闺蜜的男朋友喝醉后说她今年肯定考不上研究生。她当时想着不用跟喝酒的人计较，闺蜜也应该会替她说话，可是闺蜜什么都没说。她现在很后悔当时为什么没有回怼他，越想越气，感觉自己被欺负、没有被尊重。

她说自己喜欢用和蔼、大度的态度待人接物。别人攻击自己的时候会想：“没事儿，大度一点才酷，时间会证明对方是错的。”但是这种事情时常发生，每次都想着大度一点，的确收获到周围的同学的认可，说她很理性、不计较。可是她心里却翻江倒海，而且有时候越想越愤怒，甚至会生出恨的感觉。理性和感性间的拉扯让她非常痛苦，不知如何是好。

在小暖的困境里，真的是因为闺蜜的男友说的那句不该说的话吗？其实不然，她其实已经积累了很久这样的情绪，只不过被她习惯性地偷偷藏了起来。究其实质，小暖没有对自己的情绪负责。

首先，小暖没有真正地尊重自己的感受。对日常交往中的一些不愉快，她越是选择不和别人计较，越会觉得被欺负，以及不被尊重。

随着咨询的推进，小暖恍然大悟，原来没有尊重她的人，正是她自己。

我们每个人都同时拥有感性和理性两部分，感性就像是一头大象，而理性就像是驾驶大象的骑象人。理性的自己就像是骑象人，它指导着前进的方向，冷静克制、目标感强。感性的自己就像是情绪大象，它会跟随直觉、感受，决定脚往哪里迈。被愤怒支配的情绪大象是不会受骑象人的缰绳和鞭打控制的，你越是鞭打它，它就越愤怒、越想反抗。这解释了为什么小暖理性上明明不想计较，但内心却越想越愤怒，甚至日久生恨。其实，象与骑象人，都是我们自己的一部分，无论我们漠视了哪一部分，都是对自己真实性和完整性的不尊重。

其次，小暖没有表达自己的感受。咨询中小暖意识到这件事情的发生，是要教会自己改变既往的人际相处模式，学会真诚地、大胆地表达自己的感受和想法。如明确地告诉对方“你的行为让我感到难受”“此刻我很生气”“我希望你收回这句话”等。

表达内心的感受，会让情绪得到一定程度的释放。当情绪发生时，最需要做的不是急着去拽住大象，而是让大象的情绪被看到、被表达。情绪大象也需要得到安抚、滋养和拥抱。当大象是被允许的，才能和骑象人站在同一阵线。这时，我们就不会陷入自我攻击、默默内耗的局面。只有骑象人和情绪大象达成一致，我们才能更好地往前走。

最后，是小暖对“为人和蔼”的绝对化认知。在小暖的处事理解中，为人和蔼就意味着必须要大度，在被怼的时候要忍，不能怼回去。其实，一份好的人际关系都需要一点“勇气”和“坏脾气”。当你被冒犯的时候，你有责任也有必要让对方知道你的边界和底线，这样才能建立长久、真实的关系。反之，将不满藏在心里，并不是真正的和蔼。

在表达的基础上，观察自己的情绪和想法，以及对方的态度和做法，慢慢地积攒成功的经验，相信随着成功的经验越来越多，小暖会在“敢于表达”和“为人和蔼”之间找到一个合适的度，在未来的生活里成为一个二者兼具的人。

3-6　电影《头脑特工队》简介

三、大学生的冷漠情绪

案例

小琪是一名大一学生，初中以前家庭经济条件不好，后有所好转。小时候，她一方面觉得爸爸很不负责任，对家庭的经营从不积极介入，家中的经济收入和大小琐事都是妈妈扛着。妈妈忙于生计，无暇给到自己关爱。一方面又觉得妈妈对爸爸太忽略漠视，不够尊重。

小琪说从很小的时候就开始感觉到周围的人不能理解她，甚至她自己也不能理解自己。她感觉自己就像这个世界的旁观者，也不想去融入其中。她开始情绪低落，深深自卑，偷偷哭泣，没有任何人知道她的感受，她不想对任何人表达。

对于童年，她除了父母在情感上的互相疏远，只记得自己埋头走路，同学说自己不合群的情景。她对别人没有安全感、戒心很强，她变得越来越逃避与人接触。上大学之后，她也想要新的开始，可是身处异乡，她感觉自己像大海中的孤岛，无依无靠。她悲观地认为所有人都离她非常遥远，就算是她发出求救信号，也不会有人来救她。不只是自怨自艾，她也充满愤怒责难，认为现在的大学生都是精致的利己主义者，没有同情心，到处充满竞争。妒忌、愤怒的能量像孤岛的马达，把她的孤岛推得越来越远。

有些同学接近她时，她心里会高兴一下，然后又不由自主地用生气或傲慢或过度的客气把对方拒之千里。她认为别人只是出于礼貌才对自己表示出友好并且认为“只有付出很多的时候，别人才可能对她好一点点”“我既然都没有做什么，又不可爱，是不配得到这些的”。她说自己不想再这样生活下去，但又毫无办法。现在她只是一味地往反方向走，越来越糟糕。

如果情绪是心灵在开口说话，疏离就意味着，心灵在某种程度上已经失去了表达的能力。疏离就像你与他人和你与自己之间的空间都荒芜了，杂草丛生，漫布荆棘，无路可走的状态。不幸的是，这种情绪在大学生中是很常见的。

就小琪而言，造成她这种情绪体验的原因有以下几方面：

第一，家庭成长环境的影响。行为主义学者华生认为“情绪 =模式—反应”，小琪从小耳濡目染的情绪模式就是疏离。父母之间的疏离，父母与自己的疏离，让她没有学会去感受“我的情绪”，更加不会“说出我的感受”。在她的成长环境中，大家都在忙着生存，谈的都是事情和道理，从来没有人的情感存在的空间。这种成长的经历造成了她内心深处的“不配得感”，让她与他人的情感之间形成一道无法逾越的屏障。

第二，个性的影响。人在情绪情感活动中所表现出来的强度、稳定性、持久性以及主导心境等方面的特征主要受到个性因素的影响①。小琪是属于抑郁质的人，抑郁质的人容易形成思想敏锐、细心、想象力丰富、情绪深刻等品质，但也容易多疑、孤僻、忧闷、怯懦。这种人具有较高的感受性和较低的敏捷性，他们的心理反应速度慢、动作迟缓、说话慢慢吞吞。他们多愁善感，情绪容易发生，表现得微弱而持久。她从小被说“不合群”，其实是个性使然，只是连她自己也不能理解自己为何如此，她和周围人站在同一立场上来否认自己，不曾真正接纳过自己。

第三，缺乏情绪调节能力。应试教育的评价机制更多关注考试成绩，而较少会有意识地在心理发展的重要时期对学生进行心理意志品质、社会交往技能以及情绪管理等方面能力的训练和指导。这造成很多学生的心理适应能力、心理承受能力以及情绪调节能力相对薄弱，常常会感到不知如何是好，结果或紧张、或恐惧、或逃避，当实际问题无法解决时，甚至影响对自己的认识和评价，丧失自信，心理问题也越来越多。这也是为何小琪在疏离的孤岛上游离那么多年，虽然她内心焦灼痛苦，却毫无改变的方法，只能任由自己一味地走向更糟的境地。

---

① 梁宁建主编：《心理学导论》（第2版），上海教育出版社2011年版，第513页。

第三节　一“网”情深：学会调节情绪

情绪在人类生活中扮演着重要的角色，是人类生活中必不可少的素材。掌握“觉察—表达—调节”情绪管理三部曲，通过一定的策略，提升自己情绪调节的能力。正确地管理情绪不意味着要消除或压制情绪，而是在觉察情绪之后，适当地表达自己的情绪，以正确的方法应对消极情绪，增加积极情绪体验。

一、情绪的生理放松

（一）呼吸放松

研究显示，放慢呼吸的速度，深深地、慢慢地吸入氧气，会缓解负面情绪的身体症状，如心跳加速，压力激素的释放（肾上腺素和皮质醇等）[①]。正确的呼吸能给人体的每个器官增加无穷的活力，让肺部更强健，能增强血液循环。最简单的操作是让嘴巴成圆形，缓慢地吸入空气，并在吸气的过程中，专注感受肺部的扩张和胸部的外扩。这样呼吸数次，直到你感觉自己心跳正常，肌肉较为放松，身体的不适、焦虑的感觉消失。一旦你身体放松，享受平静，就很容易调高喜悦、自信、爱、慈悲的情感兴奋度，也可以试试下面的呼吸法。

1. 左右鼻孔交替呼吸法

这种方法有助于平衡与和谐，提高思考力，有益于心与肺，可提升人体供氧量。

这种方法练习时要注意采取轻松的坐姿，上半身挺直。将左手轻轻放在左腿上，掌心朝上，拇指与食指轻轻碰触；右手的小指、无名指与拇指伸展，中指和食指朝向手心并轻触掌心。

---

① ［加］佩吉·麦科尔著，缪静芬译：《情绪的力量》，中信出版社 2010 年版，第 108 页。

接着请闭上眼睛，举起右手，将大拇指按住右鼻孔，以左鼻孔吸气4秒；以无名指按住左鼻孔，保持闭气16秒，放开右鼻孔，呼气8秒。再用右鼻孔吸气4秒，以大拇指按住右鼻孔，保持闭气16秒，再放开左鼻孔，呼气8秒。随着控制呼吸，你的身体要尝试体会放松、很放松的感觉，这种放松的感觉让你非常舒服。

如此这般5个呼吸作为一组，你可以连续做5组。请注意，结束时应以左鼻孔吐气（从左鼻孔开始，在左鼻孔结束），然后放下右手。每次吸气、屏气、吐气时长按1∶4∶2比例进行即可。

2. 蜂鸣式呼吸法

这种呼吸法有助于提升专注力，安定心神，提高思考力，感受喜悦，提高肺活量，对声带有益。

这种方法练习时要注意：首先，采取轻松的坐姿，上半身挺直。将双手的大拇指分别插入左右耳，把耳朵封住。将双手食指放在额头，中指放在闭气的双眼上，无名指放在两侧鼻翼，小指放在唇上。接着，经由鼻孔深深地吸气，然后呼气，同时发出“OM”声，但嘴唇仍然维持闭合状态。感受这种声音是来自喉咙振动。

先从10次一组开始，再逐步增加次数。做完一组练习后，眼睛仍然保持闭合状态。次数逐步增加，直到每次能完成20次蜂鸣式呼吸为止。

这样的练习还要注意：让情绪自然涌现，但是只观察，不分析、不宣泄。持续观察身体状态，直到各种情绪变弱，感受身体感觉的变化转移。

（二）渐进式肌肉放松

放松训练是一种通过肌体的主动放松来增强人对自我情绪的控制能力的有效方法。如减轻肌肉紧张、减慢呼吸节律等，都能使焦虑等不良情绪得到缓解。减少失眠使我们产生轻松舒适的感觉，它还可以调节肌肉免疫，对于保持健康与消除疾病有长期效果。

渐进式肌肉放松注意事项如下：

第一，穿着舒适宽松的衣物，找一个安静舒适的环境，防止外界干扰分心，采取舒适的体位坐好，摘掉耳环、手表等附属品，然后闭目养神。

第二，采取超然的态度，也就是在音乐和放松指令引导下，使自己的注意力集中在肌肉放松的感觉上，并跟随指导语而展开想象，体验其中的意境，若分心的思想偶然出现，不要猜疑，只要维持这种被动的态度和姿态，注意聆听语言的引导，放松的感觉就重新回来，放松也会进一步加深。

第三，渐进式肌肉放松是没有副作用的，在练习过程中，有时会产生特殊的感觉，比如发麻、灼热感、漂浮感等感觉变化，不必担心，这属于正常反应，恰好有利于身心机能的恢复和神经自身功能整合。

放松训练的关键在于肌肉的放松，要想体验放松是什么感觉，不妨从体验紧张开始。下面我们通过一个从紧张到放松的练习，让大家找到肌肉放松的感觉。

渐进式肌肉放松在练习时要注意：将注意力集中到头部，咬紧牙关，使面颊感到很紧，然后再将牙关松开，咬牙的肌肉就会产生松弛感，逐一将头部各肌肉都放松下来。把注意力转移到颈部，先尽量使脖子的肌肉很紧张，感到酸、痛、紧，然后把脖子的肌肉全部放松。将注意力集中到双手上，用力紧握双手，直至手发麻、酸痛，然后两手逐渐松开，放置到自己觉得舒服的位置，并保持松软状态。把注意力集中于胸部，开始深吸气，憋几秒钟，缓缓地把气吐出来，再吸气，反复几次，让胸部感觉舒畅。

3-7 渐进式肌肉放松训练

依此类推，将注意力集中于肩部、腹部、腿部，逐次放松。最终，全身处于放松状态，保持一两分钟。按照此法学会如何使全身肌肉都放松，并记住放松程序。每日照此操作两遍，持之以恒，必会使心情及身体获得放松，睡前做一遍则有利于入眠。

二、情绪的行为表达

（一）节奏运动

有节奏、有规律的散步、跑步、瑜伽、爬山以及其他力量训练等运动形式均有助于释放如去甲肾上腺素等体内造成情绪紧张的压力激素水平，减轻焦虑感。同学们不妨想一想，中国大妈们为什么对广场舞如此着迷？其实，每天风雨无阻的广场舞，就是一种规律的节奏运动，它拥有促进多巴胺和5-羟色胺的分泌，增加愉悦的情绪体验的功效。此外运动还能够调整神经和内外分泌系统平衡，提升大脑和心脏的功能，提高身体对压力的耐受度。此外，在你盛怒之时，不妨找件体力活猛干一阵，或做较大运动量的体育活动，也有助于释放紧张物质，缓解情绪。

（二）健康饮食

可能你不知道，我们无意识地在不同层面摄入化学物质和激素是很多心理失衡的一个重要原因。因此，我们如何摄取食物以及摄取怎样的食物是非常重要的。随着社会物质生活越来越丰富，人们饮食结构及质量却越来越不健康。健康合理的饮食可以提高认知水平、调节情绪，让人产生愉悦感、减轻压力。如多吃膳食纤维，少吃油腻的食品，减少饮用含咖啡因的饮料，减少糖分的摄入，多吃新鲜水果和蔬菜，多吃绿色食品，服用维生素与矿物质补充营养等。再如，以丰富的早餐作为一天的开始，饮食中不可缺乏蛋白质、糖类、脂肪等。香蕉、葡萄柚、全麦面包、深海鱼都富含营养物质，有利于人们抵抗压力。

3-8 食物与情绪

（三）科学睡眠

科学睡眠是一种健康的生活方式。睡眠是机体复原的重要环节。科学的睡眠方式不仅有助于消除疲劳、调整身体功能，更能使人保持良好的心理状态。规律的作息有利于大学生拥有稳定的心态和积极的心理活动水平。睡饱了，休息好了，身体这架战斗机才有力气配合你的头脑完成任务、迎接生活挑战。然而目前很大一部分大学生没有养成良好的睡眠习惯，晚睡、熬夜成了大学宿舍的一道“特别风景线”。值得注意的是睡眠不足将导致一系列躯体和精神问题，长期失眠甚至是诱发抑郁症的主要原因之一。

（四）做喜欢的事

当人们投身真正感兴趣的事物时，自然会涌现出热情和专注的投入。做自己感兴趣的事情，也能够促进多巴胺的分泌，产出快乐情绪。

因此，在日常生活中，有意识地让自己从各种事务中解放出来，在自由的时间内做自己喜欢做的事情，消除紧张和疲劳，获得精神上的慰藉。进入大学后，同学们的确有了更多的闲暇时间，规划和利用好这些时间，发现和从事一些内心真正感兴趣的活动，在“玩儿”中增加积极情绪的体验，去追寻人生的意义，丰富和拓展自己的人生就显得尤为重要。

（五）哭

日常生活中，许多人对“哭”这种行为有着偏见和误解——觉得这是懦弱无能的表现。事实上，美国生物学家费雷认为，人在悲伤时憋着不哭才是有害人体健康的。这是因为流泪时不仅可把体内因紧张而产生的化学物质排出体外，促进生理上的新陈代谢，清除五脏六腑的毒素，还可以瞬间降低精神压力，缓解郁闷和焦躁的心情，缓解人的忧愁和悲伤。演员刘雪华经常演“哭戏”，她在接受采访时说过“每次拍戏哭过之后真的好轻松”，古人有云“忍泣者易衰，忍忧者易伤”，所以想哭就痛快地哭吧，不要再被“哭也没有用”的想法束缚了，哭其实是最直接有效的减压方式之一。尤其是男同学，不必再为“男儿有泪不轻弹”买单，男生也是“哭哭更健康”。

三、情绪的认知调整

3-9 情绪管理 ABCC 法

合理情绪疗法是艾利斯基于情绪 ABC 理论发展而来，旨在帮助当事人了解并改善情绪和行为问题。大部分时间里，人们能够愉快、顺利地进行思考、感受和作出行为回应。然而不可否认，有时候人们也浪费了很多时间进行非理性思维，结果感到痛苦，并以自我挫败的方式作出反应。因此，我们要认识自己常有的不良情绪，并善于发现自己这些不合理的认知方式。

（一）领会要点

合理情绪疗法需要领会以下三点：

第一，要认识到不良情绪不是源于外界，而是由于自己的非理性信念所导致；

第二，情绪困扰得不到缓解是因为自己仍保持过去的非理性信念；

第三，只有改变自己的非理性信念，才能摆脱情绪困扰。

（二）ABCDE 五步骤

合理情绪疗法通过 ABCDE 五步骤，来实现改变非合理信念，转换情绪的功能。

A（Activating event）是指诱发现在情绪和行为反应的事件。这里通常是指主观判断为不好的事情。需要注意的是，该事件只是一个客观事实，“好”与“不好”是主观赋予的意义。

B（Belief）是指你对这件事的看法，也就是你如何解释这件事，往往是下意识的看法，即信念。

C（Consequence）是基于你对该事件的看法所作出的情绪和行为反应。

D（Disputation）是驳斥，就是对你自己的非理性信念的真实性、有用性进行挑战、辩论和斥责。这也就是重新审视 B 的看法是否正确，有没有其他角度理解这件事情。

E（Effect）是效果。经过反驳之后，如果成功的话，形成对事物新的看法、信念所激发出的新的情绪和新的行为。如出现更满足、焦虑减弱、愤怒减弱、抑郁减弱、拖延减少以及更多的应对式和理性的自助行为。

以第二节中小华的故事为例，小华正在经历的焦虑情绪和木僵状态（C）的诱发事件（A）是“毕业论文送审没有通过”，但并非是这件事情直接引起的，而是由他的非理性信念（B）“自己不行，自己是个没用的人；那些不如我用功的人论文都能过，我真无能”导致的。假如他不是像现在这样把毕业论文送审失败看成一件极其糟糕、极其不幸的事，并把责任归咎于自己，认为是自己无能、没用，现在做什么都于事无补，而是对自己的非理性信念进行辩驳（D）“这件事的确出乎意料，也将花费我大量时间重新去修改，但也不是糟透了：第一，我已经找好工作，接下来还有足够的时间修改；第二，送审没通过，说明论文还存在进步的空间，这个过程一定能让我自己的研究能力得到提升；第三，它

3-10 ABCDE 的自我分析和改进表格

的发生让我开始思考是哪个环节出问题了，让我懂得尊重自己的想法有多重要，让我有机会写出一篇真正让自己满意的毕业论文，让我学会了如何调节焦虑的情绪；第四，这件事情之后，好多同学都来关心自己，陪伴自己，收获到了那么多友谊”，他就能够重新以良好的心态积极面对，在这件事情中有所收获（E）。

请复制几张 ABCDE 记录表，按照步骤顺序完成它。当你做到 B 的时候，检查一下你的“必须”“应该”思维以及其他的非理性信念。同学们可以学习使用认知 ABCDE 记录表，认识个体产生消极情绪的思维，通过改变个体的思维达到调节情绪的目的。

本章参考答案要点

思考与练习

1. 觉察一下，你对事物是评价在前，还是情绪体验在前？

2. 在你的经历中，被情绪影响的重大事件有哪些？

3. 请结合你经历的最强烈的一次负性情绪，谈谈如何用 ABCDE 技术来调节情绪。

推荐书目

1. ［美］朱莉·卡塔拉诺（Julie Catalano）、［美］亚伦·卡明（Karmin LCPC，Aaron）著，李兰杰、李亮译：《情绪管理》，中国青年出版社 2020 年版。

2. 王艳梅著：《积极情绪的力量》，上海教育出版社 2020 年版。

3. 王小军著：《情绪心理学》，西苑出版社 2020 年版。

第四章

内圣外王——塑造健康人格

积行成习，积习成性，积性成命。

——荀子

俗话说“三岁看大，七岁看老”，我们还在幼稚时期的懵懵懂懂中，就已经形成人格了吗？人格是怎么发展的呢？长大后还能改变吗？新时代的大学生有什么样的人格特点？我们又该如何塑造健康人格，把命运掌握在自己手里？本章从人格发展的角度来关注人格的概念、特征与结构，探讨大学生人格发展的现状与特点，进而关注大学生健康人格的特征，介绍大学生常见的人格发展偏差及其表现，并指导大学生学会如何塑造健康人格。

第一节　独一无二：人格概述

桌上放了半杯水（见图 4-1），看到这张图片后你会有什么样的反应呢？你想到了什么？有什么样的感受？会作出什么样的行为？人们思想、情绪和行为千差万别背后的动力又是什么呢？

这些思想、情绪和行为之所以有差异，归根结底是每个人的人格有差异。人格让我们如此与众不同！

图 4-1　半杯水测试图

一、人格的内涵特征

人格（personality）是一个心理学概念，但是离我们的日常生活并不远。日常生活中，人们会用“大方”“开朗”“坚韧”或者“小气”“孤僻”“懦弱”等一些形容词来描述一个人，这些词汇描述的就是人们的人格特点。

（一）人格的内涵

“人格”一词，从词源学上讲，英文“personality”来自于拉丁文

“persona”，本意是指“面具”，即戏剧演员所扮演的角色的标志。[①]后来“人格”一词被引申成一个非常复杂、含义广泛又歧义众多的一个词，不同学者对人格有不同的定义。美国当代心理学家珀文（L. A. Pervin）对人格的定义具有代表性：“人格是认知、情感和行为的复杂组织，它赋予个人生活的倾向和模式（一致性）。人格包含结构和过程，并且反映着天性（基因）和教养（经验）。”[②]中国学者黄希庭总结了各派的观点，认为：“人格是一个人的才智、情绪、愿望、价值观和习惯性行为方式的有机整合，它赋予个体适应环境的独特模式。这种知情意行的复杂组织是遗传与环境交互作用的结果，包含着个体受过去的影响以及对现在和未来的建构。”[③]

尽管不同的人格定义有细微的差别，而且有些差别也是相当重要的，但人格心理学家对人格的定义还是有很大共识的，他们使用“人格”这个术语来指：促成个体形成感觉、思维、行为长期而独特模式的心理素质，并将这个定义的几个关键词详细阐述如下：第一，“长期”（enduring）是指人格特质至少在生活中是跨时间、跨情境一致的，人们倾向于拥有相对稳定的风格。第二，“独特”（distinctive）是指人们区别于其他人的独特心理特征，而不是所有人的普遍心理特征或趋势，不是所有人心理生活共性的方面。第三，“促成”（contribute）是指人格心理学家研究影响或部分解释人们形成长期独特倾向的心理因素。人格心理学家希望能找到促成人们心理发展模式、个体差异、个体行为的心理因素，从而描述和解释人们心理功能的模式。最后，“感觉、思维、行为”是指人格的概念是全面的，它包括个体的所有方面：心理生活、情绪体验、社会行为。[④]

综上所述，我们认为：人格是个体内部心理系统的一个统合组织，其决定了个体具有独特的、稳定的、一致的思想、情感和行为模式，体现了个体一贯的精神面貌和生活风格。

---

① 郭永玉等著：《人格研究》（第2版），华东师范大学出版社2019年版，第3页。

② ［美］L·A·珀文著，周榕等译：《人格科学》，华东师范大学出版社2001年版，第467页。

③ 黄希庭主编：《心理学与人生》，暨南大学出版社2005年版，第235页。

④ ［美］丹尼尔·沃瑟恩（Daniel Cervone），［美］劳伦斯·佩文（Lawrence A. Person）著，许燕译：《人格心理学：理论与研究》（第13版），清华大学出版社2021年版，第5页。

4-1　人格

（二）人格的特征

1. 人格的独特性

“人心不同，各如其面”，人格的起源来自于一个人的“面具”。就像这个世界上没有完全相同的两片叶子，这个世界上也没有完全相同的两个人，也就没有完全相同的两个人格。一个人的人格是在遗传、环境、教育等多种因素的交互作用下形成和发展的，不同的遗传素质、不同的生存及教育环境，都在不同程度上影响着一个人的人格。“龙生九子，子子不同”，甚至是遗传素质完全相同的同卵双生子，也会因为后天养育和环境的不完全相同而形成各自独特的人格特征。因此，人与人之间没有完全相同的人格，每个人的人格都是独一无二的，这就是人格的独特性。

2. 人格的稳定性

人格的稳定性主要表现在个体行为模式具有跨时间的持续性和跨情境的一致性。人格的稳定性意味着，我们今天是个活泼开朗的人，明天、后天也是个活泼开朗的人；我们在家里生活的时候是活泼开朗的人，我们在学校学习的时候也是活泼开朗的人。如我们评价他人“这种事，很像是她干出来的事情”“这种风格就是他的作风”等，这就是在说人格的稳定性。当然，人格的稳定性并不意味着人格是一成不变的，我们不能说一个外向的人无论在什么时间、什么地点、什么情境中都是外向的，都表现出外向、热情等特点。这种人格的稳定性体现在人们一贯的行为方式和生活风格中，是相对稳定的。

3. 人格的整体性

人格不是碎片特征的简单累加，而是一个由多种成分、多个结构有机组合而成的一种统合组织。人格是一个人表现在行为模式中的心理特征的有机组织，人格各单元之间具有内在一致性。人格既包括由需要、动机等推动一个人作出心理和行为反应的动力系统，也包括体现个体稳定的行为模式的气质类型和性格特征。所有这些人格的不同成分均受自我意识的指挥和调控。因此，人格是一个人心理的统合组织，是一个有机整体。

4. 人格的动态性

人格是一个人内部心理过程的统合组织，其内部过程和发生在人与人之间的外在人际过程不同，它是在人的内心发生的、影响着人怎样行动、怎样感觉的所有情绪、动机和认知过程。①在这些内部过程中，有些过程是所有人共有的，如每个人体验焦虑时都有相似的感受或相似的应对恐惧事件的过程。但是，每个人怎样利用这些过程，这些过程怎样与个体差异相互作用，这些过程导致每个人体验的具体焦虑感受或恐惧应对方式等，又是每个人所特有的。人格的动态性决定着一个人动态变化的心理和行为反应。尽管人格是相对稳定的，你从现在到下一刻仍是你，但你的思想、情感和行为经常会动态地改变着。上一刻你在学习，下一刻你就为了晚上的约会分心了；接下来，你可能会因为分心而内疚；然后，你还可能因为内疚而惩罚自己不去约会……这种动态流动的动机、情感和行为的变化就是人格动态性的体现。

二、人格的形成发展

俗话说，“龙生龙凤生凤，老鼠儿子会打洞”，人格，是在人类先天遗传素质的基础上形成的。然而，“一样米养百样人”，即使是一奶同胞的兄弟姐妹，也会在成长中发展出截然不同的人格。因此，人格的形成与发展，不仅受遗传、生物因素的制约，更容易受家庭、学校和社会等后天环境的影响。人格，是先天与后天的“合金”。

（一）人格的先天基础

两个新生儿躺在医院同一个病房的摇篮里。一个婴儿很少动，也很少哭，就安安静静地躺着或者吃奶、或者睡觉，而另一个则不停地动来动去、哼哼唧唧，甚至哇哇大哭。这就是遗传素质对新生儿的心理和行为的影响作用。从出生开始，人与人之间就存在差异，我们的遗传基因、身体素质就在某种程度上影响着人格的形成与发展。

早在公元前约 400 年，古希腊医生希波克拉底就根据“体液说”提

① ［美］伯格（Burger，J. M.）著，陈会昌译：《人格心理学》（第 8 版），中国轻工业出版社 2014 年版，第4 页。

出了四种人格的气质类型，后来被逐渐发展出四种气质类型：胆汁质、抑郁质、多血质和黏液质。每一种类型都反映了人们的四种基本体液：黄胆汁、黑胆汁、血液和黏液中的一种在个体体内占优势时的情况。从那时起，人们就认为“身体构成”可以决定人格。

4-2　气质

当今时代，大多数心理学家认为人格的形成与发展受到基因素质的影响。从遗传和进化的视角来看，大量关于双胞胎和收养的研究表明：人格受到遗传影响，基因对人的活动水平、情绪性和社交活跃度有影响；大五人格特质和其他变量也会受到遗传的影响。最近，分子遗传学的发展研究也表明：特定的基因对人格特质的形成施加了重要影响，如喜欢寻求刺激、神经质、主动控制力和冲动性。①社会生物学和进化心理学的一些观点认为：人类许多社会行为都是进化的产物，性格也受基因的影响。

人格是人与人之间差异性的体现，这种差异性在人的生物学特征方面表现为人的神经系统和内分泌系统的差异。尽管人们的神经系统和内分泌系统都有相同的基本结构和功能，但是每个人神经系统和内分泌系统的灵敏度、活跃度等却有非常大的差异。因此，人格特质的形成和发展受不同的大脑结构、区域和功能的影响。

除了大脑区域外，人格的不同特质还与大脑的特定神经递质有关。一些研究表明，较高的多巴胺与较高的积极情绪、追求刺激和外向性（包括社会优势、热情、经历和独断性）等诸多方面有关。也有研究证明：五羟色胺、γ-氨基丁酸、去甲肾上腺素等神经递质与焦虑或威胁敏感性有关；单胺氧化酶与支配性、攻击性、冲动性等有关，而焦虑性、支配性、冲动性等特质是人格的核心成分。②

此外，激素和人格之间也有关系，睾酮和催产素对人格也有相应的影响。心理学研究证实了早期接触雄激素会增加攻击性的可能性，并增强胆量。许多研究认为激素也会影响大脑，从而导致人们的行为差异，进而可能会导致个体人格的差异。

---

① ［美］查尔斯.S. 卡弗、［美］迈克尔.F. 沙伊尔著，贾惠侨、张品、赵红梅译：《人格心理学》，中信出版社 2020 年版，第 173 页。

② ［美］查尔斯.S. 卡弗、［美］迈克尔.F. 沙伊尔著，贾惠侨、张品、赵红梅译：《人格心理学》，中信出版社 2020 年版，第 190—192 页。

（二）人格的后天塑造

人格是一个开放的系统，在任何年龄都可能受到环境的影响。环境因素是人格保持稳定和变化的重要原因，因此，外部环境对于人格的形成与发展具有塑造作用。

1. 家庭的印刻

著名的心理学家自体心理学的创始人科胡特（H. Kohut）曾经说过："孩子功能良好的心理结构的最重要的来源是父母的人格，尤其是他们以没有敌意的坚决和非诱惑性的深情回应孩子驱力需求的能力。"[①]家庭中，父母或主要养育者的教养方式对子女人格的形成与发展起到重大甚至决定性的影响。如权威型教养方式，父母对子女过于支配，孩子的一切由父母控制，孩子更多地表现出消极、被动、依赖和做事缺乏自主性等人格特点；放纵型教养方式，父母对子女过于溺爱，甚至达到失控状态，孩子通常会表现出任性、幼稚、自私、无礼、独立性差等人格缺陷；民主型教养方式，父母尊重孩子，给孩子一定的自主权和必要的正确指导，在这种家庭环境下长大的孩子更多地表现出活泼、快乐、直爽、自立、善于交往和富于合作等人格特点。

此外，家庭是一个人学龄前最主要的成长环境，家庭结构、家庭氛围、家庭关系、家庭经济状况等都是一个人童年经历的影响要素。一个人的早期童年成长经历，尤其是三岁以前个人被家庭对待的经历，直接决定了一个人的童年是否幸福，也在某种程度上决定了一个人的人格是否健康。在孩子懵懵懂懂的童年，如果父母能够给予足够的照顾和情感的交流，孩子就会健康快乐地成长，就能发展出较强的环境适应能力和良好的人格特质基础。其在成长过程中，哪怕遇到艰难困苦，也能从幸福的童年汲取力量，也能从温暖的家庭中获得支持。如果个别父母自己的童年曾遭受过伤害，没有获得过健康快乐的童年经历，那父母自己的人格往往是不健康的。他们的一言一行、一思一情都可能会是整个家庭的晴雨表，会影响整个家庭环境的和谐。在这样的家庭中成长的孩子，常常会感到内疚、自责，无法体验到积极快乐的情绪情感。

---

① ［美］海因茨·科胡特（Kohurt，H.）著，訾非、曲清和、张帆译：《精神分析治愈之道》，重庆大学出版社 2016 年版，第 121 页。

家庭就像人格的加工厂，而父母就是孩子“人格”这一产品的加工者，父母的文化水平、心理素质以及人格特质直接作用于孩子的人格发展，正应了一句形象的比喻：“家庭是复印机，父母是原件，孩子是复印件”。

2. 学校的教育

每个人从幼儿园入园开始，即步入了有社会关系的环境：学校。老师、同学和校园文化都是孩子入园、入学后对人格发展有重要影响作用的学校教育因素。教师对学生的人格发展有价值引领和方向导航的作用，教师的言行举止，以身示范，时时刻刻影响着学生的心理和行为。同伴关系与同辈群体，则是学生作为社会人，扮演好社会角色的核心要素。此外，校园物理环境特质以及校园文化、校纪校规、校园舆论、班风教风学风等校园心理环境也对学生的人格发展具有弃恶扬善的价值观导向作用，对学生人格的发展有潜移默化的浸润作用。

3. 社会的熏陶

社会文化对人格影响的程度受两方面因素的影响：一是社会文化对成员顺应的要求。社会文化对其成员的要求越严格，影响力越大；二是行为的社会意义。个体行为的社会意义越大，其行为受到社会文化的影响越大。

社会角色是环境的重要特点，个体在一生中会承担多种社会角色，连续、稳定的社会角色是人格连续、毕生发展的重要原因。在人生的不同阶段，个体会承担不同的社会角色，而新的社会角色对个体有特定的期望和要求，会促使个体学习新的社会要求，强化个体与社会规范一致的人格特征，最终使个体适应新的社会环境。

关于遗传与环境在人格形成与发展中的作用，目前已经取得了一些可靠的结论。第一，人格的毕生发展有相对稳定的基因基础，这是人格连续性的重要来源；第二，随着年龄的增长，非共享环境因素（如社会角色、父母的教养）对人格发展的影响不断变大并趋于稳定；第三，基因和环境因素不仅可以使人格在某种程度上保持稳定不变，而且可以促使人格往更成熟的方向发展。①

---

① 尤瑾著：《人格的毕生发展》，上海教育出版社 2020 年版，第 16 页。

（三）人格的发展阶段

每个人从出生时的近似一张白纸，是怎样变成今天五彩斑斓的美丽画卷的？我们又是如何从无知的婴孩一步步成长为今天的大学生的呢？每个人的生命都在成长，什么才是正常的人格发展，又是什么导致了不良人格，甚至病态人格？对此类问题，人格心理学家和发展心理学家从不同角度提出了一系列的人格发展阶段理论，试图宏观描述人格发展的轨迹。这些理论都从不同的侧重点告诉我们：个体的人格发展是有阶段或时期的，每个阶段都有独特的人格特征和人格发展质的区别；人格发展的每个阶段都有大致的时间范围；人格发展的不同阶段出现的先后顺序是一致的，也就是说人格发展是有顺序性的。

大学生的年龄大多在18—22岁之间，处在人格发展的青少年期到成年早期的过渡阶段。大一新生，处在人格发展的青少年末期。这一人格发展阶段，人格发展的基本任务是建立自我同一性，避免角色混乱。因此，大一新生在人格发展中，基于过去建立的信任感与自信心，将现在他人对自己的认知与自我的知觉建立一致性，就能建立起自我同一性。也就是说，无论是自我知觉还是他人评价，无论是自己眼中还是他人眼中，大学生都是同一个人，是内外一致、表里如一的同一个自我。具有自我同一性的大学生，能意识到自己是独特的、有价值的、有发展方向感的等。如果大学生困扰于自己的体貌特征、性别角色、阶层、社会地位或者性格、能力等就容易出现角色混乱，即不知道自己是谁，不知道自我知觉是否与他人知觉一致，不知道自己如何发展到今天的样子，对自己的未来缺乏方向、感到迷茫等。

大学高年级学生，经历了前面的自我同一性发展之后，最重要的人格发展任务就是与他人建立亲密关系。这既是人格发展的需要，也是进一步巩固自我同一性的过程。对我们每个人来说，亲密是一种负责任的能力，是不断巩固关系、信守承诺的理论。真正的亲密关系只能发生在明确建立自我同一性的伴侣之间。如果大学生未能建立自我同一性，就更容易表现出破坏关系的行为，比如可能因为感觉自己配不上爱人，从而变相地控制或过度地依赖对方。因此，大学生需要在自我人格不断发展的过程中，寻找成熟的爱，学会建立健康的亲密关系。如果大学生不能在亲密关系中巩固自我同一性，不能在彼此之间相互认同，就会体验到强烈的孤独感，从而更专注于自己的内心世界，进而其亲密关系、人际关系都会变得淡漠，甚至出现心理问题。

总体上来讲，大学生处于人格发展的关键期。大学生如何在自我的独立自主和与人相处的亲密热情之间保持相对平衡，是大学生人格发展的重要课题。发展得好，大学生的人格会越来越健全、成熟，其在未来的人生中也更容易获得成功和幸福。

三、人格与身心健康

在日常生活中，人们常常会遇到一些困惑：为什么有些人在健康方面谨小慎微却依然罹患某些重大疾病，而另一些人纵然健康习惯不那么好却依然可以保持相对健康？为什么有些正当壮年甚至青年的人会突发猝死，而一些平平常常的老年人能长命百岁？从个体毕生发展的观点来看，心理因素，尤其是人格与生理过程、健康状况的关系非常密切。

4-3 人类的三种基本需要

（一）人格与健康的关系

不同的人格特征使一些人更容易患病而使另一些人保持健康。有研究发现，由于某些人格特征如坚强、乐观、内聚感等，使有些人面对压力时能做出很好的应对，并能成功抵御疾病。关于人格与健康的关系，有四种可能的模型（见图 4-2）。①

模型 1 是反映人与健康的典型的心身模型，通过这个模型可以看到某种人格可能会导致某种疾病的出现，如 A 型行为模式可能会容易导致心脏病。

模型 2 是反映人格与健康的身心模型，重点是生理系统在心理改变进程中的作用。某些人格可能由于某种疾病引起，如当患者被诊断为癌症后，很容易患上抑郁症。而当病情恶化时，患者可能会变得愤怒和出现敌对情绪。

① 陈少华编著：《人格心理学》，暨南大学出版社 2010 年版，第 230—231 页。

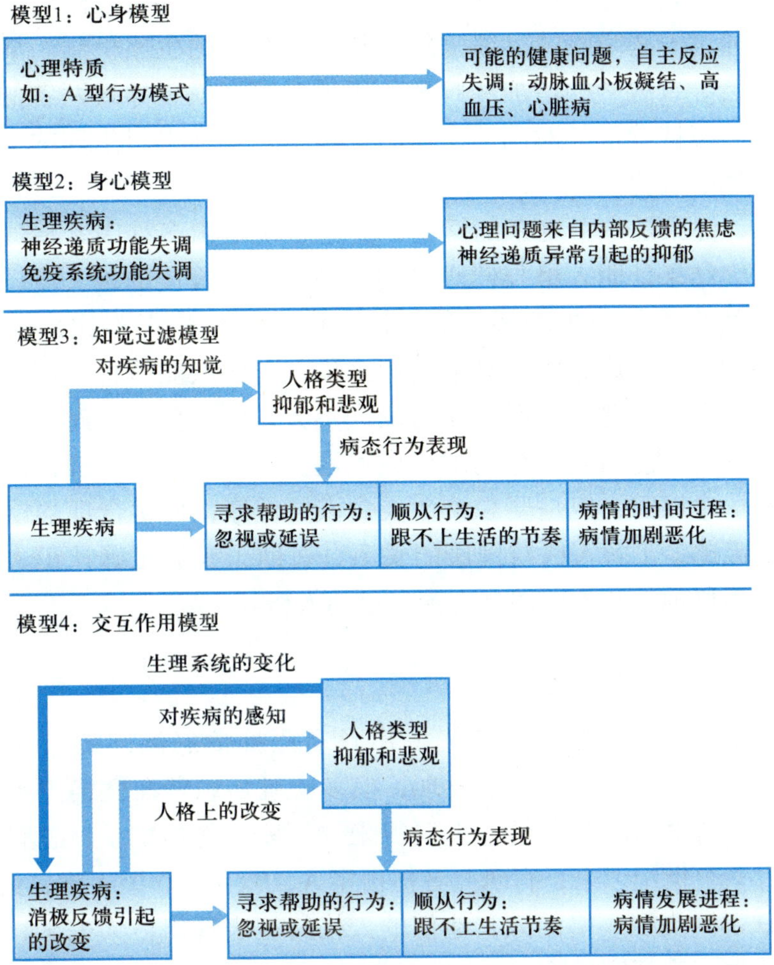

图 4-2　人格与健康的关系模型示意图

模型 3 是知觉过滤器模型，该模型将人格看成一个知觉过滤器，通过这个过滤器可以观察这种疾病，它是对疾病结构的一种独特反应。在过滤器模型中，生理因素仍被视为病因的来源，病情的发展则由患者的反应决定。当先天具有抑郁倾向的人被诊断为癌症时，可能会比一个具有积极人格特征的人更加感到绝望。这个人可能会采取更加消极的反应，导致病情加剧，甚至迅速恶化，或者使疾病预后恢复进程更加缓慢。

模型4是人格与健康的交互作用模型，该模型认为人格可能是一个显示器，通过一些微妙的反馈来影响与疾病有关的生理机制。某种人格特质可能会导致激素的增加和唤醒水平的升高，或者导致两者的联系。如果这种状态持续很长时间，身体功能的变化就会引起生理的变化，进而导致机体的改变。

当然，健康是一个复杂的问题，健康状况是由多种因素造成的。即使很多研究结果证明人格与健康之间存在着一定程度的相关度，但人格与健康之间绝不是因果关系。很多健康问题或疾病很难找出一个简单的、直接对应的致病原因。对于疾病来讲，人格只能解释一部分病因。尽管如此，人格对健康的影响作用也许不大，但不代表没有作用，一个较小的变异也可能引发一系列的健康问题。就像肥胖症一样，饮食不当可能只是一个原因，但是要想治愈疾病恢复健康，科学合理的饮食却是必需的。因此，了解人格与健康的关系，有助于我们正确认识人格与健康相互作用原理，并不断健全完善自己的人格。

（二）人格与身心疾病

早在20世纪30年代就有人提出具有压抑愤怒倾向的人易患心脏病，后来也有很多心脏病专家发现，很多心脏病患者在性格上有相似之处，他们具有很强的竞争性，表现得坐立不安、匆匆忙忙，总有时间紧迫感。近一个世纪以来，有研究者提出了A、B、C、D型人格，具有A、B、C、D不同类型人格的人，他们的人格特征表现出巨大差异，也跟一些心血管类疾病高度相关。

A型人格（也称A型行为模式）的个体总是努力不懈，希望用越来越少的时间完成越来越多的任务，经常投入与他人对抗性的竞争，而且否认自己感到疲劳。他们有更强的成就动机，倾向于给自己设定更高的奋斗目标。在遇到挫折时，容易表现出敌意，他们的过度认真和激烈竞争源于其对于控制的渴望。B型人格的人则与A型人格相反，他们比较放松，比较有耐心，做事不急不躁，不慌不忙，不会让自己陷入匆匆忙忙与高度紧张中。他们往往比较沉稳，不过分关注结果，思考问题往往更全面、更开阔，因此他们往往能够比较悠闲地对待工作和生活。有一项八年半的跟踪研究发现A型男人罹患心脏病的概率是B型男人的两倍。后来的研究发现，高愤怒的中年人患心脏病的概率是低愤怒中年人的两倍以上，因心脏病而住院或死亡的可能性是低愤怒者的三倍。因此，真正能对心脏病起预测作用的因素是 A 型人格中的愤怒和敌意，而不是竞争性、匆忙和对工作的过度投入。

在 A 型人格之后，研究者陆续提出了 C 型人格和 D 型人格等其他疾病易感人格。C 型人格又称癌症敏感型人格，表现为过度隐忍与合作、屈从权威、回避矛盾、压抑和掩饰负面情绪（尤其是愤怒）等。有研究表明，压抑愤怒与胃癌、乳腺癌的发生有关；C 型人格能在一定程度上预测癌症的发生，而且还能加速癌症的病程。但是 C 型人格对癌症发病的解释率并不高，C 型人格中的一些其他情绪因素，如失望、无助感和抑郁等，也与癌症的发生和恶化有关。

D 型人格的突出特点是消极情感和社会抑制。D 型人格者有比较稳定的负性情绪体验，如愤怒、冲突、沮丧和焦虑等。在社会交往中，他们容易感到紧张不安，倾向于有意识地压抑自己的情感和行为表达。在人格的五因素模型中，D 型人格者表现为较高的神经质和较低的外向性。D 型人格不同于抑郁，它通常可以用来识别罹患心血管疾病的高危患者。一些研究发现，内向和神经质的人如果患上心血管疾病，其复发、症状出现的频率和死亡率都高于其他患者。但是在心血管疾病人群和正常人群中，D 型人格者的比例是大致相同的，说明 D 型人格并不能直接预测心血管疾病，可能只是影响心血管疾病的进程。①

了解人格与身心疾病的关系有助于我们对疾病和健康保持警惕和敬畏之心，从生命健康的视角更加重视健康人格的塑造和培养。

（三）人格与健康行为

人格与健康的关联往往通过人们所作出的与健康有关的行为体现出来。如具有某种人格的人更容易作出一些冒险行为或危险刺激行为而置健康于不顾，导致个体生病，甚至早亡。试想一下，哪种人会更有可能漫无目的的穿越车辆飞驰的马路？是一个快乐、满足的人还是一个孤

---

① 郭永玉、贺金波主编：《人格心理学》，高等教育出版社 2011 年版，第 309—312 页。

独、沮丧专注于自己内心世界的人？答案毋庸置疑，似乎后者更容易将自己置于不健康的情境中。因此，一个人的人格会通过导致更多（或更少）的健康习惯和健康环境的行为来影响一个人的健康。

研究普遍认为抽烟、喝酒与一系列的人格特质如叛逆、任性好斗、人际疏远、低自尊和冲动等有关，这些不健康行为继而会显著增加疾病和早亡的风险。一些情绪调节能力不强的人可能就会从烟草、酒精、违禁药物甚至是垃圾食品中寻求刺激或镇静，通过这些不健康的行为来尝试改变他们的不良情绪。有些人的先天体质或早期经验容易使人感到疲惫，他们就会寻求一些刺激性的物质或活动；而有些人常常容易感到紧张不安，就可能会寻求一些镇静性的药物。此外，也有许多将人们置于健康高风险中的行为是由压力引起的，尤其是对于情绪稳定性比较差的人来说，面对外界环境的压力，更倾向于采用一些不健康的行为来应对。如高压力低情绪稳定性的人可能倾向于暴饮暴食以致体重超标。①这些人格中的某些特征容易引起此类不健康行为。总之，人格与健康可以通过健康行为相联系。某些人格类型的人由于特定的生物和社会倾向，更有可能会投身于不健康行为，甚至危险行为中。由于这些受人格影响的不健康行为，他们患病风险更高，也可能更早亡。因此，为了减少患病风险，促进健康，我们需要不断塑造健康人格，尤其是改变容易引起不健康行为的人格特征。

第二节 表里如一：大学生的人格

由于大学生的身份特征和其所担负的国家、社会及家庭责任，他们往往是社会各界高度关注的群体之一，这些或积极或消极的因素会作用于大学生群体，影响其人格发展的进程。同时，大学生的思维和心理发

① ［美］弗里德曼（Friedman，H. S.）、［美］舒斯塔克（Schustack，M. W.）著，许燕等译：《人格心理学：经典理论和当代研究（原书第4版）》，机械工业出版社2011年版，第330—331页。

展也逐渐进入成熟阶段，这种成熟表现在其人格上，就是他们有越来越成熟理性的思想和行为，其心智化程度越来越高。

4-4 性格

一、大学生的人格特点

（一）大学新生的 16 种人格特质

案 例

若兰，“00 后”大学生、独生女，出生成长于浙江某地级市，从小是父母的掌上明珠，是深受老师喜爱的优秀学生，也是同学们眼中活泼可爱的知心朋友。尽管家庭经济状况并不是非常富裕，但也是在父母的精神宠爱和物质满足中长大的乖乖女。

若兰在大一入学时的卡特尔 16 种人格因素测验（以下简称 16PF）测评报告如下（见表 4-1）。

从若兰的人格测评报告来看，她在 16 种基本人格特质方面，因子得分大多处于中间状态，这意味着她在人格的 16 个根源特质中都表现出了与同龄人大致相似的特点。若兰的相对得分都在平均分上下，没有极端高分或低分，这意味着她的人格特质中没有特别典型、极端的表现。因子的中间分数一方面说明她的这些人格特质得分跟整个大学生常模群体的平均分保持一致，另一方面说明她的人格特质是介于高分者特征和低分者特征之间的人格表现。如乐群性 5 分，说明她在“乐群性”这一人格特质上，介于高乐群性和低乐群性中间；高乐群性的人通常表现为：外向、热情、乐群。他们通常和蔼可亲，与人相处、合作与适应的能力特强。喜欢和别人共同工作，参加或组织各种社团活动，不斤斤计较，容易接受别人的批评，甚至萍水相逢也可以一见如故。而低乐群性的人通常表现得：缄默、孤独、冷漠。他们通常固执，对人冷漠，落落寡合，喜欢吹毛求疵，宁愿独自工作；严谨而不苟且，对事而不对人，不轻易放弃自己的主见，为人做事的标准常常很高。

此外，若兰人格中的稳定性、兴奋性和敢为性均为 7 分，属于中间偏高的分数，说明她人格中的情绪稳定性、兴奋性、敢为性三个特质虽然仍处于中间状态，但已经比较倾向于高分者的特质。稳定性特质比较高的人往往能够很稳重地处理各种情境中的任务，也能比较好地调节自己的情绪；兴奋性特质比较高的人在面临一些特殊的场合时容易表现得很兴奋，情绪特征也表现得比较明显；敢为性特质比较高的人一般都愿意并热心参与一些活动，在人群中不太矫揉造作，在遇到困难时一般都可以应付，不会退缩。

表 4-1 若兰的 16PF 测评报告—剖面示意表

人格因素	原始分	标准分	低分者特征	标准分 1 2 3 4 5 6 7 8 9 10	高分者特征
乐群性A	10	5	缄默孤独	• • • • • • • • • •	乐群向外
聪慧性B	7	4	迟钝、学识浅薄	• • • • • • • • • •	聪慧、富有才识
稳定性C	17	7	情绪激动	• • • • • • • • • •	情绪稳定
恃强性E	15	6	谦逊顺从	• • • • • • • • • •	好强、固执
兴奋性F	18	7	严肃审核	• • • • • • • • • •	轻松、兴奋
有恒性G	11	5	权宜敷衍	• • • • • • • • • •	有恒、负责
敢为性H	16	7	畏怯退缩	• • • • • • • • • •	冒险、勇敢
敏感性I	12	6	理智、着重实际	• • • • • • • • • •	敏感、感情用事
怀疑性L	10	5	依赖随和	• • • • • • • • • •	怀疑、刚愎
幻想性M	14	6	现实、合乎成规	• • • • • • • • • •	幻想、放荡不羁
世故性N	10	5	坦白直率、天真	• • • • • • • • • •	精明能干、世故
忧虑性Q	10	6	安详沉着、有自信心	• • • • • • • • • •	忧虑抑郁、烦恼多端
实验性Q1	11	5	保守、服从传统	• • • • • • • • • •	自由、批评激进
独立性Q2	8	3	依赖、随群附众	• • • • • • • • • •	自理、当机立断
自律性Q3	10	5	矛盾冲突、不明大体	• • • • • • • • • •	知己知彼、纪律严谨
紧张性Q4	13	6	心平气和	• • • • • • • • • •	紧张困扰

因素 B 是 16PF 中唯一的一个智力因素特质，主要测量的是人格的能力特质中语言文字和逻辑思维能力。若兰的 B 因素得分只有 4 分，属于中间偏低的分数，说明若兰的语言文字等知识面还不够丰富，其逻辑思维能力也需要进一步提高。

在 16 种基本人格因素中，若兰的独立性得分（因子 Q2 得分 3 分）

相对最低，说明若兰人格中的独立性比较低，依赖性比较强；缺乏个人主见，更倾向于随群附众；喜欢与别人一起工作和解决问题，喜欢寻求社会激励，往往需要集体的支持。若兰的独立性较低，主要是因为大学之前没有住校经历，在父母的娇宠下长大，没有很多的机会锻炼自己独立自主的能力，因此，初入大学就表现得比较依赖家长和老师等。

16PF 除了上述 16 种基本人格因素外，还综合出来四种人格类型，分别是适应与焦虑型、内向与外向型、感情用事与安详机警型、怯懦与果断型。若兰的人格类型总体上属于中等焦虑型、偏外向型人格；在为人处世和行为方式上属于感情用事与安详机警的中间型；在日常的学习、工作和生活中表现出一定的果敢和魄力，但有些时候也会优柔寡断、人云亦云，属于怯懦与果断的中间型人格。

此外，16PF 的人格特质还能在一定程度上预测个体受人格因素影响的心理健康水平、专业成就、创造能力和环境适应能力等。就若兰现阶段的人格特质来看，她的部分人格特质可预测出她有相对较高的心理健康水平；她取得较高专业成就的机会与同龄人大体相当；她人格特质中可预测的创造力水平可能不高；相关人格特征也可能会阻碍其环境适应能力的提升。

总之，16PF 每项因素分数高低的意义及其重要性，有赖于其他各因素分数的高低，或全体因素的组合方式，也就是说人格是一个由多种特质有机组合而成的复杂的整体结构，不能单独拿其中的某个因素来解释一个人的整体人格。因此，我们在认识和评价自己的 16PF 各个特质因素时，应参考其他方面的行为方式、相应的情境以及个人的生活状况等，不应仅根据测验结果武断地评价自己的人格。

需要特别强调的是，现在测评出的人格特质仅仅反映的是至今为止人格的发展现状与特点，在未来，它是可以不断改变的。每个人的心理发展过程，不断地学习与成长，人生目标、经历和生活环境等的变化，都会改变一个人的人格特征与类型。而且，除了人格因素，一个人的成就高低、创造力水平、心理健康状况、适应能力等还受到其他诸多因素的影响，是各种生物、心理、社会等多因素交叉综合作用的结果。上述对 16PF 的分析和解释，是为了帮助我们对自己的人格特征有更加客观、准确的认识，进而有助于我们通过未来的努力来改善、优化自己的人格，最终提高我们的心理健康水平，实现幸福人生。

4-5 解读16PF

（二）大学生的人格发展特点

若兰的16PF人格特质是大一新生人格发展现状与特点的典型代表。随着大学生年龄的增加，年级的升高，他们在人格特征上会表现出越来越高的情绪稳定性，越来越成熟的恒心毅力，越来越负责的品行态度。他们会更加独立自主地生活，更加真诚开放地交往，更加专注高效地学习，甚至可以更加科学合理地规划自己未来的生涯。与此同时，其人格中的易兴奋难沉稳、易怀疑难信任、易固执己见难宽容豁达、易紧张焦虑难轻松愉悦等人格特质也在逐渐减少。

有调查研究发现：大学阶段，大学生的人格特征变化是巨大的，这种人格上的变化在诸多特征上都出现了明显的差异性。从本科刚入学的新生到成为研究生，学生的诸多人格特征都发生了显著变化。大学生的恃强性、兴奋性、敢为性、怀疑性、实验性和紧张性等人格特征显著下降，但是其聪慧性、稳定性、有恒性、世故性和独立性等人格特征明显提高。与此同时，本科新生原有的易兴奋、怀疑性、固执己见、自由开放、思想激进、紧张易受挫等人格特征也会逐渐减弱。在适应性与焦虑性方面，研究生相对于本科生来说，适应性更强，本科生的焦虑问题更值得关注。与此同时，大学生的人格发展是一个动态变化的过程，有些变化呈现出积极的特征，但也有消极的部分存在。有些人格变化过程是有规律性可循的，如在适应与焦虑性因子上，经过大学期间的学习和生活，到了研究生阶段很多学生的适应性明显提升，焦虑的情绪也会有显著下降，可以相应预测大学生的心理健康状况总体是呈现上升趋势的。研究生取得专业成就的人格特征因素也更为突出，说明经过大学阶段的学习，研究生取得成就的可能性更大一些；而且他们相对更有创造力，且即使在新环境中也会有很好的个人适应与成长。然而，也有些人格变化暂时很难发现其规律性，如在人格倾向性上，随着年龄的增长大学生似乎都变得不再那么外向与张扬；在果敢性方面，研究生冒险敢为的行为开始减少，顾忌增多，主动性也不如本科生强，遇到问题时更多可能是退缩，而不是勇往直前，表现出一定怯懦性的特点等。①随着年龄的增长，大学生的情绪稳定性、个人独立性不断增强，但是这些积极人格特征的增强也可能同时会带来另外一些消极的变化。

时代发展的特征在大学生身上也有时代性的体现，当代社会发展已进入信息化、数字化时代，大学生是在网络数字时代成长起来的，可以实时获取各种信息。在爆炸式信息获取与加工过程中，大学生对信息的真实性有时难以把握，进而导致思维的狭窄与认知的偏见，也由此会转化成大学生内心的压力与焦虑。在社会现实面前，大学生的一些人格特质，如恃强性、幻想性、实验性、感情用事等会降低，而忧虑性、自律性、怯懦性等方面可能会增加，这是时代给大学生人格的烙印，社会对大学生人格的塑造。尽管从 16PF 各因素翻译的字面意思来对人格特征进行解读不能完全准确，但我们可以尽可能去理解卡特尔对人格特质的解释，努力透过 16PF 来理解自己的人格特点。

二、大学生的人格偏差

4-6　与有人格障碍的个体相处的贴士

从人格发展的层次和水平的角度，我们按照人格的成熟度，将人格划分为四个层次：病态人格—现实人格—健康人格—理想人格。我们将病态人格界定为各种人格障碍，是各种人格障碍患者的人格；现实人格是每个普通人当前已经发展出的人格特征，是人格发展的现状；健康人格是每个人人格发展的目标，通过个体的努力改变，大部分人都可以获得；而理想人格是人格成熟的极致，是人格发展的最高境界，只有极个别人能实现。本书所称的人格偏差，介于现实人格和病态人格之间，是现实人格中整体上比较消极的人格类型，但还达不到病态人格或人格障碍的标准。这些具有人格偏差的大学生，只要不存在相关的生物学致病因素，一般都可以通过自己的努力来矫正自己的人格偏差。

① 马前广：《当代大学生人格发展状况分析及对策思考》，《思想理论教育》2017 年第 11 期，第 105—110 页。

（一）回避型人格

案 例

小栋，22岁，一个很腼腆的大男孩。目前就读于某财经类高校管理类专业，现在已经进入了大四毕业季。小栋的学业成绩非常优秀，在大学里拿到过好几次奖学金，也考出来了很多证书，为毕业后顺利就业打下了良好的基础。马上要面临着实习、找工作，可是小栋却非常痛苦。在同学们眼中，小栋近似学霸一样的存在，那么多人人羡慕的学业成绩，可他自己却经常感到不安，觉得自己的表现不够好，很担心自己不被需要，怕被拒绝而受到伤害。因此，小栋因为害怕和害羞，尽量回避与他人过度亲近。甚至在一些公共场合，他也担心自己会说错话，或说不好而被别人嘲笑或羞辱。尽管他内心也非常渴望与别人亲密相处，被别人喜欢，但他却总是瞻前顾后，忧虑不安，不到迫不得已就不参加各种社交场合。现在，小栋面临毕业实习、工作，绝不能再像以前一样回避与人交往了，那怎么办呢？小栋陷入了惶惶不安中。

小栋是大学生中典型的回避型人格的代表。具有回避型人格的大学生，往往表现出以下特点：第一，由于害怕被人批评或拒绝而尽量回避需要亲密接触的交往；第二，尽量避免与他人交往，除非能确信自己是被喜欢的；第三，由于害怕被羞辱或嘲弄，在亲密关系中受到限制；第四，非常担心在社交情境中被拒绝或被批评；第五，在新的社交情境中容易感到害羞，因为觉得自己不够好；第六，与他人比起来，常常感觉自己是无能的或者自尊较低；第七，不愿意冒险去参与新的社交或找一份新工作，因为怕被羞辱。①

① 美国精神医学学会著，夏雅俐、［美］张道龙译：《理解精神障碍：你的DSM-5®指南》，北京大学出版社2016年版，第244—245页。

（二）依赖型人格

案 例

小芳，19岁的女孩子，刚刚被某综合性大学文学专业录取，现在是大一新生。由于她从小到大都是父母的乖乖女，上大学前都是住家里的，除了读书学习之外，生活等方面的其他一切事情都是父母帮忙照顾，甚至除了校服之外其他要穿的衣服，也都是妈妈替自己选好、搭配好的。因此，小芳在进入大学前过的都是"衣来伸手、饭来张口"的日子。到了大学，爸爸妈妈不能陪读，而小芳缺少了爸妈的照顾，很多事情都一筹莫展，甚至什么都做不了。面对这样的自己，小芳觉得自己笨死了，生活中不能自主做决定，因此产生越来越多的压抑感。老师和父母稍微说点儿批评的话就受不了，情绪特别脆弱，经常默默流泪。课堂上也无法集中注意力听讲，总是开小差想到跟父母生活在一起的样子，做不到专注学习。

小芳是大学生依赖型人格的典型代表，其主要表现有以下几点：第一，自主学习能力较差，不善于独立思考，学业成绩欠佳，甚至怀疑自己的学习能力；第二，在日常生活中很难独自做决定或做事，总是依赖于从师长那里得到帮助或建议；第三，与人交往时不敢坚持自己的主张，经常为讨好他人或怕得罪别人而甘愿放弃自己的想法，或做自己不愿意做的事情；第四，一个人独处时有不适和无助感；第五，很容易因没有得到赞许或因遭受批评而受到伤害。①

（三）自恋型人格

案 例

小志，20岁，大三男生。从小就是老师和同学眼中的学霸，一路高歌考入自己理想的大学、喜欢的专业。因为一直在家长、老师和

① 美国精神医学学会著，夏雅俐、［美］张道龙译：《理解精神障碍：你的DSM-5®指南》，北京大学出版社2016年版，第245—246页。

同学的羡慕与赞扬中长大，小志对自己有着迷之自信。他相信，自己比他人更有才华，比他人更能发挥重要作用，因此别人都应该赞赏他、崇拜他。他通常觉得自己很有创造力，创造出的价值必须获得相应的物质和精神奖励。小志在日常言行中很少考虑他人的需求，很少顾及别人的感受，完全不会意识到自己有些话会伤害到别人的情感。他经常在那些比自己矮、比自己成绩差的同学面前，显摆自己的高大帅气，吹嘘自己的学习成绩，丝毫感受不到同学的尴尬和难堪。小志在学习和工作中，从来不接受批评，或者遇到不同意见就与人相争，争得面红耳赤也不会接受别人的意见。对于这样的小志，大多数同学都会一声叹息，敬而远之。

小志是大学生中典型的自恋型人格。大学生的自恋型人格主要表现出以下特点：第一，夸大才能和成就，期待比他人更加被关注；第二，沉湎于自己的成功、天赋、美或理想的爱；第三，相信自己是特别的和独特的，最好都是与地位高的人结识或相处；第四，持续地需要别人崇拜自己；第五，相信自己值得被特殊对待，比如打饭不需要排队，或者别人应该服从自己的要求；第六，不关心或不注意他人的感受或需求；第七，容易嫉妒他人的成功或奖励；第八，容易表现出傲慢自大的行为或态度。

（四）表演型人格

案 例

小燕，19岁，外语类专业大二女生。从幼儿园托班开始，她就表现出很高的语言天赋。幼儿园里各种主持、表演等活动，小燕都是当仁不让的主角，老师很喜欢这样活泼可爱的“小明星”。从幼儿园开始到高中毕业，小燕一直活跃在各类表演的舞台上，闪闪发光地展现自己，也收获了无数小伙伴羡慕的眼神。到大学后，像小燕一样的有特长、有才艺的同学非常多，小燕不再是同学们眼中的焦点，在很多场合她也不再是主角。这让小燕很不适应，她感到不再被关注，对自己的价值感产生了怀疑。为了改变这种内心的不舒服，得到更多的认可与关注，她开始花很多的时间和心思来打扮自己，试图用自己光鲜的外表、情调或其他夸张的方式吸引他人的眼光。当她做了这么多却不被别人注意时，开始变得郁郁寡欢，即使跟不熟悉的人在一起，也会有过度的情绪化反应。

小燕是大学生中典型的表演型人格。大学生的表演型人格主要表现出以下特点：第一，在自己不能成为他人注意的中心时，感到不舒服；第二，与人交往时往往带有不恰当的挑逗行为；第三，有时情绪表达变换迅速而表浅；第四，通常利用身体外表来吸引他人的注意；第五，有时言语风格是印象深刻及缺乏细节的；第六，常常表现为自我戏剧化、舞台化或夸张的情绪表达；第七，易受暗示，容易被他人或环境影响；第八，通常认为与他人的关系比实际上更为亲密。①

4-7 你是哪种人格？

三、大学生的健康人格

健康人格是人格发展中的较高境界，是理想人格的前奏。马克思关于“人的自由全面发展”学说中指出，理想人格首先表现在人的活动能力的全面性；其次是人格内部及外部多方面和谐、真善美的统一；最后是具有自身独特的统一性和完整性。在马克思看来，人只有在追求自己与自然、自己与社会、自己与自己平衡适应的社会实践活动中才能真正实现人格的完善。马克思的观点为大学生构建科学的健康人格指明了方向。②

（一）健康人格的本质

心理学家一直致力于把西方文明中关于自我实现的观念和东方文明中关于内在和谐的观念结合起来探索健康人格。精神分析学派通过对变态人格的研究来揭示健康人格的本质。弗洛伊德认为一个人如果能

---

① 美国精神医学学会编著，［美］张道龙等译：《精神障碍诊断与统计手册（案头参考书）》（第 5 版），北京大学出版社 2014 年版，第 273 页。

② 许思安、严标宾编著：《大学生人格发展与辅导》，暨南大学出版社 2009 年版，第 14 页。

很好地解决早期各个发展阶段的矛盾和冲突，顺利达到人格发展的最高阶段——生殖阶段，那他就会获得健康人格，即“生殖型人格”。具有健康人格的人具有强大而充满理性的自我，能平衡协调本我与超我的对立、本我与现实的矛盾，能在生理、心理、社会各方面都达到完美的境界。阿德勒的健康人格强调人与社会的和谐统一，健康人格即是健康的生活风格，是克服自卑，追求卓越的健康方式和方法。健康与不健康的分野是社会兴趣，只有保有社会兴趣，才能拥有健康人格，才可以使人获得美满的爱情生活，热爱自己的工作并取得成就，并能发展和保持良好的社会关系。荣格（C. G. Jung）提出健康人格是统合人格，强调人格的统一性与整体性、人与自身的和谐统一。我们每个人一生都在力求保持人格的统合，并在此基础上最大限度地发展其多样性、连贯性、和谐性，小心地不让人格分裂为彼此分割的和相互冲突的系统。

人本主义心理学派反对精神分析学派从变态人格的角度来揭示健康人格的本质，他们强调要以健康人为研究对象来发现健康人格的本质。马斯洛从人的积极向上的本质出发，提出了“自我实现者”具有健康人格，自我实现使个人潜能和价值都得到了最有效的挖掘和使用。罗杰斯提出了“充分发挥机能者”健康人格模式，充分发挥机能者就是健康人格者，他们不会作假，只会展现真实的自我。他们按照自己的机体评估过程评判个体经验是否同自我实现倾向一致，而不依赖外在的价值条件来生活。因此，机能完善者，自我是自己的主人，目标方向的选择、行为表现不是依赖他人的规范和习俗的约束，而是完全由自己独立决策。

国内学者郑雪对相关健康人格理论梳理后进行了整合，构建了“自我统合人格”的健康人格模式。郑雪认为，“统合”是健康人格的本质特征，如果一个人的人格是和谐的、完整的和统合的，那其人格就是健康的。统合包含两层含义：第一，是自我内部的统合，包括自我在认知、情感与行为方面的协调、认同，也包括自我在过去、现在和未来的协调统一；第二，是自我与社会在互动过程中的平衡、协调和认同。个体在生活、学习和实践过程中，与他人、社会的互动，可实现个体的个性化与社会化。人格统合包括自我内部的统合、自我与外部的统合以及自我与自己实践活动（对大学生来说主要是学习活动）的统合。①

综合各心理学家的观点，我们认同《心理学大辞典》对健康人格的定义：健康人格是指个体需要得到满足，内在感到协调，社会适应良好，并在意识、能力、情感等方面获得较好发展的行为模式和思维方式。②

（二）大学生健康人格的特征

4-8　健康人格

大学生的心理发展处于青春期向成年期过渡时期，他们的人格既有青春少年不成熟的一面，也有部分成年人相对成熟的一面。大学生们既存在一般人群共有的某些人格特质，又存在着这一群体所特有的人格特质。

2003 年，黄希庭在大学生中开展了一次开放式问卷调查。根据调查结果，并查阅大量典籍和相关研究，黄希庭归纳出健康人格的特征包括以下几方面：③

第一，对世界抱开放态度，乐于学习和工作，不断吸取新经验；第二，以积极的眼光看待他人，有良好的人际关系和团队精神；第三，以积极的态度看待自己，能自知、自尊、自我悦纳；第四，以积极的态度看待过去、现在和未来，追求现实而高尚的生活目标；第五，以积极的态度对待困难和挫折，能调控情绪，心境良好。

总之，拥有健康人格的人能以辩证的态度对待世界、他人、自己，过去、现在和未来，顺境和逆境，是自立、自信、自尊、自强、幸福的进取者。

朱红艳参考党的十八大以来的重要文献，用当代语言提出了衡量大学生健康人格的四条标准：④第一，自主自立。独立自主，有勇气承担良知选择所产生的社会责任，学习力、适应力、选择力均能驾驭时代环

---

① 许思安、严标宾编著：《大学生人格发展与辅导》，暨南大学出版社 2009 年版，第 28—31 页。

② 林崇德、杨治良、黄希庭主编：《心理学大辞典》，上海教育出版社 2003 年版，第 589 页。

③ ［美］罗伯特·费尔德曼、［中］黄希庭著，黄希庭等译：《心理学与我们》，人民邮电出版社 2008 年版，第225 页。

④ 朱红艳：《大学生健康人格及培育路径研究》，《思想理论教育导刊》2015 年第 10 期，第 113—117 页。

境。自立有为、热爱生活、热爱社会，具有社会责任感，积极参与各种事务和活动，对于社会中的事务能够根据自己的理性思考作出判断和选择，并能独立地运用自己的智慧和能力。第二，自信自强。健康人格必然表现为有自信心，自强不息，厚德载物。以积极心态面向未来，成为社会的正能量。精神世界丰富，思维敏捷，谈吐幽默，爱好广泛，兴趣多样，多才多艺，在行为上具有灵活性和多样性的特点。能根据自身需要、社会变化及具体行为目标的改变而增强行为的选择性，使之能在多维、多向、多层次的探索中，及时进行比较并力图获得最佳效果。第三，自爱自尊。爱惜自身的存在价值，完善自己的人格尊严。重视自我认识，对自己有着比较明确的了解，能客观地评价自己，并关注社会对自己的评价，主动进行自我教育和自我判断，有协调自我评价与社会评价间差距与矛盾的能力，力求客观的我（社会对“我”的评价）与主观的我（自己对“我”的评价）趋于一致。从容潇洒，君子风范。第四，自规自律。健康人格要求人们自己成为自己行为的主人，宽以待人，严于律己。有自律的道德，即对自己行为的控制和指导完全出于自己的道德指令。对法律的遵从不是来自外在的压制和强迫，也不是因害怕受惩罚而克制自己，而是来自自己的意志。

大学生的健康人格，是社会主义核心价值观在人格上的内化，体现了大学生对自我人格发展的三种期望：高质量的精神生活、高水准的道德、个体与社会的有机协调。健康人格为大学生人格发展指出了努力的方向，提供了现实的目标。

第三节　乐天达观：塑造健康人格

大学生的人格发展正处于由不成熟向成熟转变的关键阶段，塑造健康人格的过程也是一个人生意义和主体德行提升的过程。大学生们在理解健康人格的概念、特征和标准之后，就要进一步抓住健康人格塑造的关键期，通过自我奋斗，努力塑造自己的健康人格。

一、优化人格特质

前文我们分析了大一新生若兰的16PF人格特质，这些特点只代表了她现有的人格发展水平，是她在大一阶段现实人格的表现。在若兰能很好地适应大学生活后，她就要根据人格理论的指导，针对现实人格中还不够完善的方面，更加有针对性地优化自己的人格特质。

人格特质理论在描述不同人的人格特质和人格差异时，主要是指人格特质量的差异，也就是说我们每个人都具有所有的人格特质，只是在不同特质上的强弱程度不同而已。如“聪慧性”这一人格特质，每个人都有，但是有的人相对比较聪慧，有的人却相对比较愚笨，这种聪慧和愚笨只是在部分智能特质上量的差异，而不是性质和类别的差异。若兰16PF中的“聪慧性”比较低，说明她在聪慧性这一人格特质上需要主动学习新知识，提高自己的逻辑思维能力，扩大自己的知识面。经过长期努力学习，她的聪慧性人格特质一定可以获得提升。

按照健康人格的本质要求，结合卡特尔的人格特质理论，从心理健康的视角出发，若兰需要从以下几方面优化自己的人格特质。首先，若兰的乐群性、聪慧性、稳定性、有恒性、独立性、自律性等几项人格特质是需要提高的，最好能达到8分及以上的程度。这就要求若兰在未来的大学生活中从多方面提升改进：（1）在人际交往中。要主动热情，积极参与集体活动，在群体中乐于表达和展现自己，认真听取他人的意见建议，学会合作与分享；提高自己的乐群性特质。（2）在情绪调节上。要能够根据不同的情境，善于调节自己的情绪，不为鸡毛蒜皮的小摩擦而忧愁烦恼，在遇到重大事件时也能沉稳、灵活地处理；不大喜大悲，也不闷闷不乐，保持相对稳定的积极愉悦状态；提高人格的稳定性特质。（3）在意志品质方面。能做事认真负责、严谨自律、言行一致；做事要有责任感，愿意主动承担责任；坚持原则的基础上，也要学会相互妥协；加强自我约束，既能很好地控制自己的言行，也能对别人保持尊重；增强人格的自律性和独立性。其次，若兰的敏感性、怀疑性、幻想性等人格特质是需要降低的，最好能达到4分及以下的水平。这就要求若兰做到以下几点：（1）在敏感性方面。若兰需要更多的理智看问题，尽量减少不切实际的想法，避免感情用事。（2）在怀疑性方面，若兰要减少对人的猜忌和没有根据的怀疑，尽量避免刚愎自用、固执己见，提高对人的信任感和安全感。（3）在幻想性方面。要更多地注重现实情况，减少沉湎于幻想中，避免异想天开，但也不能墨守成规。最后，若兰的兴奋性、敢为性、世故性、忧虑性、紧张性等人格特质，现在已经处于比较好的水平，因此，这几项人格特质只需要继续保持在中等程度即可。

若兰在大四毕业前，再次完成16PF人格测验，她的两次测评报告如下（见表4-2）：

表4-2　若兰16PF人格测评报告对比表

序　　号	因子名称	略　　号	大一时的因子得分	大四时的因子得分
1	乐群性	A	5	8
2	聪慧性	B	4	9
3	稳定性	C	7	8
4	恃强性	E	6	6
5	兴奋性	F	7	6
6	有恒性	G	5	8
7	敢为性	H	7	7
8	敏感性	I	6	5
9	怀疑性	L	5	3
10	幻想性	M	6	3
11	世故性	N	5	5
12	忧虑性	O	6	6
13	实验性	Q1	5	4
14	独立性	Q2	3	8
15	自律性	Q3	5	8
16	紧张性	Q4	6	6

时隔三年，若兰在新生入学和大四毕业前的两次16PF人格测评结果显示，她在三年多的大学生活中，能针对入学时还未发展完善的人格特

质，有意识地根据学到的心理健康知识和技能，不断地通过调整自己的行为方式，改变自己的思维风格，积极主动地参与社会交往和自我成长，最终获得了人格的健康发展，让自己的人格特质越来越成熟。

二、矫正人格偏差

在人格上有偏差或缺陷的大学生，他们的人格往往有一些共同的特征表现：他们给人的感觉虽也算亲切但不容易深交；他们看似关心别人，其实在意的是别人眼中的自己；他们总是想要努力留住自己喜欢的一切；他们大多生活在真实与想象之间，总有一种挥之不去的孤独感；他们内心很脆弱，情绪容易失控，很多时候既想要独立自主、向外拓展，却又谨小慎微、回避退缩。大学生的这些人格偏差，既让自己很困扰，也让周围人很苦恼。大学生需要做到以下几点来矫正这些人格偏差。

4-9　习得性悲观主义

（一）促进自我觉察

在人格发展过程中，大学生在表现出类似的偏差倾向时，并不一定能自知，也就是说人格偏差的最初，大学生们往往并不能清晰地自我觉察自己的人格特质。这就需要大学生能认真学习人格心理学的相关知识，理解人格的基本概念，学会分析自己的人格特征和现状，在此基础上能对自己的人格有一个相对清晰且准确的认识。

前文中有自恋型人格倾向的小志，在他没有自觉时，他所看到的自己是被同学们孤立的，因为他认为同学们是嫉妒他的才能和成绩才故意针对他。因此，他会感到愤怒和被伤害。直到有一天，小志看到了一本人格的书之后，他终于“开窍”了，能够自我觉察了。他的想法也随之发生了改变，明白了问题可能出在自己身上，但他同时还是很无助，内心的声音是“我又不是故意的，为什么这么多年来没人愿意真诚地跟我聊聊，却总是用孤立的方式来远离我？”这个时候，小志的内心感受除了气愤，还增加了悲伤与孤立无援，因此他会产生更多的自我怀疑。此时的自我怀疑不是坏事，而是小志开始自我觉察、自我省思、自我探索的起点。

（二）增强自我探索

我们知道，人格问题与“精神障碍”是不一样的！人格是伴随着我们的生命成长不断形成和发展起来，这与每个人的社会化进程相关。当个体与他人、与社会、与自己的相处出现矛盾冲突时，就会表现出人格的问题。因此，人格没有完美的，人格的发展也没有止境，人格问题不需要、也不可能“完全治愈”。生而为人，我们只有在社会化的过程中成为具有生产力的个体，我们的人格与所处团体之间的矛盾才能获得包容，个体与群体大众之间才能建立一个相互“合作”的平台。在这个平台上，个体能尽情挥洒自我人格特质，社会大众也同时在这个平台上向个人提出各种限制，即我们每个人都需要遵守的社会规范与法则。这对于每一个大学生来说，就是一个不断探索自我与他人、社会的平衡过程，最终实现自我的内外和谐一致，朝着人格的至高境界“随心所欲不逾矩”完善自我人格。

大学生要克服人格偏差问题，可以尝试按照以下原则去处理问题。

1. 产生意义与价值

让自己学习以某种适合的方式产生意义和价值，与社会达成共识，进而适应社会。最实际的做法就是在社会中找到一个适合自己的“社会角色”——对大学生来说就是“大学生”的身份。通过做好“大学生”这一角色，把自己摆正在学生这一角色位置上，周围人就能很快地认识、理解和接纳他。

2. 随机应变

如果把我们每个人的言行举止比作商品，一方面我们要考虑如何将商品卖出去，另一方面，我们也要考虑消费者是否愿意买单？市场反应如何？就算再成功的人，也不能强买强卖。因此，哪怕人格很健康的人，也无法保证自己的一言一行都能收到期待的回应。

3. 耐心等待时机

既然我们不能确定何时能找到适当的“社会角色”，不知何时能做到自我身份认同，那我们就需要有“顺其自然，为所当为”的心态，保持耐心与毅力。不要一开始就投入过多的心力与过多的期待，造成后继无力或失望透顶的情况。相反，我们应该在漫长的时间中，随时以警觉的态度面对每一次机会，并以平常心去尝试。

4. 持续学习与积累资源

有耐心并不是被动等待时机的降临，而是在耐心等待的过程中，我们要想方设法创造有利的条件。我们可以至少从正反两个方面创造时机，如减少负面形象、降低人际冲突、改善情绪困扰，还可以充实专业知识、扩展人脉资源、培养兴趣爱好、学习一技之长、考取有用证书等，在机会来临前持续积累资源，做好充分准备。[①]如此坚持到底，幸运就会光临已经做好准备的我们！

（三）寻求帮助支持

在自我探索的过程中，遇到人格困扰，我们可以寻求外界的支持和帮助。试想一下，如果有依赖型人格的小芳同学是你的室友，你是否非常愿意帮助她，跟她一起和平共处？答案一定是肯定的，帮助她是一件很让人快乐的事情，帮助她在寝室里过得更舒服，就是帮助自己也获得舒适的生活。小芳在室友的帮助下能逐渐跟上室友的步调，与室友一起去上课、去吃饭、去逛街；在逛街的时候按照自己的眼光和喜好自主决定买哪件衣服，在食堂吃饭的时候敢于不跟室友一起在不喜欢吃的刀削面窗口排队，甚至有时候在上课前还能提醒督促室友一起预习。到了大二下学期，小芳已经渐渐地克服了她的依赖型人格偏差，开启了美好的大学时光。

如果在漫长的自我探索和他人帮助之后，我们还不能很好地解决人格偏差问题，那我们还可以求助专业支持。现在高校都设有心理健康教育机构，为大学生们提供专业的心理咨询服务。

三、增强人格力量

积极心理学家大多强调心理咨询或治疗不仅要治病疗伤，更要帮助人们认识和增强其人格力量。积极心理干预可以帮助大多数正常人增强其人格力量，培养积极情绪。对于大学生来说，如何发现自己的性格优

---

① 陈俊钦著：《原来这就是B型人格：那些自恋、善变、边缘、冷酷的人在想什么》，中国青年出版社2021年版，第125—130页。

势，并进一步增强人格力量，是塑造健康人格最核心的要素。

（一）发现自己的性格优势

积极心理学提出了人具有24种性格优点，归类为六大美德：知识与智慧、勇气、仁慈、公正、节制、自我超越。24项性格优势中，好奇心、感恩、希望、爱与被爱的能力、热情等特质是一个人人格力量中最关键的特质。下面是积极心理学家提供的用来增强人格力量，提升自我幸福感的自助练习，我们可以从某个具体行动开始，养成良好行为习惯，激发自己的性格优势。

4-10 简版24种人格力量测试（VIA-IS）

第一，自助完成简版优势实践价值调查表（也称为24种人格力量测试，简称VIA-IS），知道自己的三个显著性格优势。

大学生可以登录积极心理学网站“真正的幸福（Authentic Happiness）”，用户注册后可免费完成测试，或者根据本书拓展材料中提供的简版24种人格力量测试发现自己的性格优势。

第二，在日常生活中更多地使用这些优势。

第三，在日常生活中创造性地使用这些优势。

（二）回忆自己的最棒时刻

书写自己个人感觉最棒的时候，仔细思考那个时候的自己有何种性格优势，至少列出三种。

（三）培养自己的感恩之心

1. 写感谢日记

记录每天生活中遇到的一件让自己印象最深刻的事情，无论好事坏事，都写出事情的积极面和消极面，感谢积极面带来的成就感，也感谢消极面给自己成长的机会。

2. 写感恩信件

写一封感谢的信，给曾经帮助过自己、但没有好好感谢过的人。

3. 写三件好事

每天晚上写当天发生在自己身上的三件好事，写出它们发生的原因。

人格是我们对周围环境和自己的惯常看待的方式，是我们习惯化了的行为举止和反应模式。每一位大学生都有鲜明的人格印鉴：自尊自信、热情开朗、认真负责、坚忍不拔、敏感多疑、紧张焦虑…… 希望新时代的大学生们，在社会发展的洪流中塑造健康人格，打造出“既与所有人一样又与任何人不一样”的那个独特的你，成为更好的自己！

思考与练习

1. 请结合个人成长经历，分析自己的人格是怎样形成与发展的。
2. 请结合案例分析大学生中常见的某种人格偏差。
3. 请结合自己的人格测评报告，谈谈如何塑造健康人格。

本章参考答案要点

推荐书目

1. 陈俊钦著：《原来这就是B型人格：那些自恋、善变、边缘、冷酷的人在想什么》，中国青年出版社2021年版。

2. 许燕著：《成为更好的自己：许燕人格心理学30讲》，机械工业出版社2020年版。

3. ［英］丹尼尔·内特尔（Daniel Nettle）著，舒琦译：《人格：认识自己，做更好的你》，中信出版社2020年版。

第五章

好学不倦——优化学习心理

学而不思则罔，思而不学则殆。

——孔子

学习是大学阶段最主要的任务之一，学习和感知、记忆、思维等许多心理现象都有着密切的关系，学习也会影响我们的心理健康。大学里，我们不可避免地会遇到一些学习问题，比如学习目标缺失、学习动力不足、学习兴趣低落等。本章将介绍与学习有关的心理知识，并结合大学生因学习方面遇到的心理问题，帮助大学生掌握学习策略。

第一节 知物由学：学习心理概述

从牙牙学语到流畅表达，从蹒跚走路到驾驶汽车，我们每个人的成长发展都离不开学习。学习是一个涉及多种心理现象的心理过程，学习和心理健康也存在着密切的关系。

一、学习概述

人类的发展离不开学习，动物身上也存在广泛的学习行为，如马戏团的老虎学会钻火圈、小狗学会数数等。那么，究竟哪些行为才能称为学习呢？

（一）学习的含义

众多哲学家、教育学家和心理学家给学习下过不同的定义，如“学习是经验所带来的心理表征或联结的长期变化”①“学习是基于经验而导致行为或行为潜能发生相对一致的变化的过程”②等。目前，大多数心理学家比较认可的定义是：学习是由经验引起的能力或倾向的相对持久的变化③。这个定义包含以下三方面的内容：

首先，学习是“由经验引起的”。由遗传和成熟因素引起的一些能力或经验的变化，不是学习。有些行为是与生俱来的能力，如抓握反射等，不属于学习；有些行为是随着个体成熟而带来的，如随着年龄的增长肌肉发育、体力变强等，也不属于学习的范畴。成长过程中个体从环境中获取信息或通过与环境的互动（如观察他人的行为、和父母互动

---

① ［美］简妮·爱丽丝·奥姆罗德著，汪玲等译：《学习心理学》（第6版），中国人民大学出版社2015年版，第5页。引用时略有改动。

② ［美］理查德·格里格、菲利普·津巴多著，王垒、王甦等译：《心理学与生活》（第16版），人民邮电出版社2003年版，第161页。

③ 王小明著：《学习心理学》，中国轻工业出版社2009年版，第3—4页。

等）而引起的变化，才属于学习。

其次，学习是“相对持久的变化”。短暂的心理或行为的变化，不是学习。如由于酒精或药物的作用引起的工作效率的改变，在药物或酒精作用过后会恢复正常，短暂地记住一个电话号码而不复习几秒钟之后就会遗忘等，这些都不属于学习。

最后，学习会带来“能力或倾向的变化”。能力或倾向是学习的结果而非过程。能力是指个体的认知或技能方面，倾向则是指个体的态度或动机方面，这两个方面的变化都可以经过学习获得。需要注意的是，有时候，个体经由学习获得的改变并不一定能够马上体现出来，需要较长时间的观察或者间接的测量才能发现。

（二）学习的类型

根据目前的学习分类理论，大致可以从学习结果和学习方式两个方面对学习进行分类。

1. 学习结果分类

美国心理学家加涅（R. M. Gagné）将学习结果分为五类：

（1）言语信息。指掌握由语言所表达的信息和知识，一般为陈述性知识。

（2）动作技能。动作技能涉及肌肉使用，要求对行为表现准确、流畅、及时执行。

（3）智慧技能。是个体运用符号与周围环境相互作用的能力，一般涉及概念和原理的运用。

（4）认知策略。是个体用于支配自身学习、记忆与思维活动的手段。

（5）态度。是影响个体对某类物、人、事件的行为选择的内部心理状态。

我国学者潘菽在其主编的《教育心理学》中，把学习结果分为四类：知识的学习、运动和动作技能的学习、智力技能的学习、道德品质和行为习惯的学习。冯忠良等人基于教育实际，从知识、技能、品德三个方面出发，将学习结果分为三类：知识的学习，通过心智活动来学习和占有知识，在头脑中建构起相应认知结构；技能的学习，通过学习或练习，建立合乎规则的活动方式的过程，分心智技能学习和操作技能学习两种；社会规范的学习，把外在于主体的行为要求转化为主体内在行为需要的内化过程。①

2. 学习方式分类

学习方式分类关注学生以什么方式获得学习结果。奥苏泊尔（D. P. Ausubel）根据学习主体所得经验的来源不同将学习分为接受学习和发现学习，根据学习材料和学习者原有知识经验的关系不同将学习分为机械学习和意义学习。②接受学习是指学习的内容以定论的方式传授给学习者，不需要学习者的任何个人发现。发现学习是指学习者“主动”发现并内化为自己的知识的过程。机械学习是指学习者在学习过程中没有理解学习内容的真实含义，只是在学习内容和已有的知识结构之间建立一种非本质的、人为的联系。意义学习是指将新知识与学习者已有的知识结构之间建立联系的学习。

（三）学习的理论

对学习的实质及其形成机制、条件和规律等类似问题的系统阐述就是学习理论。20 世纪，人们对学习的看法发生了几次重大的变化，每一次变化都对学生的学习产生了重大影响。

1. 行为主义学习观

行为主义对学习的解释是强调可观察行为的获得，个体学到什么、怎么学习都是由环境刺激决定的。当环境刺激与个体行为反应的联系巩固下来，相应的行为习惯就形成了，这就是学习。③如大学课堂上，老师对课堂表现积极、踊跃回答问题的同学通过加分奖励的方式予以肯定。长此以往，很多同学上课时就能够积极主动思考，踊跃回答提问，形成较好的课堂学习习惯。

在有关行为主义的学习理论中，巴甫洛夫发现了经典条件反射，桑代克提出了效果率，斯金纳则在桑代克的理论基础上提出了操作性条

① 王小明著：《学习心理学》，中国轻工业出版社 2009 年版，第 10 页。

② 张大均主编：《教育心理学》（第 2 版），人民教育出版社 2011 年版，第 67 页。

③ 泛珠三角地区九所师范大学联合编写：《现代心理学》（第 2 版），暨南大学出版社 2008 年版，第 126 页。

件反射。斯金纳通过动物学习的实验研究来探讨操作性行为的学习过程。老鼠在箱中偶然按压杠杆得到食物，经过多次尝试，会学会不断按压杠杆来获得食物。在老鼠形成按压杠杆的操作性行为过程中，关键的变量是食物出现给予的强化。斯金纳全面研究了不同的强化在塑造和改变行为中的作用，许多观点至今仍有重要价值。如刚进入大学阶段学习时，很多人觉得很难跟上老师讲课的节奏和进度。后来听从老师的建议，每次课前都进行充分的预习，带着问题去听课，在课堂上解决预习中的问题，听课效果也越来越好。之后，很多其他课程的学习，他们也都会在课前进行预习。听课效果的提升就是对预习行为的强化。

5-1 斯金纳箱和操作性条件反射

2. 认知理论学习观

认知理论是当代心理学的主流，认知主义强调学习是获得知识、形成认知结构的过程。学习的基础是学习者知识结构的形成、重组和使用，而不是通过练习与强化形成的反应习惯。学生学习效果的差异主要由自身内部心理机制的差异导致。当代认知主义学习理论主要有以下几种。①

（1）布鲁纳（J. S. Bruner）的认知结构学习论。布鲁纳认为学习的实质是学生主动地通过感知、领会和推理，促进类目及其编码系统的形成。学生的认知学习就是获得知识结构的过程。他认为学生应该采用发现学习的方式去获得所学学科的基本结构。发现学习强调学生的主动探索，有利于学生直觉思维、批判性思维、创造性思维的发挥；有利于使外在动机转化为内在动机，提高学习的积极性；有利于发现学习的最优方法和策略；有利于信息的保持和检索。

（2）奥苏泊尔的认知同化学习论。奥苏泊尔和布鲁纳一样，都认为学习是一个认知过程，是认知结构的组织和重新组织，强调已有知识经验的作用，但奥苏泊尔认为接受学习才是学生主要的学习方式。学生主要是把教师讲授的内容整合进自己的认知结构中，以便将来能够提取或应用。他认为接受学习并不等同于机械学习，他强调的是有意义地接受学习。

---

① 泛珠三角地区九所师范大学联合编写：《现代心理学》（第 2 版），暨南大学出版社 2008 年版，第 129—130 页。

（3）加涅的信息加工论。加涅将信息加工的观点引入对学习的研究，提出了信息加工论。信息加工论使用计算机模拟的思路，将人的学习过程比喻成计算机的信息加工过程，认为学习的实质在于对信息的加工，学习的过程表现为信息加工的输入、编码、存储和提取过程。信息加工论将学习分为三个过程：加工系统负责对信息的加工、存储和提取；执行控制系统负责对加工系统的监控和调整；期望系统起到动机的作用，使加工系统能够朝着一定的目标去努力。①

3. 社会学习理论

班杜拉（A. Bandura）是社会学习理论的创始人，新行为主义的主要代表人物之一。他不同意斯金纳的观点，他认为个体并不是都要通过操作性程序才能形成行为，个体完全可以通过观察他人的行为而学到新的行为反应。强化也不是增加了行为出现的频率，而是为个体提供了信息或诱因，使他认识到什么样的行为会导致什么样的后果。②比如，小强看到同学因为上课积极回答问题而被老师表扬，他就知道积极回答问题是可以模仿的、有价值的行为；见到另一位同学因为课上打闹而被老师批评，就知道上课打闹玩耍是不能学习的行为。因此，班杜拉的社会学习理论强调的是“观察学习”和“替代性强化”。班杜拉认为观察是最基本的学习过程。人们可以通过观察他人的行为及其结果而学习，并不需要亲身强化，如我们并不需要出过车祸才知道要遵守交通规则。观察学习具有四个特点：首先，观察学习不一定有外显的行为表现；其次，观察学习不依赖直接强化；再次，观察学习是认知过程；最后，观察学习不是简单的模仿，观察者可以从榜样中获得抽象原理，甚至作出创造性的行为。

5-2 学习与心理

二、学习与注意

学习是一项复杂的心理活动，涉及多种心理成分的共同参与。注意是个体心理活动对一定事物的指向和集中，注意的品质对学习有着重要

① 白学军主编：《心理学概论》，北京师范大学出版社 2015 年版，第 128—129 页。

② 泛珠三角地区九所师范大学联合编写：《现代心理学》（第 2 版），暨南大学出版社 2008 年版，第 128—129 页。

的影响。注意并不是一种独立的心理过程，总是伴随着其他的心理过程而出现。

注意有两个基本特性：指向性和集中性。指向性是指人的心理活动具有选择性，即在某一特定时刻，人的心理活动总是有选择地指向一定的活动或对象。因为人不可能在某一时刻注意所有事物，接收所有信息，只能有选择地对一定对象进行注意和加工；集中性是指心理活动停留在一定对象上，对其进行深入加工。当注意集中时，个体的心理活动只关注当前注意所指向的事物，与当前注意对象无关的事物或活动则被抑制。我们都有这样的经验，如当我们集中注意在一个数学题目的思考和解答时，教室里其他同学的说话声，窗外的吵闹声都让我们听而不闻。指向性和集中性统一于同一个注意过程中，保证了注意的产生和维持。

注意的四种品质分别为：注意的广度、注意的稳定性、注意的分配和注意转移，它们和学习之间都具有非常密切的关系。

（一）注意广度与学习

在篮球比赛中，一个优秀的组织后卫除了需要良好的控运技术外，场上的视野和大局观更为重要。控球或传球时除了观察队友的位置，还需要了解对手的位置及可能出现的情况，然后在一瞬间，作出传球或者是自己进攻的判断。这一切的实现都离不开广阔的注意范围，即我们在同一时间内能够把握的刺激的数量，也就是注意的广度。除了优秀的运动员外，飞行员、司机等都需要具备很大的注意广度。

注意广度对学习具有重要的意义，具有更大注意广度的学生在相同时间内，能够加工更多的信息，也意味着他们可能记住更多的东西，从而具有更高的学习效率。注意广度的提高在一定程度上也有助于学习效率的提高。注意广度受到主体和对象两个方面的影响，可以从这两个方面来提升注意广度。主体方面，我们可以通过不断扩充领域相关知识来增加注意广度；对象方面，我们可以考虑将学习笔记记得更加工整有序，字体增大，并针对不同类型的内容用不同的颜色标识。

（二）注意的稳定性与学习

注意的稳定性也称为注意的持久性，是注意在同一对象或活动上所保持时间的长短。[1]注意力的高度集中是进行高级思维活动的前提条件，持续性注意对学习至关重要。西蒙通过大量实验证明，经过感觉登记的信息需要持续 2—4 秒才能进入工作记忆进一步加工。此外，随着学习任务复杂性的提高，对注意持久性的要求也不断提高。当然，同样不可忽视的是，过于持久的注意集中会增加大脑皮层兴奋区的疲劳程度，导致学习效率的下降。有研究者指出，最适合学习的注意投入模式应该是“集中注意，分配注意，再集中注意”的波动注意模式。

（三）注意的分配与学习

注意的分配是指个体在同一时间内将注意分配在两个或多个不同对象和活动上的注意品质。注意分配的主要影响因素有任务的相似性、任务的难度、练习的作用和主观预期等。学习中，我们应该学会恰当的利用注意分配，提升学习效果。如在性质相差比较大的任务中使用注意分配，在简单任务中更多使用注意分配，加强练习达到自动化加工，加强预习和对重难点的了解，在重要的地方投入更多的注意资源等。

（四）注意转移与学习

注意转移是指有意识地、主动地把注意从一个对象转移到另一个对象上去。在学习中，注意转移的功能主要体现在将学习者的注意导向关键且重要的学习内容、主题和活动上。许多研究者都发现，注意的转移实际上包含内隐注意转移和外显注意转移，无论是哪种转移在学习上都具有独特的意义。外显注意转移通过外显的动作——眼动帮助我们将当前活动和事物变成我们注意的中心，为进一步的加工提供可能。内隐注意转移虽不包含眼动却具有与外显注意转移相同的作用。

三、学习与认知

学习需要各种认知成分的参与，如感知觉、记忆、思维等，学习与认知存在着密切的关系。

---

① 白学军主编：《心理学概论》，北京师范大学出版社 2015 年版，第 67 页。

（一）学习与感知

感知是感觉和知觉的合称。感觉是人脑对个别事物的属性的认识，是一切高级的、较复杂的认识活动的基础，也是人的全部心理现象的基础。①知觉是人脑对直接作用于感觉器官的客观事物的各个部分和属性的整体的反映。感觉和知觉是认知过程的感性阶段，是认识世界、获取知识的开端，是学习心理发展的基础，也是维持正常学习心理活动的必要条件。

感知类型和感知能力对学习具有一定的影响。许多人都有自己的优势感觉，优势感觉对信息的接受和处理总是最容易和最高效的，根据优势感觉把学习者分为不同的感知类型：视觉型、听觉型和动觉型。②

听觉型的学习者喜欢通过听和说的方式来学习，对于用耳朵“听”来的信息更容易理解和记忆，如果听觉受阻，则会影响学习效果。

视觉型的学习者更习惯于用“看”着学习，对事物的大小、形状、颜色、方位等细节会印象深刻，所以他们对有形象文字描述或者有直观图画、图表、思维导图等的学习材料的学习效果会更好。

动觉型的学习者喜欢通过触摸、表演或通过肢体动作来学习，通过触摸得到的信息比用眼睛看到的信息更加印象深刻，这类学习者在学习的时候如果动作受限，可能会影响有效的信息传递，进而影响学习效果。

感知类型的形成与遗传因素和环境因素都有一定的关系，感知类型形成后一般难以改变。因此学习策略和方式只有适应自己的感知类型特点，才能取得良好效果。需要说明的是，很多人并没有特别优势的感官，在学习时多感官的参与显得尤为重要，参与学习的感官越多，获得信息的渠道越多，信息在大脑中留下的记忆痕迹也就越深，同时大脑在对多渠道信息的整合过程中也更容易达成对知识的理解。

（二）学习与记忆

记忆是在头脑中积累、保存和提取个体经验的心理过程，也是人脑

---

① 彭聃龄著：《普通心理学》（第5版），北京师范大学出版社2019年版，第84页。

② 俸皇：《基于新课程改革的课堂学习过程技术》，《广西教育学院学报》2007年第3期，第147—150页。

对外界信息进行编码、存储和提取的过程。按照信息保持时间的长短可以把记忆分为感觉记忆、短时记忆和长时记忆。感觉记忆是指当客观刺激停止作用后，感觉信息在一个极短的时间内保存下来，它是记忆系统运行的第一阶段，储存时间一般为 0.25~2 秒；短时记忆是感觉记忆和长时记忆的中间阶段，保持时间一般为 5 秒~2 分钟，主要包含直接记忆和工作记忆两个主要成分。长时记忆是指信息经过充分的和有一定深度的加工后，在头脑中长时间保留下来。①

根据所记忆的内容进行分类，可以分为陈述性记忆和程序性记忆。陈述性记忆是对陈述性知识或事实类信息的记忆，如我们背诵的古诗、数学定义、人的名字、特定时间发生的事件等；程序性记忆也称技能记忆，是关于我们如何做事情的记忆，通过包含一系列复杂的动作过程，如练习驾驶汽车时的一系列操作等。

此外，还可以把记忆分成内隐记忆和外显记忆。内隐记忆是指个体在没有察觉或有意回忆的情况下，过去经验对当前任务产生的无意识的影响，也叫自动的无意识记忆；相对的，外显记忆则是指在我们有意识控制的情形下，过去经验对当前任务产生的影响，它对行为的影响是个体能够觉察到的，因此又叫受意识控制的记忆。

记忆和学习是两个相互联系的过程。从神经生理基础上看，学习是指人和动物获得关于外界知识的神经过程；记忆则是将获得的知识储存和读出的神经过程。从认知过程上看，记忆是个体认知系统的重要一环，没有记忆，就不可能有推理、运算、语言这些高级认知活动，学习也就无从谈起；同时，个体通过不断学习积累的先前经验又会影响记忆新项目时的速度、广度和保持时间。

记忆的效果受到许多因素的影响，主要分为情境因素和个体因素两方面。情境因素主要包含系列位置效应、情境匹配、材料的可理解性和意义三个方面；个体因素主要包括先前经验，情绪和神经化学物质的影响等。随着社会发展和学习要求的不断提高，人们对记忆力的要求也随之提高。要想增强记忆力，提升学习效果，根据记忆效果的影响因素，我们可以尝试从以下几个方面入手，运用记忆规律，创造记忆条件，选

① 泛珠三角地区九所师范大学联合编写：《现代心理学》（第 2 版），暨南大学出版社 2008 年版，第 91—92 页。

择恰当的方法，达到提升记忆力的目的。

明确记忆的目的和任务。记忆目的和任务是影响记忆效果的重要因素，记忆的目的任务越明确、具体，记忆效果就越好。如在背诵一组单词前，我们明确应该达到能够听写及根据中文含义写出相对应单词的要求，清楚所背诵单词的记忆难度和相应程度，进而开始背诵，背诵效果会更好。

借助无意记忆提升记忆效果。有意记忆是指我们通过集中注意，维持意志努力进行的记忆，有意记忆需要消耗较大的心理资源，时间长了容易让人疲惫。在学习中还应注意利用无意记忆提升记忆效果，如通过观看无字幕的英文电影或纪录片的方式进行听力练习和单词记忆。

在理解的基础上进行记忆。材料的可理解性和意义对记忆效果有重要影响。背诵单词时，我们可以通过词源分析、具体场景应用、词根记忆、联想想象、对比分析等多种方法加强对单词的理解，增强记忆效果。

合理安排记忆材料。记忆材料的性质、数量也会影响记忆效果。我们可以根据识记材料的长短和识记材料之间的意义联系程度，采用不同的识记方法。如为了避免相互干扰，内容相近的内容不放在一起记忆。为了促进记忆效果，正反两方面的材料可放在一起对比记忆等。

根据遗忘规律，有效复习。德国心理学家艾宾浩斯（H. Ebbinghaus）首先系统地对长时记忆和遗忘进行了研究。他绘制了不同时间间隔的记忆节省图，称为保持曲线或遗忘曲线。简单来说，遗忘的规律是先快后慢。根据遗忘规律，有效的复习应该要做到：合理安排复习时间，恰当安排复习材料，反复阅读与试图回忆相结合，多种方式进行复习。

（三）学习与思维

5-3 艾宾浩斯遗忘曲线

思维是人脑以已有的经验为中介，对客观事物本质属性和规律的反映。[①]思维具有概括性和间接性两个特点。思维的概括性是指思维能把同类事物的共同特征和本质属性抽离出来加以认识。能够使人们的认识摆

① 白学军主编：《心理学概论》，北京师范大学出版社 2015 年版，第 165—166 页。

脱具体事物的局限性，也是人们形成概念的前提，是思维活动得以进行的基础。思维的间接性是指对不能直接把握的事物，人们会借助媒介物或过去的经验等在头脑中进行加工、反映。由于思维的这个特点，人们才可能超越感知觉提供的信息，认识那些不直接作用于感知觉的事物的属性，进而揭示事物的本质和规律。根据思维过程中所凭借的中介的不同，可以把思维划分为直觉动作思维、具体形象思维、抽象逻辑思维；根据思维活动探索目标的不同方向，可将思维划分为聚合思维和发散思维；根据思维过程中体现出的已有知识经验的重组程度，可将思维分为常规思维和创造性思维。

思维和学习有着非常密切的关系，在学习过程中，我们会慢慢提升自己各方面的思维能力，如概括能力、抽象思维能力等；思维能力的提升也有助于我们的学习效果，个人的理解能力、抽象思维能力，创造性思维，发散思维等都会显著影响学习效果。在日常学习中，我们应有意识地培养自己各方面的思维能力，如进行发散思维训练，学习问题解决的方法等。

学习与心理健康也有着密不可分的关系，两者相辅相成、相互影响。心理健康是正常学习的前提，心理健康意味着身心各方面状态良好，学习活动需要有健康的心理，心理处于健康状态是正常学习的前提条件。学生当前的心理健康状况和心理发展水平对学习活动有直接的制约作用。心理健康的学生的学习成就一般会优于心理不健康者。学习会对心理健康产生影响，学习活动会对学生的心理状态的变化和发展产生积极或消极的影响。积极影响是指学生健康的心理需要通过不断学习才能实现，学习对心理健康发展具有促进作用。学习不仅能够开发学生的智力、提高能力，促进学生认知水平的提高和自我概念的发展，还有助于建立和谐的人际关系，调节学生的情感、情趣，对于改善学生的意志品质，培养健全人格也有很大帮助。但学习是一项艰苦的脑力劳动，需要消耗大量的生理和心理能量，时间长了容易疲劳。如果面临的学习或考试任务较重，有可能出现身心压力过大或紧张焦虑等心理问题。学习方式不当，学习事倍功半，会影响学习积极性，带来挫折感和失败感；学习方式的不适应、不喜欢所学专业等可能会引起学习兴趣下降、学习动机减弱等问题；某些时间段的过度学习，不能劳逸结合，也会影响身心健康。

第二节　力不从心：大学生的学习困扰

大学阶段是个体智力发展的高峰期，个体精力旺盛、求知欲强；这个阶段也是个体学习的高峰期，学习动机发展到了一个更高层次，学习的自我评价和自我调控能力也日益增强。然而，随着科技进步和社会发展，当代社会对大学生学习的要求越来越高，大学生的学习也不可避免地产生了一些问题。大一男生小航，就在新生入学后不久遇到了学习困扰。

案例

小航，大一男生，高中成绩优秀，在班上总是名列前茅，高考时发挥不理想，最后就读一所省内普通高校的理工类专业。高中时，小航各科成绩比较均衡，对大学的憧憬和期待也让他能够对学习投入较多精力，能够根据各科老师的安排较好地完成学习和复习任务，学习热情较高，学习状态良好。高考发挥不理想，让小航对大学生活有了进一步的目标：在大学期间好好学习，争取保送或者考上理想高校的研究生。所以他要求自己一定要学好目前的专业，要保证成绩在专业前五并且每年拿一等奖学金。所以，从入学开始小航就给自己制定了详细的每日计划，并且要求自己一定要执行到位。

一、学习兴趣不强

兴趣是内部动机的一种形式。一般而言，兴趣总是伴随着积极情绪，当我们从事一些自己感兴趣的活动如打球、游泳等，能体会到如享受、兴奋和愉悦等感受。心理学家将兴趣分为个人兴趣和情境兴趣两种类型。①个人兴趣是指个体自身带有的，在活动选择方面的不同偏好；情

① ［美］简妮·爱丽丝·奥姆罗德著，汪玲等译：《学习心理学》（第6版），中国人民大学出版社2015年版，第354—355页。

境兴趣则是由环境中一些内容令人感觉新颖或惊奇所诱发的。兴趣能够促进更加有效的信息加工，对某个主题感兴趣的人会投入更多的注意并且会为此进行更多的认知卷入，也更有可能采用有意义、有组织的形式来加工信息。许多研究都发现，对所学内容感兴趣的学习者更可能长期记住这些知识并且学业表现更好。

上大学之前，许多学生几乎所有时间都投入在学习方面，为了提高学习成绩可谓“废寝忘食”，最终的目的就是为了高考考出一个好成绩从而进入一个名牌大学求学。他们本身对所学习的知识并没有多少兴趣，上大学后，这个问题依然存在；此外，很多学生因为分数不够的原因，最终没有进入理想的大学和专业，只能服从调剂分配；有的学生在填报高考志愿时，对所报专业不了解，只是在家长的安排或亲友老师的推荐下进行填报；有的一味追求热门专业，没有考虑自身的兴趣爱好或能力特长。不少学生进入大学后发现自己对所学专业不感兴趣，或者所学专业并不适合自己，本来对大学生活充满了期待，但现实却没有如愿。面对理想和现实的严重脱节，很多大学生接受不了这种落差，又不能很好地自我调节，产生了对学校、专业和学习的排斥。据调查，近七成大学生不了解自己专业的情况或对专业不感兴趣。①上课玩手机、打游戏，能逃课就逃课的现象普遍存在，一些人甚至不能顺利完成学业，最终不得已休学或者退学。

案例

大一入学后一段时间，小航发现他就读的专业和想象的有比较大的差距，这个专业本来就不是他喜欢的，只是因为分数不够才被调剂录取。另外，专业课显得非常枯燥乏味，感觉没有实际用途，上课的老师也似乎是照本宣科，听起来没有吸引力。他觉得自己很难有热情、有兴趣来学好自己的专业。课堂上，他经常都是玩着手机度过的。课下，也很少会花时间去预习或者完成作业。最终，小航期末考试四门课程不及格，第一学期就收到学业警告。第二学期开学不久，小航的问题依旧，他来到了学校心理咨询室咨询。

① 徐子珺：《大学生学习心理问题分析及干预策略》，《神州教育》2021 年第 19 期，第 262—263 页。

案例中，小航对所学专业完全没有兴趣，课堂及课下的参与和投入很少，上课时也是玩手机或通过其他方式来消磨课堂时间，课堂学习几乎没有效果，学习效率低下。主要原因是目前录取的专业本身并不是他自己的理想专业，录取后没有很好地了解所学专业，入学后没有很好调整好心态，导致对专业和学习的排斥，不能真正投入专业学习中，最终导致挂科。

二、学习动机不当

5-4 一个简单的动机模型

学习动机是指引发与维持学生的学习行为，并使之指向一定学业目标的一种动力倾向，是发动和维持学习行动的内部力量。适当的学习动机对学习活动起着发动、维护和推进的作用。不当的学习动机不但不利于学生的学习效果，还会影响学生的心理健康。大学生学习动机不当包括学习动机不足和学习动机过强。动机不足或过强都会影响学习效果，还有可能引发心理问题。

案例

为了能够实现自己推免或者考研的最终目标，小航对专业学习有很高的要求，从入学开始就给自己制定了详细的每日计划，并且要求自己一定要执行到位。但是，从报到第一天开始，很多事情好像就不能由自己把握。他听学长学姐说起保研需要较好的综合能力，要去参加各类学科竞赛，但是这些都会占用他原本计划用来学习的时间，协调学习和各类活动的时间让他感觉有点力不从心，要完成每天的学习计划也让他觉得非常吃力，有时候要熬夜到很晚。快到期末考试了，他每天都复习到很晚，开始紧张和焦虑，怕自己考不好，影响自己的长远规划……

大学生学习动机不足是指大学生在学习上缺乏内在的驱动力量，没有学习兴趣。学习动机不足的学生往往表现出学习无目标、无计划、无兴趣，学习主动性差，情绪消极，经常逃课，上课时精神状态不佳，课堂参与度不高等。大学生学习动机不足与社会责任感不强、学习态度不端正、学习毅力不强等因素相关，与对专业不感兴趣、学业期望不高也有很大关系。

大学生学习动机过强表现为成就动机过强、学习强度过强和奖惩动机过强。成就动机过强往往是由于对学业期望过高，对自己的学习能力缺乏恰当的估计造成的。这种学生过度关注自己的学业水平，目标较高，对自己的学习能力缺乏恰当的估计，总是感觉成绩未达到理想状态，容易产生紧张和焦虑的心理体验。有些学生由于学习动机过强，导致每天用于学习的时间过长，不善于休息，造成学习强度过强，引起学习疲劳。还有些学生是由于外部奖惩诱因过强致使过于专注外部奖惩，而不是真正地专注于学习，是被动学习，因而阻碍了学习。

案例中，小航表现出学习动机过强的特点。成就动机过强，要求自己一定要保持在专业前五并且考研或者保研至 985 高校；学习动机过强，希望学习和活动同时表现良好，经常熬夜学习，不能做到劳逸结合；此外，奖惩动机也比较强，希望每年拿到一等奖学金，没有更多考虑实际学习效果或其他。究其原因，主要是因为觉得自己高考发挥不理想，所以对大学阶段的学习和以后的目标有着更高的要求，也想向其他人证明自己的能力。由于太过关注学习结果，所以他面临多任务或者临近考试时会显得非常焦虑和紧张，怕自己表现不好影响自己的形象，或者影响个人的目标或规划。

三、学习状态不佳

大学生学习状态不佳有很多表现，常见的有学习浮躁、注意力不集中、学习效率低下等。

1. 学习浮躁

学习浮躁心理是指不踏实、急于求成和内心焦躁不安的心理体验状态。心理浮躁常常表现为易冲动、情绪化、用心不专、盲目、急功近利。大学生在学习上的浮躁心理往往表现为急功近利，不脚踏实地学好基础知识，学习过程中烦躁不安，对知识不求甚解，对学习没有恒心和毅力，考试时弄虚作假，对教师满腹牢骚等。大学生学习浮躁心理是一种消极有害的心理现象，直接影响大学生的学业成就，甚至影响大学生的心理健康。

2. 注意力不集中

大学学习中，由于专业学习特点、课程难度、教师授课风格等原因，部分学生存在学习注意力不集中的问题。再加上电子产品的广泛运用，很多大学生产生了对电子产品如智能手机的重度依赖，上课过程中，课下自习等都会难以控制地使用手机，无法保证集中注意在学习任务上，注意力不集中，影响学习效果，也给个人造成很大的困扰。

3. 学习效率低下

大学的学习和中学学习有诸多不同。中学时课业紧张，课余时间不多，学生的学习和生活多由家长和老师监督、管理，教学以教师为主导，不少学生缺乏自我管理机会，自我管理能力相对较弱。大学生活宽松灵活，重在培养学生的自学能力，学生自行支配的时间增加，要求学生有独立思考的能力和探索研究的自觉性。此外，大学课程门类多、范围广，教学方法多样，课堂内容不拘泥于一本教材，有较多课后阅读、课外自学的任务。这样一来，那些对教师依赖性强、习惯用中学学习方法的学生便容易出现适应不良、学习困难的现象。一些学生仍旧像中学时期一样熬夜苦读，不懂得合理安排时间，学习效率低下，弄得自己身心俱疲；还有些学生学习方法不得当。平时不学习，考试前突击备战，导致考前心理高度紧张。大学阶段学业任务繁重，学习方法不当会干扰学习效率，影响学习效果，引起巨大的心理压力，影响心理健康。

案 例

小航非常想学好目前的专业，随着学习的深入，他发现专业课程有点难，有时候花了很长时间去看书却收效甚微，这让他感觉有些烦躁；有的时候，他觉得很难跟上老师讲课的节奏，很多地方没听懂老师已经讲完了，久而久之，他发现在课堂上比较难以集中注意力；有的课程任务比较重，老师也没有具体的指导，只能自己去摸索学习，他觉得自己的学习效率很低，每天有大量的学业任务要去完成，让自己很疲惫……

案例中，小航表现出学习浮躁、注意力不集中和学习效率不高三个方面的学习状态问题。主要原因是小航对自己学习要求比较高但又比较急功近利，在专业课学习上不注重打基础，花了时间但学习效果不理想则心浮气躁；由于课前准备不充分，导致上课时不能跟上老师的节奏，听不懂的情况下很难保证课堂注意力集中；此外，由于学习经验欠缺，学习方法不当，也没有很好地进行学习归纳总结，导致学习效率比较低，让他的学习效果不能达到预期，也让他更加焦虑和紧张不安。

4. 学习焦虑

小航在学习过程中碰到了心态浮躁，注意力不集中等问题，这些都明显影响着他的学习状态。学习状态不好，也让他的情绪状态很受影响。学习效果不理想，又着急想多学，想学好，他经常感到不安和烦躁。临近考试，这种症状更加明显，他担心考试考不好，于是花更多的时间去复习，但是也并不是时间花得越多效果越好，复习效果不理想则让他更加担心，担心自己的目标和学业规划受影响，担心其他同学怎么看待自己。随着焦虑症状的加剧，他时常出现心率加快，呼吸急促等身体症状，晚上难以入睡，复习状态更受影响……

焦虑是面对一种情境，尤其是结果不确定的情境时产生的不安和忧虑的感觉。焦虑有两个不同的成分：担忧是焦虑的认知方面，涉及与个体应对某种情境的能力相关的令人不安的想法和信念；情绪性是焦虑的情感方面，涉及的是一些生理反应。当处于焦虑状态时，人的自主神经系统的活动增加，肾上腺素的分泌增多，会有皮肤出汗、嘴唇发干、呼吸急促、血压升高、心率加快、经常坐立不安等生理表现，持续时间久的还会影响到消化和睡眠。

学习焦虑是大学生群体中一种比较常见的焦虑类型。主要表现为烦躁易怒，精神高度紧张；对学习和考试结果过分担忧，缺乏自信，总担心失败影响自己的形象或者前途，或纠结于失败经历难以自我解脱，经常进行消极自我评价；面对多种学习任务心烦意乱、手足无措、注意力涣散、记忆力下降；出现特定生理反应，如肌肉紧张、肠胃不适、寝食难安、多汗尿频等；出现防御或逃避行为，如多余动作增多、坐立不安，以各种借口逃避学习和考试等。[①]学习焦虑对于大学生的日常表现和心理健康具有比较大的影响，需要引起重视。

---

① 许佩卿、叶瑞祥：《新形势下大学生学习心理问题的若干思考》，《黑龙江教育学院学报》2008 年第 6 期，第 87—89 页。

5-5　大学生在线学习心理特点

案例中，小航表现出比较明显的学习焦虑。他有着比较高的目标，但是在日常学习过程中又碰到不少问题，如课程比较难，学习任务很多等，导致他心烦意乱，不能集中注意力。另外，由于学习效率不高，他又很担心自己考试考不好，影响自己的成绩，影响未来的规划。他也担心自己学不好、考不好会让其他同学对自己产生不好的看法，这些都让他更加焦虑，也更加难以投入学习。

以上，我们通过小航的故事呈现了大学生比较容易出现的学习心理问题，主要有学习兴趣不强，学习动机不当，学习状态不佳，学习情绪不良等。这些问题都容易引发心理健康问题，如紧张、焦虑、压力过大等。这类心理问题一般都是和具体的问题相联系的，只要我们找到合适的方法解决相关的学习问题，就能够调整我们的心理健康状态，也能进一步促进我们在大学阶段的学习和成长。

第三节　学而不厌——学会终身学习

“活到老，学到老”，学习可以说是我们一生的课题。在漫长的学习过程中，我们要不断去挖掘学习兴趣，调适学习动机，调整学习状态，克服不良学习情绪，找到适合自己的学习方法，学会终身学习。

一、激发学习兴趣

心理学研究表明，挑战性的任务比简单任务更有趣，持久的个人兴趣来自于先期经验。①在日常学习中，我们可以尝试给自己布置课程或专业学习上一些较有挑战性的任务。任务的设置中应注意：首先，需要设计不同的难度级别，可以由易到难逐级上升；其次，应注意设置相应层级化的目标，目标应对个人具有某种含义，同时还应是清晰且可以达到

① ［美］简妮·爱丽丝·奥姆罗德著，汪玲等译：《学习心理学》（第 6 版），中国人民大学出版社 2015 年版，第 355 页。

的；此外，应该注意对挑战任务的及时反馈。通过设置挑战任务的方式，激发起学生对相关学科和课程的兴趣。

在具体课程学习中，我们要重视预习的作用。一门课程学习开始之前或老师讲授课程之前，应通过各种方式了解这门课程的相关信息，尝试提出问题，并在之后的学习中逐步解决这些问题。前期的预习准备充分，能够更好地发现学习中的问题并解决。知识和兴趣能够相互促进，随着对一门学科的逐步学习和深入了解，我们会慢慢建立起对该门学科的兴趣，兴趣的建立也有助于我们对学科的更深入探索和学习。

上节案例中，小航因为没有进入自己心仪的大学和专业，对目前就读专业比较排斥，导致学习兴趣不高，学习投入减少。小航可以从以下几个方面着手，激发对专业和课程的学习兴趣：

全面了解专业。新生始业教育，查找资料，询问老师等方式可以帮助同学们全面了解所学专业，包括主要专业课程、专业前景、毕业生主要去向等，在全面了解的基础上发现自己的兴趣点和学习切入点。

加强课程预习。课程学习开始之前，加强对课程的预习，在预习过程中记录自己的问题和思考，尝试在课堂学习中解决这些问题。如果不能解决，可以自己查找资料或者询问专业课老师来寻求解答。

设置学习任务。根据学习内容的推进情况适时给自己设置学习任务，注意任务的设置需要由易到难逐步推进。如先完成课程第一章节内容的预习；其次完成该章节内容的课后练习；最后自己通过复述，对该章节内容进行回顾和总结。需要注意，三个步骤都要保证完成时间点明确、任务明确、完成指标明确。

5-6　激发学习动力

二、修正学习动机

学习动机不直接参与知识学习过程，但是对学习过程起着促进或抑制的作用。已有研究表明，并非学习动机越强学习效果越佳，而是存在一个最佳动机水平，最佳动机水平会随着学习内容性质的不同而不同。在较为容易的学习任务中，中等偏高的动机水平学习效率最好；在较为困难的任务中，学习效率反而会因为学习动机强度增加而下降，中等偏低的动机水平学习效率最好。这一现象是耶克斯和多德森（R. M Yerkes

& J. D Dodson）通过动物实验发现的，也称耶克斯—多德森法则。因此，在学习活动中，学习效果是否最佳需要根据学习内容与自身水平的关系调控学习动机的强度，从而使学习动机水平处于最佳水平。

（一）学习动机不足的调适

如果学习动机不足，则需要采用一些方法激发学习动机。激发学习动机需要在一定的学习情景下，利用一定的诱因将学习需要由潜在状态变为活跃状态，形成学习积极性。

1. 树立恰当的学习目标

学习目标是否恰当直接影响学习者的学习动机，过高的目标会让学生觉得无法实现而放弃，过低的目标会让学生觉得目标没有价值而不认真对待。一般而言，现实的、有价值的、有一定难度且有意义的学习目标是学习者容易接受和实现的。因此，在制定学习目标时，首先要正确的自我认识，既不能高估自己，也不能看低自己，结合自身能力实际制定目标。其次是制定的目标要有长远目标和近期目标，在总目标的基础上提出多个具体的子目标，增强目标的现实价值。最后是在执行目标过程中进行自我观察和自我监控以了解实现目标的进程，便于根据实际情况及时调整目标。

2. 进行合理归因

在学习场景中，归因是对学习结果的原因作出的解释或推测的过程。不同的归因对学生的学习动机和积极性有着不同的作用。如果把学习成功的原因归结为任务简单和能力强，会有利于增强学习动机，提高学习积极性。如果把失败的原因归因于任务难、能力低，就会降低学习动机和积极性。有些学生缺乏学习动机就是由于遇到挫折后进行了不正确的归因导致的。

5-7　基本归因错误和自利性偏差

3. 适当重视外部诱因

奖励和惩罚等手段能有效激发动机，恰当运用奖惩，也能增强学习动力。如给自己确定拿奖学金或者其他学习目标，达到后给予一定的奖励，没有达到目标则给予一定的惩罚并认真分析原因，继续坚持目标或调整目标。执行过程中可以争取家人或老师同学的支持，能够更加有效。

（二）学习动机过强的调适

如果学习动机过强，就会出现精神紧张、对自己要求过严，产生自责等心理问题，需要进行调适。上节案例中，小航对自我要求较高，学习动机过强，可以尝试从以下方面进行调适：

1. 建立正确的认知

任何成功都与自身能力、环境和努力程度有关，努力是成功的必要条件，而非唯一条件。学习动机过强者往往拥有这样的认知模式：只要付出了努力，就会获得成功。这种观念错误地把努力勤奋作为成功的唯一条件。正确的认知应该是：只有努力才有可能成功，但是不能保证一定成功。学习活动本身应该更多地被关注，学习结果应该被淡化。“只求耕耘，不问收获”，专业成绩排名或者拿一等奖学金等结果可以作为学习的附带结果，但不应该成为学习本身的目的。

2. 客观的自我评价

动机过强的学生往往没能正确、客观的自我评价，通常会自视甚高，因而在制定目标时就会设置一个可望而不可即的目标，从而导致对自己过于严格、过于苛刻。小航入学开始便给自己定下非常高的目标，但是除了学习之外的其他事务也需要花费时间和精力才能做好，这些让他的学习计划执行非常吃力。小航应该要对自己的能力进行正确的评估，制定合理的目标，并脚踏实地、循序渐进地实现目标，如在考虑学习和活动同时要做好的情况下，适当降低学习成绩方面的要求。

3. 宽容对待自己

学习动机过强的学生往往对自己很苛求，从而造成心理负担，这样更影响学习效果，形成恶性循环。小航对自己要求过于严苛，努力达到要求会让自己身心俱疲，难以持续执行计划；没达到要求则会让自己无法释怀，导致压力和焦虑。学习成就，要对自己有要求，但是不能苛求，要适度调整自己的期望值，以宽容的心态对待自己，降低对学习成败的敏感度，培养广泛的兴趣爱好，学会应对和释放学习压力。

三、调整学习状态

（一）制定学习目标

在日常的学习中，应该结合个人实际制定出一个比较明确的学习目标。学习目标是学习的方向和动力，也是预定的学习结果。大学生建立明确的学习目标，是进行有效学习活动的前提，是激发学习动机和学习兴趣的重要心理因素。具体制定目标过程中，有一个“SMART”原则可供参考，即所制定的目标应该是符合具体的（Specific）、可衡量的（Measurable）、可达成的（Attainable）、现实的（Realistic）和有时限的（Time-bound）五个标准。

如小航高中英语基础不错，也想在大学里继续学好英语，他给自己制定了“在第一次英语四六级考试中分数达到520分以上”这个目标。首先这个目标是具体的，明确了时间节点、具体考试和目标要求；也是可衡量的，就是分数达到520分以上；是依据当前个人的英语基础制定的目标，经过努力可以达成，同样也是具有现实可操作性的；规定了是第一次英语四六级考试，有明确的时间要求。确定这个目标后，他需要制定更具体的英语学习计划，做好模拟练习等，保证最后实现目标。

（二）实施学习计划

根据个人实际情况确定学习目标后，应该制定分步骤的学习计划并坚决执行，在执行的过程中注重反馈，可以借助外在的力量加强对计划执行过程的监督，如向老师或者好友每天汇报执行情况，每日打卡等，设定执行效果的奖惩办法，严格实施一段时间后形成习惯，也有助于最终目标的实现。

（三）调整学习方法

高中阶段，学习更多由教师进行主导，每天的课程和课后学习都会有教师进行监督，很多同学没有形成自主学习能力，基本都是按照学校或者老师提出的要求按部就班进行学习。大学阶段，课程任务增多，教师监督减少，课余时间增多，学习时间相对不固定等都对大学生的自主学习能力提出了更高要求。大学生应该注重培养自主学习能力，根据专业和课程特点及个人实际情况调整学习方法，有计划、持续性的学习。避免出现白天不学习，晚上熬夜学；时而不学习，时而狂学习；平时不学习，考前突击学习等不良学习现象。

上节案例中，小航在学习中存在的学习状态不佳如心态浮躁、注意力不集中和学习效率低下等问题也可以通过制定合理目标来尝试解决。如针对专业课程较难，学习比较吃力的现状，他可以有针对性地制定一个总体长远目标和多个短期目标结合推进，保证学习计划的实施并根据目标执行情况适时调整，做到有计划、持续性学习和劳逸结合。

（四）克服学习焦虑

克服学习焦虑，最重要的是要从思想上进行调节。首先要增强自信心，提高自我评价能力，能够发现自己的长处和优点，经常自我激励；其次要培养抗挫能力，人的一生难免会遇到包括考试失败在内的各种大大小小的挫折，在挫折面前学会保持冷静，不消沉，分析原因，寻求帮助，进行自我调整；最后要正确看待考试失败。一次考试的失败并不是对个人能力的全盘否定，只是一个阶段的学习问题的反映，应该仔细分析考试失败的原因，如果是个人问题，则需要从失败中吸取经验，解决存在的问题并及时调整，争取下一次的成功。

面对考试焦虑和心理紧张的问题也可以尝试采取生理调节措施进行缓解，下面介绍三种具体方法。其一是呼吸松弛调节。改变原来的呼吸节奏，采用缓慢的稳定的呼吸方法，连续多次，一般而言，可以达到消除紧张情绪和平衡心理的目的。其二是肌肉松弛调节。选择安静的环境和能够让自己轻松的音乐，选择自己舒服的方式坐下来或是躺着，让全身各处肌肉得到放松。其三是转移法。如果考试这件事情让自己焦虑的话可以多想想能使自己愉快的事情，也可以去做自己喜欢的事或是参加体育运动。如果感觉自己是比较容易紧张的个性，可以学习具体的放松技巧。当然，很多大学生的学习焦虑或考试焦虑是由于没有好好学习而导致的，对于这类情况，认真学习、充分复习是消除考试焦虑的有效

5-8　克服考试焦虑

方法。

上节案例中，小航的焦虑主要来自几个方面：首先是自我评价焦虑，他一入学就制定了比较高的学习目标，对自己有很高的期待和要求。但是由于各方面的原因，他没办法达到设定的要求，由此产生挫折感，自我评价降低，认为自己无能等，陷入自我评价焦虑中。针对这点，小航要学会正确和全面评价自己，要看到自己的优点，也要看到不足之处，结合实际情况，可以适当降低自我要求；其次是具体的学业焦虑，主要是由课程难度较大、学业任务较重等具体原因引起的。这些可以通过学习计划的制定和执行，合理有效利用时间，提升学习效率等方式解决；最后，他也有来自周围同学的他人评价焦虑，认为自己表现不好可能会让其他同学觉得自己不够优秀、能力不行等。针对这点，小航可以通过认知调整来解决，尝试换位思考一下，从自己的角度出发，可能并不会因为某个同学学习成绩不好或考试没考好而对他有不好的看法。

5-9　掌握学习策略

四、掌握学习策略

除了以上几种方法外，我们也可以尝试掌握不同学习策略来提升学习能力。

学习策略是学习者为了高效学习，在学习活动中所采用的学习规则、方法、技巧及调控措施。学习策略包括认知策略、元认知策略和学习资源管理策略。

（一）认知策略

认知策略是加工和组织学习材料的策略，包括复述策略、精加工策略、组织策略，这些策略都是影响学习的关键因素。

复述策略是记忆、保持信息的识记策略。记忆过程中常用的复述策略有有意识记与无意识记相结合、排除信息相互干扰、多种感官参与、联想等；知识保持过程中的复述策略有及时复习、分散复习与集中复习结合、反复实践等。如我们在背诵单词时通过耳朵听、手里写、嘴巴说、用心记多种感官参与，加上对单词的联想，促进记忆。

精加工策略是将学习的材料和头脑中已有的知识联系起来增加新信息的意义，有助于理解新知识。精加工策略是更高水平、更精细的信息加工策略，是高效率地获得知识的基本条件之一。研究发现，学习者对材料加工得越细致、越深入，他们对知识的掌握越牢固。精加工策略的主要方法有类比、比较、质疑、扩张与引申等。

组织策略是将材料按照特征或类别进行管理、归类的方法，目的是建构新知识点间的内在联系，将分散的、孤立的知识合成一个整体，并表示出它们之间关系。组织策略是对信息进行深加工的重要形式。日常学习中我们经常会用到的思维导图，就是我们进行组织策略的一个有效工具。

（二）元认知策略

元认知策略是对个体自身的学习认知过程进行监控和调节的策略，包括计划策略、监控策略和调节策略。

计划策略是根据认知活动的特定目标，在一项活动开始之前制定计划，预计结果、选择策略、想出解决问题的方法，并预计其有效性，包括设置学习目标、浏览阅读材料、产生待回答的问题以及分析如何完成学习任务。如在一门课程开始前制定学习计划，通过预习后列出要解决的相关问题等。

监控策略是在认知活动进行的过程中，根据认知目标及时评价、反馈认知活动的结果与不足，正确估计自己达到认知目标的程度、水平，并根据有效性标准评价各种认知行动、策略的效果，包括阅读时对注意加以跟踪、对材料进行自我提问、考试时控制自己的速度和时间。如在考试过程中，我们发现自己在某些题目上思考时间过长，有可能影响整体的答题时间和进度就属于考试过程中的监控策略。

调节策略是根据对认知活动结果的检查，如发现问题，则采取相应的补救措施；或者根据对认知策略效果的检查，及时修正、调整认知策略。如在考试中发现在某些题目上思考时间过长，我们有意识地在后面加快答题进度和写字速度力求保证按时完成考试。

（三）资源管理策略

学习必须要有学习资源的投入，如时间、空间、学习环境、学习心境、教师、伙伴等。学习资源管理策略是用来帮助我们管理可用的环境和资源的策略，包括时间资源管理策略、空间资源管理策略、心理资源管理策略和支持资源管理策略。

时间资源管理策略涉及个人的时间管理，可以让我们及时合理安排学习时间、高效利用最佳学习时间、灵活利用零碎时间。如利用番茄工作法合理安排时间、专注学习等。

空间资源管理策略涉及对学习环境的管理，可以让我们学习时尽量减少可能的干扰和分心的因素。如上课或者自习的时候不带手机或者只带未连接网络的手机，避免分心。

5-10　番茄工作法

心理资源管理策略涉及对整个学习过程中心理因素的管理，如树立正确的学习信念，激发内在的学习动机，正确进行学习失败的归因，适时调整内在的成败标准等。

支持资源管理策略涉及对我们的学习支持资源的管理。同学、老师等都是我们身边的学习支持资源，出现学习问题时我们要学会寻求老师的帮助、同学的合作等。

总的来说，学习是一种比较复杂的心理现象，涉及多种心理现象和过程，也和我们的心理健康密切相关。大学是个体重要的学习阶段，对个人成长发展和个人潜能的开发都有着重要的意义。大学生在学习方面难免会碰到诸如学习兴趣低落、学习动机不当、学习状态不好、学习焦虑等问题。我们可以通过一些方法来提升学习兴趣、调适学习动机、改善学习状态、克服学习焦虑、掌握学习策略，最终达到善于学习、乐于学习的目的，提升心理健康水平，助力人生发展。

思考与练习

本章参考答案要点

1. 请结合某种学习理论谈谈如何增强对某门课程的学习兴趣。

2. 请分析学习焦虑产生的原因并谈谈你个人常用的学习焦虑调节方法。

3. 请尝试绘制本书主要内容的思维导图。

推荐书目

1. 吴军著：《数学之美》（第三版），人民邮电出版社2020年版。

2. 徐英瑾著：《用得上的哲学　破解日常难题的99种思考方法》，上海三联书店2021年版。

3. ［美］吉姆·奎克（Jim Kwik）著，王小皓译：《无限可能　快速唤醒你的学习脑》，人民邮电出版社2020年版。

第六章

沟通你我——营造和谐关系

路遥知马力，日久见人心。与君远相知，不道云海深。

——唐·王昌龄

大学生人际交往与心理健康存在密切关系，人际关系的好坏与大学生的心理健康状况相互影响。待人接物有困扰的人往往会因为处理不好人际关系而感到痛苦，引发各种各样的心理问题。反之，良好的人际关系能帮助个体缓解紧张、焦虑和愤怒等负性情绪，增加积极情绪体验，进而提升心理健康水平。本章从人际交往的概念和理论出发，探讨影响大学生人际交往的因素，介绍大学生常见的人际关系类型，并指导大学生学会如何营造和谐的人际关系。

第一节　心尚往来——人际交往概述

在人类发展的历史长河中，交往贯穿人类社会的产生和发展始终。任何人都无法孤立地存在，而且要与他人发生各种各样的联系。马克思指出，人的本质是一切社会关系的总和。①可见，交往是人们实践活动的开展方式，也是人类社会生成和延续的方式。

一、人际交往的概念

（一）人际交往与人际关系

人际交往是指人与人之间的交往，有静态和动态之分。动态的人际交往是指人们运用语言或非语言符号交换意见、传达思想、表达感情和需要的过程，包括物质交往和精神交往。其中，精神交往是交往双方心理上相互作用的过程。

静态的人际交往即人际关系，是指人们在交往过程中形成的心理的和社会的关系，其本质是在交往过程中双方形成的心理距离，反映人们心理距离的亲疏远近。心理距离越近，彼此越喜欢，人际交往过程中物质和精神需要的满足程度越高。人际关系包含三个特点，一是人际关系是在人与人的交往活动或互动过程中发生的；二是人际关系可以被人们真实地感受，它是人与人之间的心理距离；三是人际关系带有浓厚的感情色彩，如产生心理吸引或排斥。

人际交往是实现人际关系的途径，人际关系是人际交往的结果。人际交往侧重于人与人之间的联系、接触过程和行为方式等，而人际关系反映了在人际交往基础上所形成的心理距离的状态和结果。人际关系的好坏又影响和制约着人际交往的深度和广度。

---

① 《马克思恩格斯选集》，人民出版社 2012 年版，第 139 页。

6-1 人际交往能力量表

（二）人际关系的发展过程

从互不相识到建立亲密的人际关系，这是一个由表及里、由浅到深不断发展的复杂过程，一般要经历五个阶段（见图 6-1）。

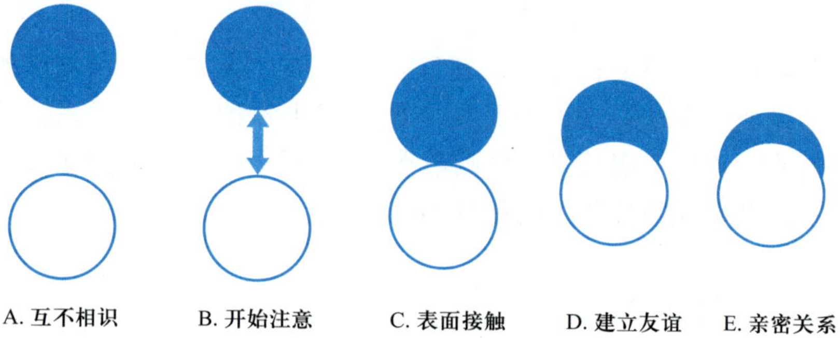

图 6-1 人际关系正向发展变化示意图

第一阶段：互不相识。人际关系发生之前，彼此之间都没有意识到对方的存在，双方互不认识。如大学新生本班级内的同学来自全国各地，在入学报到前，可能彼此完全陌生，毫无关系。

第二阶段：开始注意。一方（或双方同时）开始注意到另一方，此时，双方仅停留在对他人初步印象的知觉、加工和形成上，没发生直接接触，彼此都处于旁观者的立场，没有相互的情感卷入。但开始注意阶段为人际关系的建立做好了必要的准备。大学新生入学后，由于同专业、同班级、同寝室或其他原因开始注意身边的另一方，人际关系才能开始。

第三阶段：表面接触。经过注意阶段的准备后，有一方或双方主动与对方接近，交往双方开始了直接接触，如打招呼、聊天、工作联系等。这些都是一般性的人际接触，虽然双方经过了一定的情感探索和沟通，但这时的人际关系是表面的、不够深入，处于表面接触阶段。大学新生之间最初的接触就是表层的交往，在一起上课、聊天、一起参加活动等。表面接触阶段可以获得对方的外在印象，为进一步接触做准备。如果双方印象好，人际关系有深入发展的可能，反之，彼此的关系可能终止于此，形成点头之交。大多数的同学关系都停留在这一阶段。

第四阶段：建立友谊。随着交往的频繁、沟通的深入，友谊开始形成，双方在心理上彼此接近，发展到一定程度，产生心理上的依恋和融合，彼此愿意与对方进行思想和情感的交流，存在心理上的接纳和理解关系，此时的人际关系可以称为朋友关系，关系稳定。在校园内，同学之间由于某一共同兴趣爱好使得交往频率增加，随着相互了解的深入，心理融合的范围也在不断扩大，从而双方逐渐培育出真挚的友谊。

第五阶段：亲密关系。双方友谊深入发展，共同的心理领域高度重合，心理依恋大大增强，成为知己或恋人。如同两个大面积重叠的圆，出现“你中有我，我中有你”的局面，此时亲密关系建立，人际关系达到最高境界。恋爱中的学生关系就属于亲密关系，情感卷入越来越多，在内心深处相互倾慕，彼此心心相印。

（三）人际交往的认知偏差

6-2　人际关系

1. 首因效应

首因效应是指人们初次见面时通过对方的仪态、穿着、谈吐、举止、表情等来获取与之相关的信息，与自己的价值判断标准相对应，判定对彼此或好或坏的第一印象。首因效应强调最先出现的中心性格特点在决定第一印象的形成中所具有的机能效果。在交往的过程中，人们往往根据第一印象的好坏决定是否继续与对方交往。

尽管很多时候我们并未意识到首因效应在潜移默化地对我们产生影响，但这种先入为主的第一印象会在很大程度上影响之后的一系列交往行为。需要引起我们关注的是，第一印象是深刻且持久的，但并非都是正确可靠的。一个人的道德修养、能力素质和思想品行等内涵并不是短时形成的第一印象所能精准把握的。其一，第一印象是表面直观的，会使人们无法深刻认识内在，不能对认知对象有客观公正的评价，会在很大程度上对认知产生误导。其二，第一印象是片面的，先入为主的片面性会造成只看一眼就对人或者事作出全面否定或全面肯定的错误判断。其三，第一印象是相对固定的，一旦形成较难被改变，甚至会在往后的交往过程中因为第一印象而给认知对象贴上固有标签。当认知对象在之后发生较大变化的时候，固有印象就会在很大程度上影响我们对认知对象的判断，从而对人的认知造成较大的困扰。

2. 近因效应

与首因效应相反的是，最近的印象对人的特性评价在人际交往中也起着重要的作用。人们在感知交往对象时，最后的印象往往压倒最初的印象，出现后入否定先入的思维判断。一般来说，首因效应在与陌生人的交往中体现较明显，近因效应则更多地体现在熟悉或是久别重逢的故人之间。和首因效应一样，近因效应也容易出现以偏概全的认知偏差。如某同学一贯以来表现良好，但是在竞选学生干部或是评优推荐前做错了一件事情，同学们很有可能因为最近的过错来否定之前的判断而不选该同学。

为克服近因效应的不良影响，大学生在人际交往中应秉承“对事不对人”的处理方式，要用发展的、全面的眼光来看人，要注意同学们的一贯表现。近因效应也提醒我们，人际交往过程中尤其是在熟人或老朋友的交往中，要注意近期的表现，以防因熟悉而随意言语，不注意行为方式，破坏长久以来的良好形象。

3. 晕轮效应

晕轮效应是指在人际交往中，人们对事物和人的认知和判断往往从局部出发，然后扩散而得出整体印象，这些认知和判断常常都是以偏概全的。“情人眼里出西施”“一俊遮百丑”都是晕轮效应的典型例子。在校园里，一般认为学习成绩好的同学，其思想也好、品行必然端正、能力素质必然也出众，其实并非全部如此。

晕轮效应是个人主观推断、泛化的结果，是以点概面、以偏概全的认知偏差，会影响高质量人际关系的建立。晕轮效应的不利影响主要体现在这是一种主观心理臆测，容易让人抓住事物的个别特征，习惯以个别推及一般。大学生在交往过程中要注意防止晕轮效应带来的不利影响，要避免对某一方面表现突出的同学做绝对的判断，要尽量采取客观、公正的态度。

4. 投射效应

投射效应是指把自己的感情、意志、特性等投射在他人身上并强加于人的心理现象，是人的内在心理的外在投射，具有以己度人的倾向，认为自己具有某种特性，他人也一定会有与自己相同的特性。我们常说的“以小人之心，度君子之腹”就是投射效应。人们常常假设他人与自己具有相同的爱好、特性等，如一个心地善良的人会以为别人都是善良的，一个自私自利的人会觉得别人也在算计自己。

投射效应的表现形式有态度投射、感情投射和愿望投射等。投射效应在大学生人际交往中普遍存在，究其根源在于交往个体在意识层面没有把自我和他人区别开来，而是混为一谈，忽视自己与对方的差别，把自己的主观愿望强加给对方。投射效应带来的认知主观性、随意性以及猜疑心理会影响和谐人际关系的构建。因而，大学生要注意投射效应导致的各种误解，要尽量克服和摒弃主观臆断和妄想猜测，从对方的角度出发，做到换位思考，减少人际交往的误区。

5. 刻板效应

刻板效应是指人们对某一类事物或人物形成的比较固定、概括而笼统的看法，认为某一类事物或人物应该具有其特定的属性。持有某种刻板印象的人往往把对某一类人物的整体看法强加到该类人的每个个体上，容易忽略个体特征。如在有些师生眼中，来自城市的同学见识广博，来自农村的同学勤劳淳朴，这是对来自不同地域的同学的刻板印象。

刻板印象不一定有事实依据，也不考虑群体内部的个体差异，却能对人们的感知和行为产生重大影响。一方面，刻板印象能使人们根据固有的经验对某一类人或事在一定范围内进行判断，不用探索信息，迅速洞悉概况，节省时间与精力，简化社会认知过程。但是，另一方面，刻板印象也容易使人产生偏见甚至是错觉，给人际交往带来负面的影响。大学生在人际交往中应积极预防刻板效应带来的消极影响，要充分理解认识对象的复杂性和发展性。经验并不具有普遍适用性，用发展的眼光去认知他人，本着客观、全面的原则，善于用“眼见之实”核对“偏听之辞”，在交往互动中认识和了解他人。

二、人际需要与行为

纵观大学生日常的交往行为，我们会发现有些同学独来独往、自得其乐，而有些同学热衷交际，活动不断；有些同学总是若即若离，而有些同学热情似火；有些同学控制欲强，喜欢对其他同学指手画脚，而有些同学则顺从依赖他人。这些交往行为都与个体人际交往的需求倾向有关。

美国社会心理学家舒茨（W. Schutz）在人际反应特质理论中将人们在长期的社会生活实践中所形成的自己相对稳定的基本需求倾向称为人际反应特质。不同的人际反应特质有不同的需求类型，具体为包容需要、支配需要和情感需要。包容需要是指个体想要与人接触、交往、隶属于某个群体，与他人建立并维持一种满意的相互关系的需要；支配需要指个体控制别人或被别人控制的需要，是个体在权力关系上与他人建立或维持满意人际关系的需要；情感需要指个体爱别人或是被别人爱的需要，是个体在人际交往中建立并维持与他人亲密的情感联系的需要。这三种基本的人际需要决定了个体在人际交往中所采用的行为及如何描述、解释和预测他人的行为。大学生在表现三种基本人际需要时有主动和被动之分，人际关系的行为方式也有很多种，如主动交往型、支配他人型、表示亲密型等。

在个体的成长过程中，若是社会交往的经历过少，父母与孩子之间缺乏正常的交往，儿童与同龄伙伴间也缺乏适量的交往，那么，儿童的包容需要就没有得到满足，他们就会与他人形成否定的相互关系，产生焦虑，于是就倾向于形成低社会行为。童年时包容需要未被满足的大学生在行为表现上倾向于摆脱人际相互作用而与人保持距离，拒绝参加群体活动。如果个体在早期的成长经历中社会交往过多，包容需要得到了过分满足的话，他们又会形成超社会行为。此类大学生在人际交往中，会过分地寻求与人接触、寻求他人的注意，过分地热衷于参加群体活动。如果个体在早期能够与父母或他人进行有效的、适当的交往，他们就不会产生焦虑，会形成理想社会行为。这类大学生会依照具体的情境来决定自己的行为，决定自己是否应该参加群体活动，形成适当的社会行为。

关于支配需要，在早期生活经历中，若是成长于既有要求又有自由度的民主气氛环境里，大学生就会形成既乐于顺从又可以支配的民主型行为方式，他们能够顺利解决人际关系中与控制有关的问题，能够根据实际情况适当地确定自己的地位和权力范围。如果早期生活在高度控制或控制不充分的情境里，他们就倾向于形成专制型的或是服从型的行为方式。专制型行为方式的个体，表现为倾向于控制别人，却绝对反对别人控制自己，他们喜欢拥有最高统治地位，喜欢为别人作出决定。服从型行为方式的个体，表现为过分顺从、依赖别人，完全拒绝支配别人，不愿意对任何事情或他人负责，在与他人进行交往时，这种人甘愿当配角。

就情感需要而言，当在早期经验中没有获得爱的满足时，个体就会倾向于形成低个人行为。这类大学生表面上对人友好，但在个人的情感世界深处，却与他人保持距离，总是避免亲密的人际关系。若在早期经历中被过于溺爱，就会形成超个人行为。这些大学生在行为表现上强烈地寻求爱，并总是在任何方面都试图与他人建立和保持情感联系，过分希望自己与别人有亲密的关系。而在早期生活中经历了适当的关心和爱的大学生，则能形成理想的个人行为，他们总能适当地对待自己和他人，能适量地表现自己的情感和接受别人的情感，又不会产生爱的缺失感；他们自信自己会讨人喜爱，而且能够依据具体情况与别人保持一定的距离，也可以与他人建立亲密的关系。

包容需要、支配需要和情感需要这三种基本人际需要都可以转化为行为动机，使个体产生相应的行为倾向。大学生在人际交往中的基本需要、行为表现与其早期成长经验密切相关（见表6-1）。

表6-1　人际需要、行为表现与个体的早期成长经验对应表

人际需要	早期成长经验	行为表现
包容需要	未得到满足	低社会行为
	过分满足	超社会行为
	适当满足	理想社会行为
支配需要	民主氛围环境	民主型行为方式
	高度控制	专制型行为方式
	不充分控制	服从型行为方式
情感需要	未得到满足	低个人行为
	被过于溺爱	超个人行为
	适当满足	理想个人行为

三、人际沟通与互动

象征性互动理论（symbolic interaction，又称为符号互动理论）的创始人美国社会心理学家米德（G. H. Mead）指出，人与人之间通过传递象征符号和意义而相互作用和相互影响的过程。所有能代表某种意义的事物，如语言、文字、动作、物品甚至是场景等，都可以是人们沟通使用的符号。人们通过各种符号交流互动，相互理解，评估自己的行为及对他人的影响。在所有符号中，语言是最丰富、最灵活的一个符号系统，人们通过口头语言、身体语言等传达各种意义，实现复杂交往过程。因而，大学生要特别注意语言表达在人际交往中的作用。此外，数字虚拟技术构造了一个立体、多元、逼真的网络社会情境，在此情境下，大学生人际互动的对象变成了庞大的网民群体，互动的信息量、频率、范围和不确定性较传统交往情境大大提升，这也导致大学生对于媒介和互动的需求也大大提高。

在沟通中，人们都喜欢积极的认可与回应，如微笑、鼓励、关心、赞同和支持等。在大学生的人际沟通中，有的同学特别爱发号施令，喜欢批评其他同学；有的同学特别“孩子气”，一不顺心就翻脸；而有的同学“少年老成”，特别沉稳；也有些同学一开口就把天聊死，很难沟通……这些都属于大学生人际沟通的相互作用模式问题。

6-3 TA理论

美国心理学家伯恩（E. Berne）认为，人们需要得到注意或者安抚才能够生存。安抚是人与人之间的认可、关注与回应，分为正面安抚和负面安抚。大学生对于获得他人的认可或注意有强烈的需要，得到及时鼓励、回应、关注的大学生，他们的心态和行为通常积极向上。无法获得他人认可或关注的大学生，他们在人际交往中的态度常常是消极被动的，他们往往容易出现人际关系方面的心理问题。伯恩认为每个人在沟通中有三种自我状态，即“父母自我状态”“成人自我状态”和“儿童自我状态”，每一种自我状态都有重要的价值。[1]处于父母自我状态的大学生在沟通中倾向于以权威、优越感及

① ［美］Eric Berne，M. D. 著，田国秀、曾静译：《人间游戏——人际关系心理学》，中国轻工业出版社2006年版，第13—14页。

长者自居，话语风格往往是指责、安排等命令式话语，处事态度具有主观、独断专横、滥用权威的特点。处于儿童自我状态的大学生倾向于不稳定的、耍孩子脾气的处事态度，行为显得幼稚、冲动无主见、依赖畏缩。处于成人自我状态的大学生心理成熟、客观理智，其思想、行为和情感都是针对此时此地的情境的反应，并能够利用现有的资源思考、评估、选择和做决定。对于大学生而言，提高人际关系质量的一个重要任务就是增加人际沟通中的成人自我状态，用相对成熟、自主的沟通方式与人交往。

第二节 惺惺相惜——大学生的人际关系

人的一生都是在与不同人的交往中度过，大学生也不例外。大学校园是大学生踏入社会的缓冲地带，学会处理好亲子关系、室友关系、师生关系和同学关系是大学生一门特殊的课程。

一、大学生人际交往的特点

案例

来自远在千里之外的省外一小镇的小美刚跨入大学校门可以说根本没有朋友，远离父母，她想尽快找到志同道合能“谈得来”的朋友，建立自己的交往圈子。正当小美跃跃欲试时，与寝室同学因为学习观念不同、作息不同步而产生矛盾。与原来高中班级不同的是大学班级同学在课余时间基本上都对着自己的手机，在QQ群、微信群等各种群里交流。小美觉得很不习惯这种交流方式，但也曾试着融入线上的网络交流，但是小美觉得线上有效的交流很少，觉得这些群都很“水”。慢慢地，小美发现自己与班级同学有点格格不入，班级同学谈论的话题，她总插不上话，班级活动常因得不到及时的信息而错过，在班级各种组队活动中她往往是被剩下的那个。小美觉得很孤单和苦

6-4 尴尬和冷场，这样摆平

恼，不知如何与同学们打交道。加之在各种讲座和经验交流会上，老师和学长等都强调处理好人际关系非常重要，小美更是焦虑不安。有一次，她跟一位学长交流，学长以“过来人”的身份表达了对小美人际关系处理不好的担忧，告诉小美将来一些评优评奖需要学生投票等环节会因为别人缺乏对她的了解而吃亏。小美在焦虑之余又增添了迷惑，难道大学期间的人际交往就开始这么功利了么？

身处校园的大学生群体的交往有其独特的特点，从小美的情况可以窥探大学生人际交往特点。

（一）在交往需求上渴望与不满交织

小美远离父母刚跨入大学校门，面对一个全新的环境，在遭遇寝室交往挫折后，她更期待从人际交往中获得温暖、爱和归属的需要，排遣孤独与寂寞。人际交往是大学生心理发展的需要，是适应大学新生活的重要内容，正值青年期的大学生，在心理发展上渴望从人际交往中获得尊重、信任、理解和认同。人际关系是将来事业成功的重要保障，大学生可以通过人际交往学习与人相处之道，进而积累人脉关系。正因为考虑了大学期间良好的人际交往能为今后走上职场、处理职场人际关系打下良好基础，小美才会因为人际交往的挫折而焦虑，可见小美对人际交往是非常渴望的。

另一方面，小美因为生活经验不足和自身性格等因素影响，对人际交往充满了困惑。现实中有些大学生因成长环境、价值观念、性格特点、心理状态等因素作用，人际交往饱受各种困扰。如有的因胆小或性格内向不敢主动与人交往；有的在交往中防备心理过重导致人际交往难以持久；有的甚至对交往存在恐惧心理，不敢在社交场合露面等。案例中的小美刚跨入大学校园，渴望被人接近和理解，非常渴望与班级同学交往，期待友情，但是因为成长环境与自身固有观念，没有适应新同学的交往方式，与新班级同学的交往产生了困扰。

6-5　了解不同的沟通风格

（二）在交往对象上求同与求异兼有

求同性是指大学生选择与自己具有相同点的同学作为交往对象。案例中的小美一直在寻找的志同道合、“能谈得来”的同学，其实就是在寻找与自己具有相同点的同学作为交往对象。大学生中老乡的交往是基于地缘关系形成，同班、同专业、同系同学的交往是基于业缘关系形成的，社团同学的交往主要是基于趣缘关系形成的。因此，现实中很多同乡、同寝室、同班或是同一社团的同学较容易成为好朋友。

在交往对象选择求同性的同时，大学生在人际交往中还表现出求异性的特点，求异性的特点一方面表现在大学生选择与自己具有互补特点的同学作为交往对象。小美在交往对象选择中忽略了这一点，没有与跟自己观念、作息不同的室友好好沟通交流，没有尝试去了解、理解她们。现实中不乏具有不同特点或是互补特点的学生成为好友的例子，如有些性格内向的同学与性格外向的同学成了好朋友等。求异性的另一个方面是大学生的异性交往。由于大学生性生理已经发育成熟，性心理也趋于成熟，他们对异性充满兴趣，渴望与异性的亲近与交往。

（三）在交往方式上现实与虚拟结合

随着网络和新媒体时代的到来，大学生人际交往的过程出现了现实途径和虚拟途径相结合的新特点，并有逐渐向虚拟交往发展的倾向，大学生通过手机和电脑网络等方式进行人际交往已非常普遍。案例中的小美发现“班级同学在课余时间基本上都对着自己的手机，在 QQ 群、微信群等各种群里交流”，这便是大学生虚拟交往的体现。但是小美不能很好地适应虚拟的交往方式而与班级同学疏远，造成人际交往的困扰。

实践活动、课内学习、社团活动等一般是在现实的社会环境下进行，以面对面的直接交流为主要沟通方式。而网络、手机交往则是在虚拟环境下进行，实质上是一种人机交往。人机交往打破了人际交往中的时空限制，网络为大学生发泄不良情绪、满足精神寄托和逃避现实生活提供了场所，给大学生的交往带来了前所未有的便利，但是由此产生的问题值得我们关注，尤其是部分同学还出现了过度依赖网络或手机交往的倾向。

（四）在交往动机上情感与功利并存

大学生处于情感丰富而激荡的年龄阶段，案例中小美的交往动机具有注重情感内涵的显著特征，她与朋友的交往强调兴趣一致或性情相投。大学生现实的人际关系中，包括以“血缘”“地缘”“业缘”为体现的亲属、同乡、好友关系，以“趣缘”为纽带的大学社团团友关系，或因兴趣爱好、消费习惯一致，抑或价值观念、话语模式相近共处于共同的微博好友圈、微信朋友圈、QQ 群、网络直播室等各式网络社群的圈层关系，都是以情感上的交流、心理上的共容为满足，较少考虑交往的实用价值。但是也有些大学生的人际交往动机出现了功利化和庸俗化的倾向。小美的学长提到为评优评奖等需要学生投票等环节而特意处理的人际关系便是例证。现实中，确实存在有些大学生把与他人交往作为实现自己目的的一种手段，因此，是否是"对自己有用、有帮助的人"成为这些大学生择友的重要标准。

6-6　吸引的得失理论

二、大学生人际吸引的要素

案例

小美遇到人际关系的困惑后，她开始反思自己与人相处的问题，从省外考进这所大学的就两名同学，同乡难找，以前的朋友、同学更是天各一方。因为执着于找"能谈得来"的有共同语言的朋友，与自认为志不同、道不合的其他同学几乎不交流而疏远了寝室、班级同学。同时她还发现与中学不同的是，大学同学可以说是过着无时不网、无地不网的虚实双栖生活现状。在网络世界中，大家以"圈"群分，以"趣"类聚，构建各式圈层，划分各自的圈层疆域，区分圈内圈外人员。小美发现在网络交往中有话题的同学、发言积极的同学很受欢迎，也容易得到老师的关注，但是自己缺乏自信，一是认为自己其貌不扬，考入学校的分数不高，没有什么特长，不受同学们待见；二是担心自己的话题同学们不感兴趣、自己的观点其他同学不认可；三是担心自己说话不小心冒犯了其他同学。

（一）情境因素

1. 接近性

接近性是指交往双方空间距离相近。在人际交往的早期，人们往往由于地理距离的接近而彼此喜欢，因此“老乡”容易成为新生入校后的第一批朋友。小美开始反思自己的人际交往问题时，也首先从同乡同学开始考虑。这是因为空间接近的人能常常见面，有较高的交往频率，能增加获取对方相关讯息的机会，彼此互动所需付出的成本较少，而酬赏却相对较多，容易产生吸引。在刚入学时，因为接近性，大学生一般与老乡、室友、同班同学等相互交往频率大的人更早建立友谊。然而，当两个人之间的兴趣、需求、个性相抵触时，空间距离愈近，见面的机会愈多，彼此的争执或冲突反而可能增多，这也是小美与同寝室同学产生矛盾的主要原因。

2. 熟悉性

小美发现在网络交往中有话题的同学、发言积极的同学很受欢迎，究其原因在于熟悉能够增进人际吸引。熟悉度高的人多次接触后能够提高他们的再认能力，也更能预测对方的行为，同时，熟悉让人们假定对方是与自己相似的，进而使人际吸引的机会大大增加。通常情况下，一个人在人际交往中的曝光率越高，则越受欢迎。小美在交往的很多场合不言不语，曝光率不高，所以同学们对小美不熟悉，导致相互间的关系越来越疏远。有一点值得注意：当我们开始接触某个人，如果形成愉快或至少中性的初始知觉，则此人的重复出现会增加其吸引力；但是如果初始知觉是负面的，只是重复曝光或距离接近，并无助于增加我们对此人的喜爱。

（二）特质因素

1. 外表吸引力

在人们最初交往的时候，外表吸引力是双方相互喜爱的重要因素。人们通常具有“美即是好”的刻板印象，认为外貌出众的个体更可能具备善良、坚强、有教养、有趣等特征，认为他们具备更好的社会交往能力，能从事更好的职业，能拥有更美好的婚姻，更有可能获得成功。在交往初期，小美因自己外表其貌不扬而担忧自己不受欢迎，这是人之常情，但随着交往的深入，外貌对人际吸引的作用将逐渐减弱，取而代之的是个体出众的才华、能力和人格魅力等，小美如果可以不断地提升自己的才能和人格魅力，就可以不靠颜值而靠才华吸引人。

2. 才华能力

人们通常会喜欢聪明、有能力的人。一般认为跟有能力的人在一起，可能会增加对我们有利的作用，能获得较多的酬赏。但是，“木秀于林，风必摧之”，能力与被喜欢程度成正比只是局限在一定范围。一个能力远远超出自己的朋友也可能会给自己时时带来心理压力，我们发现，在集体中最有能力、最出众的那个同学不一定是这个群体中最受欢迎的同学。与能力很强或接近完美的人在一起，可能会让人感到巨大压力而觉得不舒服，从而降低其被喜欢的程度。但是，如果这些人显露出一些瑕疵或遭遇挫败时，会比完美无缺时更受人欢迎，正所谓 “尺有所短、寸有所长”，小美在交往的初期只看到了能力对人际交往的积极意义，而没有认识到才华能力在人际吸引中的复杂作用，因此，小美应该摆正心态，不以己短比人所长。

3. 人格特质

人格是人际吸引中最本质、最关键的因素，包括气质、性格、兴趣、爱好、理想、信念、三观等，对人际吸引会产生持久、稳定和深刻的作用。一般来说，受人欢迎的大学生大多具有以下一些人格特征：性格开朗活泼，为人忠诚正直，心胸开阔坦然，做事稳重可靠，待人热情大方，尊重理解他人，热爱关心集体，工作认真负责等。只要小美能真诚待人，就不必担心自己说话不小心冒犯其他同学而回避交往。

此外，交往双方人格的相似性与互补性也是影响人际关系的重要特质因素。“物以类聚，人以群分”，相似性能增进人际吸引，是指人们倾向于喜欢在态度、兴趣、价值观等人格上和自己相似的人。在谈恋爱的时候，人们也倾向于选择与自己相似的人作为恋人。大学生参加社团活动，与社团成员结成较为紧密的联系，最大原因是他们有共同的兴趣爱好，相似的价值追求以及奋斗目标。相似性引起的人际吸引在大学生交往中普遍存在，这也正是小美一直想找到“谈得来”的朋友的原因所在。

与相似性对应的是互补性，当双方的个性或需要互补时，会产生强烈的吸引。互补性有两种形式：一是需求互补，一方所需要或缺少的，正是另一方所能提供或具备的，可以满足彼此的需求，导致彼此间的吸引。假如一个希望被呵护被照顾的人，遇到一个喜欢照顾呵护他人的人，两人的需求都能获得满足。二是角色互补，彼此在社会角色上的功能互补，使得彼此相互契合，增加人际吸引。对小美来说，她进入了人际关系中要相似性无互补性的误区，其实，相似性并不排斥互补性。大学校园中常常出现互补型的好朋友：一个家庭经济条件好的学生因欣赏另一个经济困难学生的自强自立而成为好朋友，个性外向奔放的同学与性格内敛的同学成为铁哥们，个性独立的同学与依赖性强的同学成为闺蜜。人们因为可以在角色或需求上相互扬长避短和互相满足而形成人际吸引。人际互补吸引往往体现在角色间互相满足需求，相互解决困难和问题。譬如，一个有支配性格的人容易和被动型的人相处，“支配型男性”和“顺从型女性”对男女角色的看法是一致的。

三、大学生人际关系的类型

6-7　人际沟通的类型

案例

小美的父母从小很看重她的学习，认为在考上大学前没有比学习更重要的事情了。父母对小美非常严厉，要求小美完全按照父母为其制定的学习计划进行学习，不容小美有任何意见，生活中遇到问题也都出面帮小美解决。因此，小美很少与小伙伴玩耍互动，除了学习，无须动脑筋处理其他事情，习惯了父母的安排。上大学后，小美依然早上6点起床早读，晚上熄灯后还常常自己开台灯学习，如此，不可避免地影响其他室友的作息。三个室友轮番劝说小美，希望小美能晚点起床早点睡觉，但是小美认为，在大学就应该多花时间学习，小美指责室友们不思进取、不可理喻，对室友的劝说置若罔闻、不予理睬。为此，三个室友联合起来，对小美进行“冷战”，故意不理睬她，对她视而不见。小美很郁闷，想改变寝室关系的现状，但又不知如何沟通，习惯性地向父母求助，父母也只能不时地安慰小美。时间一久，小美一进寝室就莫名地想发脾气、烦躁，以至于后来恐惧回寝室，晚上失眠，白天无法集中精神上课，影响正常的学习生活。她想向老师求助，可是感觉大学老师都很忙，也不熟悉，不知如何跟老师开口。想找辅导员倾诉，但是感觉辅导员经常跟学生干部和成绩好、表现出众的同学往来多，与普通同学较疏远，一时也不知如何与辅导员进行沟通。

（一）亲子关系

亲子关系是指以血缘关系为纽带的父母与子女的关系，是父母与子女之间的情感交流和行为交往。亲子关系具有长久性、稳定性和互动性，小美在大学期间延续的学习习惯说明亲子关系具有深远的教育作用，其在一定程度上决定着大学生的社会化进程，对行为、人格等方面影响巨大。身处校园，小美虽然远离父母和家庭，但是亲子关系仍然是其健康成长的重要人际因素，仍然是满足其生理和安全需要的源泉。所以小美在出现心理困扰时，首先想到的是跟父母求助。

父母教养方式是亲子关系中的核心问题，不同的教养方式与大学生行为和心理健康状况有密切的关系。一般认为，父母对子女的理解、信任和鼓励行为对子女形成健康的心理状态有显著的积极作用，而严厉惩罚、过度干涉、拒绝否认等教养方式对大学生的心理健康具有消极的影响。案例中小美的父母过于注重小美的学习，他们过分干涉和过分保护的行为，阻碍了小美的心理健康发展。小美在面临人际挫折即寝室关系冲突的紧张情境时出现退缩甚至恐惧的心理，是因为缺乏成熟的心理机制。大学生能否形成成熟有效的应对方式，与父母在其成长过程中是否采用良好的教养方式密切相关，父母的情感温暖与理解有助于大学生形成成熟的应对方式，而父母的冷漠、溺爱或专制则容易导致大学生形成不成熟的应对方式。

亲子沟通是联结父母和孩子情感的纽带，是实现家庭教育功能的关键机制。以小美为例，要改善亲子关系，加强与父母的沟通是突破口。首先，积极主动与家长沟通。沟通对大学生的社会化成长非常重要，回避沟通，会让自己失去了成长的机会。回避沟通会搁置问题，尽管在某种程度上可以暂时缓解冲突，但问题没有解决被掩盖，有很大隐患。大学生应接纳“有沟通就有分歧”这一客观事实，学会在讨论中解决分歧，在主动交流中处理矛盾。子女与家长主动进行沟通，发现问题并解决问题，就是学习的过程，是学会人际沟通的首要任务。其次，着眼平等沟通。小美可以尝试与父母共同进行话题讨论，学会倾听，尊重、接纳双方看待问题角度的不同，有礼有节地发表自己的观点，尽量让父母把已经上大学的自己当作与他们平等的成年人来交流。最后，增加情感沟通。亲子沟通能在解决问题的基础上增进感情联系，从而增加亲子关系的亲密度。小美在与父母沟通时，内容应不拘泥于学校学习等单一话题，与自己成长相关的重要话题、社会热点话题等，都可以尝试与父母进行探讨，交流观点、情感和态度，增进了解和信任。

（二）师生关系

师生关系是指教师和学生在共同的教育教学过程中，通过相互影响和作用而形成和建立起来的一种特殊的人际关系。师生关系直接影响了教师的教学质量和学生的学习效果，甚至对师生发展的现在与未来有着潜在影响。正所谓亲其师而信其道，良好的师生关系是大学生有效学习和健康成长的重要因素。然而，随着社会的飞速发展，师生交往过程中出现了一些问题。

1. 师生交往频率不够高

积极的师生交往对大学生的身心发展有积极的促进作用，但是，由于种种原因，大学师生之间的交往频率不高。小美之所以会感觉大学老师都很忙，没有机会交流的原因也在于此。当前师生交往不足，交往频率较低，交往的内容以课业学习为主，未能深入其他与人的全面发展有关的主题，究其原因在于当前师生交往受到以知识传授为中心的教育理念的影响，同时也受到社会环境和教育体制的影响。因此，在大学学习中，大学生不仅要加强师生课堂上的交流，更应该在课外留出一定的时间与老师进行广泛的交往，建立良好师生关系，构建师生共同体，提高大学学习的质量。

2. 师生交往功利化倾向

教育的目的从某种意义而言就是帮助人去寻找生命存在的意义，领悟人作为自我的存在。现实中师生交往的目的往往陷于知识的传授，不关注师生作为主体存在的意义实现。功利化、工具化的教育活动使得师生双的交往，不论是正常的教学活动，还是师生简单的交流，都变成是对固有知识的复现过程。师生交往在这样的过程中异化成了以某种考试为目的的知识交往，使得原本教师、学生间的主体意识、个体情感、自我精神在交往过程中被层层遮蔽。基于功利化的师生交往目的，师生被物化为纯粹知识性的个体，师生交往的个体情感被简化成被动接受知识的过程，甚至于自我情感、精神在这过程中被驱逐，师生主体意识与人的存在意义相互割裂，转而被动追逐功利。如校园中大学生称自己的老师为“老板”，不同级别的老师被划分为“大老板”“二老板”和“小老板”等。教师在选取学生干部时也以是否能为自己“干活”“做事”为标准。

3. 师生交往情感偏疏离

随着网络技术和移动终端的发展和普及，更频繁的线上交流打破了传统的师生面对面的互动模式。便捷的网络社交方式降低了师生面对面交往意愿，师生共同学习成长意识淡薄。[①]线上的交流虽然为师生交流提供了便利，但是作业布置基本放在QQ群里，班级活动主要在微信群里，交作业依靠电子邮件，讨论打开腾讯会议的交往方式使得老师和学生除了课堂少有机会碰面。有事联系、无事各忙各的成为疏离的师生关系的常态。即使在课堂上，线上教学和课堂多媒体的滥用使师生的互动中夹杂着各种屏幕，富有情感的交流、充满思想的碰撞在课堂上变得稀有。教室前排座位空荡荡，教师讲课读课件，学生低头忙自己的事情的上课场景并不少见。缺乏面对面的交流，没有眼神的沟通，没有肢体语言的互动，交往的情感自然也就缺席了。

（三）室友关系

大学宿舍是大学生生活和学习的重要场所，也是与寝室成员交流情感和思想的场所。自然，室友关系也是大学生人际关系中最重要、最普遍、最直接的一种关系。不少同学认为大学期间最大的烦恼不是考试、不是学业，而是与寝室同学的关系。因此，处理好寝室人际关系对于衡量大学生的心理健康状况、人际交往能力具有重要的参考价值。

1. 大学生室友关系的现状

初进大学时寝室成员之间往往非常友好，但随着时间的推移，矛盾也与日俱增。一个寝室的成员“抬头不见低头见”，朝夕相处中彼此的优

① 黄步军、汤涛：《师生共同体：良好师生关系新模式》，《教育理论与实践》2021年第17期，第49—51页。

缺点一览无余，因而也是最难处理的一类人际关系。和谐的室友关系会让寝室成员之间相互帮助，相互促进；而不适的室友关系则极有可能加剧寝室成员之间的矛盾，给他们的心理健康发展带来不良影响。案例中的小美就因为作息时间与其他三位室友“闹翻”，导致小美恐惧进寝室，失眠而无心学习。现实中，大学生“同室操戈”的情形时有发生，“感谢室友不杀之恩”这句调侃之语成为网络流行语可以窥见室友矛盾冲突的普遍性与剧烈性。不过极端的案例毕竟是少数，从总体上看，绝大部分大学生室友关系和谐，大部分大学生都把寝室当作家来建设，觉得宿舍很温馨。

2. 和谐室友关系对心理健康发展的影响

大学生通过与室友的交往，形成稳定且独特的人际关系，室友作为大学期间比较重要的生活和学习伙伴，对其心理健康发展会产生深远影响。宣传报道中的“学霸寝室”、高校推送的各种“十佳寝室”等常常令大学生渴求同款寝室。

良好的寝室人际关系使居住在其中的每个人在心理层面上都会朝着积极乐观的方面发展。其一，能提升大学生社会适应能力。寝室是大学生步入社会前的一个微型社会，在与室友相处的过程中，学生要面临如何处理好独处与集体生活的关系、与他人的合作和竞争关系等问题。矛盾和冲突的化解过程，实际上就是学生社会化的过程。可见，在构建和谐寝室人际关系的过程中，大学生的社会适应能力也会不断增强。其二，能满足大学生爱与归属的内心需求。寝室成员间密切接触的机会相对较多，再加上年龄相仿，比较容易熟悉和亲近，相对于其他人际关系，更容易建立起友谊。室友间的友谊容易使大学生获得认同感和归属感，进而满足他们爱与归属的内心需求。其三，能塑造良好的个性。同一屋檐下的几个人，由于出身不同、性格的差异，天天在一起难免会出现这样或那样的小问题。寝室生活的过程就是不断解决这些小问题的过程，这需要寝室成员不断在语言、情感和行动等方面互相交流和磨合。在此过程中，室友更为成熟的为人处世的态度和方法会悄无声息地影响其他成员，并逐渐内化成自身良好的个性品质，这有利于大学生自我个性的完善。

史秋衡和李平认为大学生室友关系是学习过程的成长支点①，将我国的室友关系视为一种特殊的非正式组织，认为在非正式组织的作用下，室友关系一方面可能存在获得多数人认同的某种非正式“领导”，将无形、潜在地影响他人的目标选择、学习方式等；另一方面，在相对有限的成员规模下，室友关系具有深厚凝聚力与影响力，组织内的成员在共同话语与情感信任中会频繁参与互动与讨论，充分发挥个体的主体性、自主性、创造性。由此，以朋辈非正式组织形成室友关系，通过情感逻辑形成的宿舍文化环境，成为大学学风建设的突破点，为实现大学生学习过程中主观能动性的发挥提供重要情景场域。

3. 影响大学生室友关系的因素

同一宿舍的同学分别来自不同的地域、不同的家庭，在许多方面存在着明显差异，大到价值观、人生追求的不同，小到生活习惯的差异，这些往往会导致寝室成员在日积月累的小摩擦中发生冲突。归纳起来，影响大学生室友关系的主要原因有以下三点：一是个体间的差异。不同家庭背景、不同地域生活习惯、不同生活经历和个性爱好的人共处一个狭小空间，必然会产生各种矛盾和冲突。二是缺乏成熟的交往心理。大学生处于青春期后期，在心理和个性的发展上不够完善，不同限度地存在自卑、自负、羞怯、猜疑和嫉妒等不良交往心理。当代大学生以独生子女居多，多是在家长的呵护下成长起来的，缺乏同侪关系的经历，加上有些同学在上大学之前没有住校的经验，面对大学寝室生活出现的矛盾和冲突，经常会以自我为中心，要求所有的人都顺着自己，造成人际关系紧张。案例中小美在室友提出意见时依然置之不理的行为就是从自身角度考虑问题而没有从室友角度考虑问题。三是缺乏人际交往的知识和技巧。对小美来说，她很想融入寝室集体中，但又不知道如何与室友顺畅交流，融洽相处，导致关系比较尴尬；在与室友产生矛盾时，就不理对方，双方陷入冷战。从小美的案例我们可以看出，大学生在人际关系处理上尚不成熟，缺乏技巧。现实中，大学生也常常是凭借自己的情绪、经验和感觉处理室友关系。由于他们的社会阅历有限，在为人处世

---

① 史秋衡、李平：《大学生室友关系：学习过程的成长支点》，《现代教育管理》2020年第12期，第95—101页。

上缺乏技巧，在处理寝室人际关系时，也经常会将矛盾激化，将自己置于尴尬处境。

第三节 心意相通——营造和谐关系

营造和谐的人际关系是增强个人生活质量，提升幸福感的重要课题。大学生要抓住提升人际沟通质量的关键期，通过学习和实践人际交往技巧，努力营造出和谐的人际关系。

一、学会倾听

6-8 解决冲突

沟通离不开有效的倾听，学会倾听是提升交往能力的第一步。倾听的目的一方面是给对方充分表达的机会，另一方面是使自己能更好地了解对方，以便进一步与其交往和沟通。在平常的沟通中，随意打断对方的话题，以己度人或弄不清谈话的实质就断然下结论的现象不少见。这有可能是人们在实际交往中不能真正理解此时此刻对方的想法、观点背后的原因，也正是因为这样的不理解会让大学生在人际交往中产生困扰。根源在于缺乏设身处地、换位思考的能力，也就是缺少同理心，增强同理心是获取良好人际关系的一个关键因素。

同理心是指从另一个人的角度来体验世界，重新创造个人观点的能力，在观点层面，同理心包括获得观点，即一种采用另一个人观点的尝试。对小美来说，她需要终止自己对室友的论断，将自己的意见放一边，同时试着用室友的论断、观点或立场了解室友们。同样对小美的室友也适用。在情感层面，同理心使人们更贴近地体验别人的感受，感受对方的恐惧、喜乐、哀伤等情绪体验。此外，同理心需要人们真诚地关心对方的福祉。同理心根植于我们的大脑，尽管人们在孩童时期就拥有基本的同理能力，但后天的成长经历和环境经验是发展一个人理解他人能力的关键。如案例中小美就寝室关系困扰向她的家长求助，家长如果能向小美说明她的不当行为（作息时间）对其他室友造成的困扰，要比简单地把小美或室友的行为作正误判断能让小美获得更多的领悟，意识到自己的行为造成的不良后果，就会减少不当行为，根据学校作息规定和其他室友的习惯适当调整自己的作息时间。

6-9　同理心

大学生可以通过倾听训练来学会同理心倾听。

一是进入与他人“同在”的状态。同理意味着以尊重的态度来了解他人的体验，要同理他人，必须完全卸下对他人先入为主的成见和评判。[1]对方表达某一感受时，如室友说：“我真是笨透了，怎么也学不会，时间不够用。”我们会下意识地去宽慰、给予建议，或者解释我们自己的立场或感受，如“我不觉得你笨呀”“你这么说我很惊讶”等，这些都不是同理，同理心需要我们将注意力全然地聚焦在他人想传达的信息上，给予他人足够的时间与空间充分表达。

二是倾听他人的感受和需要。不论对方以什么样的方式表达自己，用心聆听他们的观察、感受、需要和请求。如小美的室友说：“你总是弄得那么晚，还想不想让别人睡觉了？”我们可以观察到小美的室友观察到的事实是：小美在寝室学习到很晚。当我们并不清晰别人的话是基于怎样的观察，我们可能一头雾水，我们可以通过询问来猜测是什么事情引发了这句话，如小美可以询问“是我的台灯影响到你休息了么？”此外，如果我们习惯为他人的感受承担责任并因此而自责或否认愤怒的话，就容易忽略他人的感受与真正的需求，因此，在表达我们自己之前，先用猜测或是询问的方式与对方核实。

三是复述。复述将我们的理解反馈给对方，让对方了解我们是否已经准确地领会了他们的意思，如果没有，对方还有机会加以补充。复述的第二个好处在于对方获得了一些思考自己所说的话语的时间，从而有机会更深入了解自己。提问是复述我们的理解的最佳选择，提问可以专注于对方所观察到的事实（如“昨天晚上我开台灯学习到 12 点，你说的是这件事情吗”），对方的感受（如“你很懊恼，因为你希望早点休息是吗？”）和提出的要求（如“你是不是希望我早点把台灯关掉？”）。提出这些问题，我们要能感知他人的内在状态。复述要特别注意语气，一个人在听别人反馈自己的话时，对批评和嘲讽是非常敏感的。我们的语气

① ［美］马歇尔·卢森堡（Marshall B. Rosenberg）著，刘轶译：《非暴力沟通》（修订版），华夏出版社 2021 年版，第 100 页。

应该是探询式而非下结论式的。此外，复述的提问要避免像老师考学生一样的提问，也要避免强烈的个人情绪。

四是持续同理他人。人们在谈话开始所透露的信息往往只是冰山一角，可能有更为强烈的感受尚未表达，我们在关注解决方案或是提出请求前，让他人有机会充分表达自己。如果一个人体验到当下的内心世界被他人充分理解，就会感到轻松，会安静下来停止说话或是转到其他话题。

二、学会表达

表达离不开语言，包括有声语言、书面语言和肢体语言，在表达方面主要有口语沟通、肢体语言沟通和书面沟通。

掌握口语沟通艺术要掌握以下三个方法。首先，学会用简练、流利、生动的语言清楚、准确地表达自己的思想感情。其次，学会说话的策略。根据说话的时间、地点、场合、对象、事件等具体情况，以合适的方式达到一定的说话效果。最后，根据不同情境，注意语音、语调、语速的变化，不千篇一律。

肢体语言是口语沟通的有效补充，包括眼神与面部表情、身体运动与触摸、身体姿势与外表、身体之间的空间距离等。心理学家经过严格的观察研究发现，两个人之间面对面的沟通，55%以上的信息交流是通过无声的身体语言实现的。在日常的沟通中只有将两者有机地结合起来，并在现实沟通中最大化地加以运用，才能优化人际交往的效果。此外，交流中多以他人为中心，委婉、幽默和赞美等表达能创造良好的沟通氛围。

除了以上表达的基本技巧外，我们还应关注表达内心的感受，压抑感受会带来不良后果，提升表达感受的能力能促进人际关系。表达使用具体而非模糊或笼统的情绪词汇有助于我们准确表达感受，可以通过建立个人表达感受的词汇表，更清晰明确地体会和表达感受，从而更好地与他人建立连接。与人沟通时，允许自己表达感受、袒露脆弱也会有助于化解冲突。

三、学会沟通

6-10　非暴力沟通

在日常交往中，我们会发现大学生中存在一些不良的交往心理，如由于认知歪曲所形成的对自我价值过高评价的自负心理，这类同学因过度自我接受的态度及与之相应的自以为是、骄傲自大的情感体验，在人际交往中表现得盛气凌人、苛求责备、傲气十足等。又如，因发现自己在才能、名誉、地位或境遇等方面不如他人时，处于一种由羞愧、愤怒、怨恨等组成的复杂情绪状态，即我们熟知的嫉妒心，具有嫉妒心理的学生甚至会对被嫉妒者进行直接的言语或是行为攻击。再如，报复心理也是大学生人际交往中常见的现象，交往一方认为受委屈、被羞辱，甚至是情感、人格被伤害时，就容易以攻击方式发泄自己的怨恨、不满的情绪。此外，猜疑心理过重并形成稳定的心理定式也容易造成交往双方的隔阂、矛盾和冲突。

这些不良交往心理基本上都会反映在日常的交流沟通中，如各种指责、嘲讽、否定、说教以及任意打断、拒不回应、随意出口、妄加揣测等。小美对室友提出调整作息时间的意见时表现为拒不回应，室友在尝试沟通没有成功后的“冷战”，这样的暴力沟通方式严重损害了小美的人际关系。

沟通是人与人之间的一座桥梁，真诚、有效的沟通是人与人之间的情感基石。卢森堡（M. Rosenberg）提出的非暴力沟通可以增进理解、消除误会、化解矛盾，是促进人际关系发展的有效手段。非暴力沟通是一种以互相信任为基础，以观察、感受、需要和请求为依托，提倡人们表达自己的真实感受，鼓励倾听，培养人们尊重与爱的能力，有效实现人与人之间的双向互动的沟通意识的沟通方式。非暴力沟通的实质就是让人们尽最大的努力，让生活充满爱。只有在爱的大环境下，人们才能够充分考虑对方的观察、感受及需要，才能在专心感受彼此内心深处需要的过程中体会人与人之间的温暖爱意，继而重新认识处理人际关系的精髓。①

① ［美］马歇尔·卢森堡（Marshall B. Rosenberg）著，阮胤华译：《非暴力沟通》（珍藏版），华夏出版社 2015 年版，第 3 页。

非暴力沟通需掌握以下四个要素。第一个要素是观察，即认真观察周围的事物。观察的结果需要准确无误地表达出来而不允许带有任何感情色彩。值得注意的是，这个过程中要区分观察和评论，如果将观察和评论视为一体，那么便避免不了会受自身情绪的支配，从而很难对事件进行客观准确的判断。以评价性的语言进行对话则很容易引起对方的反感。所以，人与人之间要实现有效的沟通就应该正确区分观察和评论。

6-11 非暴力沟通实例

第二个要素是感受，即准确地表达自己的内心感受，尽可能多地使用具体的、能够准确表达自己感受的形容词。在这个过程中要注意区分感受和想法，即应该在了解自己内心想法之后将自己的真实感受表达出来，同时体会对方的感受。遗憾的是，面对一件正在发生或者已经发生的事情，人们往往急切地表达自己的想法，当人们经历不愉快的事情时，首先想到的是批评对方的过错，而不是将内心的真实感受表达出来。在这种情况下，人们会因为不能够互相了解彼此的感受而产生许多误会。

第三个要素是需要，即根据内心感受准确分析出的内心所需。人所有的感受皆源于自己内心的需要是否得到满足。清楚地了解自己的需要，才能明白为什么发生了当下的事情，我们才会出现相应的情绪感受。

第四个要素是请求，即提出能够满足内心需要的请求，这个请求必须具体明确，否则就不能够有效解决所面临的问题。这是非暴力沟通的最后一步，沟通一方要清楚地表达他的期待，说清楚希望对方作出的具体行为，这样才有可能让对方理解自己，进而作出相应的行为改变。在这个过程中要正确区分请求与命令，请求是对对方某种具体做法的邀请，会让对方感到轻松。

思考与练习

本章参考答案要点

1. 请谈谈人际交往中的认知偏差。
2. 请谈谈当前大学生人际交往的特点。
3. 请结合自己的交往实践，举例说明如何使用非暴力沟通。

推荐书目

1. 龚荒主编:《人际关系与沟通》(视频指导版),人民邮电出版社 2022 年版。

2. 杨眉、[瑞典] 欧嘉瑞著:《人际沟通分析学》(第 2 版),中国人民大学出版社 2018 年版。

3. [美] 马歇尔·卢森堡 (Marshall B. Rosenberg) 著,刘轶译:《非暴力沟通》(修订版),华夏出版社 2021 年版。

第七章

心心相印——收获美好爱情

爱——不仅爱你伟岸的身躯，也爱你坚持的位置，足下的土地。

——舒婷

爱情是大学生活中一个重要且敏感的话题。本章对爱情的含义和相关理论进行了阐述，结合案例思雨的爱情故事，对大学生的恋爱心理进行了剖析，探讨如何提高爱的能力。大学生应掌握爱情的内涵及恋爱中的心理表现，了解大学生恋爱时出现的常见心理问题，并能知晓相关的心理调适方法，提高爱的能力。

第一节　情窦初开：了解爱的真谛

爱情是一种美好而复杂的情感，它给人带来身心的愉悦，也可能会带来甜蜜的烦恼。我们本能地追求爱情，却往往难以窥得爱情的真谛。

一、爱情概述

爱情是什么？我们仿佛都略知一二，却又感觉难以准确把握。有的人爱情甜如蜜，幸福美满，恩恩爱爱；有的人朝思暮想，苦不堪言，却难寻真爱。有多少人体验过爱情，大概就有多少种对爱情的理解和定义。

（一）爱情的概念

爱是人类精神情感的寄托，是精神正能量的投射，自古以来就被人们不断追求与向往。爱这个词，被用来描述对人和物的态度、情绪、情感和行为，但是在不同的时代、不同的社会文化环境中，每个人对爱的理解都有所不同。

爱情是人类最美好的情感体验。自古至今，多少文人墨客和专家学者“谈情说爱”，通过故事、音乐、绘画、雕塑、戏剧等各种形式，为我们描绘了爱情的千姿百态，呈现出让人眼花缭乱的爱恨情仇。“爱情因其多面性而熠熠闪光，但是在表达上常常是独特且独一无二的，使我们深受迷惑。”①

古希腊哲学家苏格拉底认为：爱情是爱一切的善，是一种动人的欲望；英国哲学家休谟则认为：爱情是人的自然本性，是“美貌”“肉欲”

① ［美］朱瑟琳·乔塞尔森（Ruthellen Josselson）著，鲁小华、孙大强译：《我和你：人际关系的解析》，机械工业出版社 2009 年版，第 243 页。

“好感”三种情感的结合。①哲学家的见解多少带有浪漫的色彩，在实际生活中，爱情却常常与经济收入、社会地位等社会属性联系在一起，并不总是那么唯美、动人。爱情是一种复杂的人类情感，不同的时代、不同的社会文化环境下，人们对爱情的理解大相径庭，我们难以给它总结一个放之四海而皆准的定义。

（二）爱情的特点

爱情以它独有的魅力，吸引着、折磨着千千万万红尘儿女。有时让你心醉神迷，快乐地飞向云端；有时让你撕心裂肺，痛苦地跌入万丈深渊。爱情作为一种强烈而深刻的情感体验，具备以下几个特点。

1. 直觉性

直觉是指人对客观刺激直接的感觉，是未经思维推理的直观体现。爱情的萌发往往来自于直接的感知，通过眼耳鼻舌身这些感觉器官体验生命的美好。人们常用“脸红心跳”“口干舌燥”“浓情蜜意”“身不由己”等形容恋爱中人们的状态，这些都体现了爱情的直觉性。这种强烈的身心反应体现了爱情的直觉性、感受性和非理性，让人欲罢不能，如痴如醉。人们在选择恋爱对象的时候，容易被对方的外在特征如外貌、体态、口才谈吐等所吸引，而忽略了思想修养、性格品行、价值观等内在特质。这种仅仅依据外部特征作出的恋爱和结婚行为，是一种一见钟情式的直觉判断，容易出现“相爱容易相处难”的情况，导致闪恋、闪婚的非理性行为。

2. 排他性

爱情中的双方都只能把自己的情感投注到对方一个人身上，专情专意，“特别的爱给特别的你”，无论是情感还是身体都要忠贞不贰，不能与第三者分享。其中包含的感情和身体接触也只存在于恋爱者两人之间，这是一种在尊重和爱意基础上的特殊占有。在确定一段爱情成立后，道德上是不允许第三者存在的。忠贞不渝的爱情羡煞旁人，而朝秦暮楚的爱情则令人唾弃。人们常说“爱情是自私的”，如果出现“脚踏两只船”“第三者”现象，就会给另一方带来嫉妒、猜疑和愤恨，甚至发生

---

① 魏改然主编：《大学生心理健康教育》，化学工业出版社 2010 年版，第 134 页。

爱情悲剧。爱情的排他性不仅是强烈占有欲的体现，也是文明社会的必然要求。

3. 社会性

爱情是从社会生产、生活活动中产生和发展起来的一种情感，所以它不能离开现实的社会条件而存在。爱情的产生方式和表达方式都是社会性的，它是一个历史范畴，具有时代性和历史性。在爱情中，除了容貌、体态等自然成分外，更多的是社会内容，如思想品德、文化修养等。爱情是男女双方在思想、情感、爱好等方面的和谐统一，是人类的一种高级精神生活。此外，爱情的表达方式也具有社会性。人类爱情的表达，不可能像动物那样赤裸裸地表达。“发乎情止乎礼”，在理智的支配下，恋人之间通过各种社会允许的方式传递情感，如用语言表达爱意、互赠礼物等。因此，在特定的社会形态中，爱情的内容与形式一方面会反映社会的道德观、价值观和经济社会发展状况，另一方面爱情也同样会受到它们的制约。

4. 平等性

男女双方可能在社会地位、学识等方面存在差距，但是在恋爱中的地位、人格、权利与义务方面是完全对等的，彼此尊重、彼此需要。双方没有强迫，而是自愿选择恋爱关系。在爱情中，恋爱双方即使身份差异很大，如“王子”和“灰姑娘”，他们也是平等的。双方既是施爱者，也是被爱者；既是爱的主体，也是爱的客体，不存在一方依附或占有另一方的关系，恋爱双方都是完整独立的个体。因此，出于同情怜悯或者报恩感激的关系，不是真正的爱情；勉强凑合、另有所图的关系也不是真正的爱情。舒婷的诗歌《致橡树》深刻反映了这种独立平等和互爱互助的特点。

5. 纯洁性

恋爱的纯洁性并非指双方只能精神恋爱，排斥性关系，而是强调双方平等、尊重、利他的关系。男女双方出于对对方的热爱和迷恋，能够坦诚相待、互不隐瞒，愿意为对方作出牺牲，不计较个人的利益得失，不会为了满足自己的私利而损害对方的利益，而是渴望对方幸福和快乐。在现实婚姻中，人们经常讲求婚姻的社会性，注重经济条件、社会地位等的匹配，如“门当户对”等，但是爱情作为一种神圣的情感，更多表现出真诚、友善、无私，体现了心灵相通、纯洁无瑕的关系，而非自私、背叛和剥削等。

二、爱情学说

从古至今，关于爱情的论述不胜枚举，尽管心理学家认为爱情难以界定，但仍有很多学者提出了各种爱情学说。

（一）爱情的形态

加拿大社会学家约翰·李（J. A. Lee）将男女之间的爱情分成六种形态：激情型、游戏型、友谊型、实用型、占有型及利他型。这六种爱情类型在情侣体验的深度、对恋人的投入和承诺、恋人的特点，以及对付出爱的回报的期望等方面有着明显的不同。①

1. 激情型

陷入其中的人对彼此有着强烈的身体吸引欲望，是一种极其注重感官享受的爱情风格。它建立在理想化的外在美的基础上，受到外表和相貌的强烈影响，是浪漫、强烈情绪体验的爱情。这种类型的爱情往往一见钟情式，以貌取人，充满幻想，激情澎湃，难以持久。

2. 游戏型

这种风格的人视爱情为一场情爱游戏，寻求刺激与新鲜感。他们在恋爱过程中只满足自己的欲望和需要，对于对方没有责任感和道德感，缺乏诚实，仿佛是伴侣之间一起玩游戏，没有真实的情感投入，更没有要与恋人白头到老、组建家庭的想法。在他们看来，婚姻是一种束缚，重视的是过程而非结果。因此，这种类型的爱情常常发生多角恋或不忠现象，同样难以持久。

3. 友谊型

这是一种细水长流、稳定的爱情，是在长久了解的基础上不断滋长

---

① ［美］罗伯特·J·斯腾伯格、凯琳·斯腾伯格编著，李朝旭等译：《爱情心理学》，世界图书出版公司2010年版，第161—162页。

出来的，如同青梅竹马、两小无猜般的感情。两个人以友谊为基础，彼此知根知底，双方互相关心，互相体谅，乐于分享，同甘共苦。在相处过程中，遇到问题会真诚相待，彼此信任，共同面对，协商解决。因此，友谊之爱是一种温暖、安稳、融洽和共同成长的爱情，这与激情型截然不同。

4. 实用型

这种类型的爱情通常不是基于爱情本身，而是考虑对方的现实条件，以期望自己的酬赏增加且减少付出成本的爱情。他们理性高于情感，感觉两个人合适就在一起，通常不是为了情欲的满足和爱情本身，而是为了人生发展的需要，秉承现实主义态度，如选择恋爱对象的时候最看重对方金钱、地位、房产等因素。因此，爱情是一张带有期望特性的购物单（如门当户对、经济条件等）。

5. 占有型

恋爱双方是一种占有的关系。他们情感表现激烈，在狂喜和痛苦之间交替，常常表现出依附、占有、妒忌、猜疑、狂热，在恋爱中情绪不稳定。一方因为非常害怕失去对方，因此会不断加强对对方情感的控制，将两人牢牢地捆在爱情这条绳索上，弄得双方都身心俱疲，苦不堪言，通常结局并不好。

6. 利他型

这种爱情带着一种甘于牺牲、奉献的态度，追求爱情且不求对方回报。他们强调无条件地付出、给予和接纳，而不要求对方对等付出，甚至他们不允许自己或他人“亵渎”自己的“爱情”。这种爱，愿意为了伴侣牺牲自己，愿意为了幸福把一切都给爱人，将爱人的幸福置于自己之上，而不求对方回报。甚至一方有了第三者，另一方会睁一只眼闭一只眼继续在一起，或者忍痛退出成全对方。

当然，受不同文化、时代和年龄等因素的影响，爱情风格的表现会有差异，而且不同的研究者也提出了多种有益的分类方法。借助于这些爱情风格的分类，人们可以更好地认识自己、伴侣和生活中的其他人。

（二）爱情中的依恋

依恋最初是指儿童与特定个体之间形成的一种积极情感联结，在依恋关系中，儿童在特定的人（通常是父母）那里获得安慰，体验愉快情绪。越来越多的研究发现，个体成年后的浪漫关系很可能会受到婴儿期依恋类型的影响，人们的浪漫关系和对爱的信念与他们在童年时形成的对父母的依恋风格之间存在一种有趣的相似性。①

安全依恋型的人容易与他人建立亲密关系，认为自己的爱情关系是快乐和相互信任的，很少害怕被离弃或被他人过于接近。他们的浪漫关系持续时间最长，能够体验最高水平的满意度和责任感，而且通常极少以离婚告终，对亲密关系的未来充满信心。

回避依恋型的人害怕亲密，难以信任和依靠他人，也更容易产生嫉妒，不容易与异性建立亲密关系。他们在亲密关系中往往投入较少，对关系的责任感最低，在别人靠近时会感觉不舒服，与恋人分手的概率比较高，经常会觉得孤独和寂寞。

矛盾依恋型的人也被称为焦虑—矛盾型，他们时常表现出情绪不安，既渴望获得伴侣的爱和亲密，又担心所爱之人离开自己，苛刻指责伴侣的不足。这样的人在亲密关系中经常试探对方、怀疑对方，会反复地和同一个恋人分分合合，容易经历更多的极端情绪和嫉妒。

通常，安全依恋型个体比回避型和矛盾型个体可能拥有更加满意和亲密的关系。在伴侣需要帮助的时候，安全依恋型的人会为对方提供更敏锐的支持性的关怀，对伴侣的心理需求反应迅速。对于早年是回避型和焦虑—矛盾型依恋模式的人也无须悲伤，虽然儿童时期的依恋风格会影响成年后的关系，但是它们并一定会重复发生。后天和他人（兄弟姐妹和朋友等）建立过亲密关系的经历以及自己积极主动解决早期关系造成的问题的努力，都有助于将来在生活中和他人建立更好的关系，促进个人的心理健康。

---

① ［美］卡伦·达菲、伊斯特伍德·阿特沃特著，张莹、丁云峰、杨洋译：《心理学改变生活》（第 8 版），世界图书出版公司 2006 年版，第 362—366 页。

7-1 恋爱：当喜欢变成爱

（三）爱情的心理结构

在众多的爱情理论中，美国心理学家斯腾伯格（R. J. Sternberg）的爱情三角形理论是被人们广泛接受的一种理论，较好地说明了爱情的心理结构。爱情三角形理论认为爱情由激情、亲密和承诺三大要素组成，像三角形的三条边一样，构成了爱情关系。

激情是爱情中的性欲成分，是情绪上的着迷，是一种强烈地渴望跟对方结合的状态。激情就是来电的“感觉”，包括强烈地想要与另外一个人成为一个统一体的状态。这是一种让人兴奋的体验，是引发浪漫渴望、身体吸引和性的唤起等相关现象的内在驱动力。其中，性的需要主导了激情体验，个人内在和外在的魅力是影响激情的重要因素，自尊、照顾、归属、支配、服从等也是唤醒激情体验的源泉。

亲密指的是两个人心理上互相喜欢的感觉，在爱情关系中能够引起亲近、理解、支持、分享、连接和温暖等情绪体验。亲密是一种惺惺相惜并且能够彼此愉快地交流、认可对方的关系。它可能发生在爱情中，也可能发生在友情中。这就是我们通常说的“喜欢”。斯滕伯格认为，亲密分为 10 个要素：（1）渴望促进爱人的幸福，（2）与爱人共享喜悦，（3）对爱人高度关注，（4）在需要得到帮助时能依靠爱人，（5）与爱人互相理解，（6）与爱人分享自我与所有，（7）从爱人那里得到情感的支持，（8）为爱人提供情感支持，（9）与爱人亲密交流，（10）肯定爱人的价值。[①]

承诺指对双方关系的决定、期许或担保，代表的是一种态度，是爱情中最理性的成分。从短期来讲，是一个人作出了爱另一个人的决定，如“我要向她表白，公开我们的关系”。从长期来讲，指为了维持爱情关系而作出的承诺或担保，包括对爱情的忠诚诺言、结婚等。结婚誓词里说到的“我愿意”，就体现了一种患难与共、至死不渝的承诺。这既是宣告彼此的拥有权，也是相互之间一种身份的确认，具有排他性。当然，两者不一定同时具备。如要某人做自己的男/女朋友，但是不一定愿意承

① ［美］罗伯特·J·斯腾伯格、凯琳·斯腾伯格编著，李朝旭等译：《爱情心理学》，世界图书出版公司 2010 年版，第 196 页。

担责任，或者给出承诺。

爱情三要素中，激情是“热烈”的，亲密是“温暖”的，而承诺是“冷静”的。每个人的爱情都包含着以上三个成分，但是每个人在不同人生阶段的爱情中，三个成分所占的比例是有差异的，爱情三要素的不同组合构成了不同的爱情类型，现实生活中的大多数爱情类型都是有局限性的，没有任何一种爱情完全符合理论上的某一种类型。

三、爱情与性

7-2 爱情三角理论

性是我们生命的一个重要内容，我们每个人都是性塑造的生命，伴随着性的发育成熟而长大。“饮食男女，人之大欲”，自古以来，性一直是小说家最爱的主题之一，更是青年男女恋爱中绕不过去的内容。

（一）性爱是亲密关系的黏合剂

在性关系中，两个人身心交融，合二为一。这不仅是一种接纳和承诺，也是对对方的信任和托付。双方都在性行为中展现自己的美好，也同时把自己身体和心理展现给对方。因此，性不单单是一种感觉或体验，它也融合了两个人的身体、情感和对未来的期许等各种生理、心理和社会因素。它可以成为美满爱情的黏合剂，促进两个人亲密关系的进一步发展，甚至走进婚姻，生儿育女、繁衍后代。

当然，爱情和性的关系并不能一概而论，人们对爱情所带来的心理体验中是否包含性的成分尚有不同看法。一派认为爱情不包括性的成分，或认为性不是爱情的必要特征，爱情可以独立于性而存在。另一派则认为，爱情包括性的成分，正是这种成分使得浪漫的爱情（romance）区别于爱（love）的其他形式（比如父母和子女之间的爱）。①

（二）情感是性爱的基础

随着时代进步，人们对婚前性行为接受度、容忍度发生了很大变

① 潘绥铭、黄盈盈著：《性社会学》，中国人民大学出版社 2011 年版，第 171—172 页。

化。大部分人仍然不赞成彼此不忠诚的人发生性关系。未婚的伴侣在彼此忠诚的爱情基础上发生性行为，更容易得到宽容和理解，因此，情感标准常常是人们判断性行为正当性的尺度，发生性行为最恰当的前提仍然是亲密关系中的依恋和情感状况。通常，人们认为性欲望和爱情是相伴相随的。人们希望自己的浪漫伴侣能对自己具有强烈的性欲望，也希望能从他们身上感受性欲。①

在实际的爱情生活中，由于性观念和性行为偏好等方面的差异，人们经常会因为婚前性行为、意外怀孕、出轨、同性恋等性心理困惑和性问题而产生矛盾。如果两个人不能沟通达成一致，正视双方的差异，而是选择对抗、回避或逃离，就有可能给双方的情感造成伤害，进而影响彼此的爱情质量。

因此，性的吸引是爱情的基础之一，但不是全部。我们既要重视爱情中的性问题，也要看到爱情中更丰富的心理和社会成分，通过提升情爱和性爱的质量，培育幸福美满的亲密关系和爱情生活。

第二节　谈情说爱：化解爱的烦恼

对大学生来说，爱情是美好的代名词，它富有魅力，令人神往。然而，爱情不只是风花雪月的唯美故事，也可能有拒绝、争吵、背叛和伤害的狗血剧情。恋爱中的种种问题困扰着莘莘学子，甚至严重影响他们的学习、生活和身心健康。

7-3　好好谈恋爱

案例

思雨，大二女生，来自南方的一个小县城，喜欢文学。思雨高中时就对美好的爱情充满向往，因为学习压力大，父母管得严，没有

① ［美］罗兰·米勒、丹尼尔·珀尔曼著，王伟平译：《亲密关系》（第5版），人民邮电出版社2011年版，第267—269页。

谈恋爱。进入大学后，离开了父母的视线，没有了升学的压力，很快就开始恋爱了。思雨有过三段爱情，三任男友分别叫小峰、小宇、小雷，思雨自己也没有想到，才一年多的时间就经历了三次恋爱。特别是第二次恋爱，仅仅因为自己没有很快同意男友小宇的性要求，对方就和自己分手了。她十分困惑："为什么爱情这么脆弱？"这次来寻求心理咨询，是因为和第三任男友经常争吵，矛盾逐渐加深，寻求帮助。

一、大学生恋爱的特点

思雨的几段爱情故事很有代表性，较好地反映了当代大学生对待爱情的态度和校园爱情的特点。通过对大学生爱情行为的分析，我们可以更好地了解和把握大学生恋爱现状。

（一）恋爱行为普遍化

"如果大学没有谈过一场恋爱，那么大学生活将是不完整的"，这是思雨的内心独白，也是相当一部分大学生的行动指南。思雨在高中阶段忙于学业，和大多数同学一样，无暇分心在情感上。高考一结束，她情感的闸门就打开了，期盼着白马王子的早日来临。"谈一场刻骨铭心的恋爱"成了思雨心中的渴望。像思雨这样，在大一就开始谈恋爱的大学生并不在少数。爱情，不仅是大学生宿舍"卧谈会"的常见主题，也是很多大学生大学生活的主要内容之一。

实际上，随着人们思想观念的日益开放，大学生恋爱已经是司空见惯的现象。走在校园里，随时随处可见恋爱中的大学生，无人对此大惊小怪。恋人们行为上不再遮遮掩掩，每天出双入对，形影不离，甚至旁若无人，亲昵嬉戏。

（二）恋爱过程理想化

思雨的三段爱情开始的时候都是"浪漫唯美"的，"不在乎天长地久，只在乎曾经拥有"。两个人看电影、吃美食，纯真浪漫、无牵无挂。

这与生儿育女和柴米油盐酱醋茶毫无关系，带有明显的浪漫色彩和理想成分，看上去更像人们渴望的“纯真爱情”，没有功利，没有世俗压力，这也正是很多大学生想拥有一段校园恋爱的原因。

大学生文化层次高，思想比较开放，易接受新观念，独立意识强，不太受他人尤其是长辈的影响，他们对爱情和未来充满向往，同时由于现实感和社会化程度不足，他们的爱情往往和婚姻生活关系不大。虽然有少数大学生的恋爱“修成正果”，最终结婚生子，但是对大多数大学生来说，他们的恋爱往往重过程、轻结果，重享乐、轻责任。很多大学生恋爱的时候压根不会认为“恋爱的归宿是婚姻”，他们很少考虑双方将来是不是要结婚的问题。他们恋爱的理由仅仅是喜欢，“有感觉，就在一起”是很多大学生恋爱的重要的心理特征。

（三）恋爱关系不稳定

大学的恋爱没有“成家立业”“结婚生子”这些现实的要求，缺少现实的生活基础，比较重形式，有些表面化。他们常见或流行的恋爱方式是一起上自习、吃饭，在校园散步、看电影等。对他们来说，恋爱不是必修课，现实的压力和束缚较少，分手也较容易，甚至可以没有理由。“我不爱你了”“没有感觉了”是一些大学生分手时常用的话语。

青少年的成长过程基本上都是以学业为重，较少受到生活的历练。大学生崇尚自由开放，自控力和对挫折的承受能力较差。在恋爱中，很多大学生对恋爱充满了美好的幻想，追求爱情的浪漫，但是又不能很好地处理恋爱中的挫折等。一旦两人关系出现矛盾和问题，一些大学生就会感到受挫，容易情绪失控，无力应对，从而导致恋情中断，各奔东西。

（四）恋爱形式网络化

思雨的第二段爱情是通过网络认识的。那段时间，思雨正和初恋男友闹别扭，有意无意地点开了一个同城学生交友平台，很快被一位毕业两年的“金融精英”吸引。面对对方的热情和幽默，思雨很快就忘记了失恋的苦恼，迅速开始了这段新奇、未知的恋爱。

虽然传统的线下交友形式仍然很常见，但是网络已经成为大学生恋爱最常见的工具。随着网络的普及，各种社交软件和交友平台的兴起，越来越多的大学生通过网络结识恋爱对象，借助聊天工具谈情说爱。网络的便捷性和匿名性，减少了恋爱最初的障碍，一些大学生在网络上远比现实中会聊天，特别是现实中比较内秀的人，在网络上却可以幽默风趣，天南海北神侃，网络让他们更好地展现自己。网络恋爱双方，有的相距甚远，但是更多的还是借助网络结识同校、同城的朋友，有些学校还开辟了专门的交友板块，为大学生发布和寻找择友信息。但是由于网络的虚幻性，经常有些别有用心的人欺骗和误导大学生，骗钱骗色，需要大学生提高警惕性和自我保护意识。

大学生恋爱的这些特点体现了一种理想主义爱情观，而不是以婚姻为导向的爱情观。他们很少考虑房子、车子等物质条件，更多的是对爱情本身的渴望和追求。在爱情中，大学生需要促进自我认识，更好地与异性相处，不断丰富和发展自己，完善自己的人格，为未来走上社会，踏进婚姻和家庭做准备。当然，他们涉世未深、社会化不足，容易在爱情中遭受各种挫折，容易为情所困，为性所惑，需要在恋爱的时候多一份理性，学会更好地去爱。

二、大学生恋爱的动机

7-4　“爱一个人”的权利[①]

爱情，人类永恒的主题，更是大学校园经久不衰的话题。恋爱动机是产生恋爱行为的内部动力，由恋爱需要引发，并直接指向恋爱目标。青春年少，花样年华，不同的恋爱动机塑造了不同的爱情模样。大学生了解自己和对方的恋爱背后的需要，有助于鉴别和选择适合自己的爱情。

（一）生理需要

思雨的家教严格，父母思想保守，亲子之间缺少亲密的肢体接触。随着生理的发育成熟，性生理体征的变化，思雨经常对着镜子端详自己的外貌和身材，对恋人之间的搂抱、亲吻和抚摸等亲密举动充满向往。

大学生性生理的发育成熟是大学生恋爱的最根本的生理动因。大学

① 李中莹著：《爱上双人舞》，世界图书出版公司 2005 年版，第 3—4 页。

生在校的年龄一般都在17—23岁之间，身体已经发育成熟，而且大脑中的性控制中枢与情绪中枢也逐步成熟，对性的体验十分渴望。他们有和异性交往的强烈愿望，渴望拥有爱情。在自由开放的大学校园里，和众多年龄相仿的人朝夕相处，大学生很容易对异性产生好奇、好感、亲近和追求的需要，自然萌发对爱情的渴望。

（二）心理需要

思雨的父母都是比较严厉的人，每天上班下班，忙忙碌碌，很少和她交流亲昵、谈心，思雨大多数时间都是和爷爷在一起。爷爷脾气急躁，每天都催促思雨“快点、快点”。思雨特别渴望有人能呵护、包容自己，自己能像别的小孩一样在父母的怀里撒娇，可以买自己喜欢的毛绒玩具。第一次恋爱后，男友对她关怀备至，经常给她送小礼物，思雨感到非常幸福。

追求爱情、渴望恋爱是青年期心理发展的内在需要。大学生的心理需求主要体现在对亲密感的渴求。依据埃里克森（E. H. Erikson）的心理社会发展理论，大学生正处于“亲密对孤独”的冲突阶段，对发展亲密感非常渴求。在这一阶段，大学生有着强烈的与他人进行深层次交往并保持一种长期稳定关系的愿望。恋爱能够帮助大学生“摆脱孤独”“充实大学阶段生活”，特别是对依赖性比较重的学生，恋人可以提供良好的“精神慰藉”和“情感港湾”，满足心理安全的需要。

（三）环境影响

小云，是思雨的大学室友。本来考上大学后，她目标明确，要刻苦读书，考上名校研究生。可是，当思雨和另一个室友都谈恋爱了，看到她们煲电话粥、出去玩的时候表现出的幸福模样，小云也有了恋爱的冲动。结果，大一圣诞节的时候，小云就遇到了现在的男朋友。

考上大学后，没有了升学的压力，父母的“束缚”大大减少，生活一下子独立起来。对爱情，大学生有了更多的自主权，恋爱成了部分大学生“长大”和独立的标志之一。同时，丰富多彩的校园文化活动，也为大学生的恋爱提供了客观条件。

当代大学生的恋爱动机和目的多种多样，除了生理、心理发展的正常需要，受社会环境的影响，恋爱中也存在着游戏心理、占有心理、攀比心理等不良现象，给纯洁的校园爱情投下了阴影，影响大学生的健康成长。因此，作为当代大学生，要审视自己的恋爱行为，确立正确的恋爱动机，不让美好的大学生活留下遗憾和伤害。

三、大学生恋爱的困扰

（一）单相思

思雨在高一的时候，对隔壁班的体育委员心生爱慕，但是那时候情窦初开，没有勇气也没有条件恋爱，只能默默藏在心底深处。等上大学后，开始了真正的恋爱，思雨的这段单相思性质的感情就慢慢淡忘了。

单相思，也叫单恋，表示男女之间只是单方面的爱恋思慕或者双方中只有一方有恋爱的愿望或热情。单相思有两种情况：一种是不完全型单相思，即另一方也单相思你，可是与你一样未敢表达，只要任何一方表白了，苦苦单相思的两个人就可以相爱相恋；另一种是完全型单相思，异性关系中的一方倾心于另一方，却得不到对方回应的单方面的“爱情”，除非对方改变想法，否则不管耗费多长时间，投进多少精力，也无法改变单相思的局面，所谓的“落花有意，流水无情”。这种类型的单相思一般表现为面对现实却无法解脱，仍执着爱慕着对方。

（二）多角恋

小峰是思雨第一任男友，也是她的师兄。思雨很喜欢小峰的幽默风趣和多才多艺。然而，在他们恋爱两个多月的时候，思雨发现小峰在和自己恋爱的同时，还在和“前女友”交往。面对男友这样“喜新不厌旧”的行为，思雨非常生气和难过，于是果断和男友分手。

小峰这样的恋爱行为属于多角恋。大学生出现多角恋的原因较多：有的人本来有了恋爱对象，但是又遇到喜欢的新的对象，却不拒绝旧恋人，于是就脚踏两只船；有的人明明知道对方有了恋人，却还要挖空心思去挖墙脚，夺人之爱，造成三角恋局面；有的人同时被两个人或多个人追求，出于种种原因，难以抉择，同时和几个人交往；还有极少数人为了玩弄异性，不断地与多人进行恋爱。随着时间的推移，多角恋迟早会给陷入其中的当事人造成困扰、纠纷，甚至引发身心伤害等恶劣事件。

（三）失恋

思雨经历了两次失恋，第一次是自己主动提出分手，第二次是对方提出分手。两次失恋虽然原因不同，但是都让她很受伤，越发感到爱情像雾像雨又像风，对自己也越来越没有信心。

恋爱是一对男女为寻求和建立爱情而相互了解和选择的过程。交往中，一旦双方或者某一方出于这样或那样的原因，不愿或无法再保持彼此的恋爱关系，就将意味着双方恋爱的终止。恋爱的一方失去另一方的爱情，就是通常所说的失恋。失恋可以说是人生中最为严重的心理挫折之一。

失恋往往给大学生带来一系列消极情绪，如羞辱、愤恨、悲伤、无助、失落、孤独、绝望、压抑、自卑等，特别是被动失恋的一方常常情绪难以解排，有的甚至无法忍受，施加报复或自甘沉沦。

7-5　失恋后的心态

（四）冲突

“相爱总是简单，相处太难”，歌曲《心太软》中的这句歌词唱出了多少恋人的苦楚。思雨现在对恋爱中相处的困难深有感触。三段感情最长不过三个多月，最短的一个多月。每次恋爱开始的时候，总是感觉无限美好，幸福满满，可是不到半个月就感觉磕磕碰碰，疙疙瘩瘩。

大学生涉世不深，人生经验不足，处理复杂的恋爱关系难免会遇到困难。当遇到“三观”不一致、生活方式不同、个性差异等情况的时候，很多大学生不知道如何妥善应对，通常采用指责、逃避等方式，而不是理性面对，结果导致两个人的关系日益恶化。

爱情建立在两个人的关系中，相处融洽的关系会让情感升温，否则会让彼此猜忌，甚至争吵、分手。相恋的两个人不可能完全一致，难免会出现或大或小的矛盾。如果不能妥善处理各种主客观因素引起的差异和矛盾，很容易导致两个人关系的疏远，出现欲爱不能、欲罢不忍的感情冲突。

（五）性困惑

思雨的第一次恋爱，被玩“三角恋”的男友小峰欺骗了感情，心里很受伤。第二任男友小宇以思雨不解风情为由“甩掉”她。第三任男友小雷看起来老实可靠，没有那么多花言巧语。可是在交往一个多月后，男友就发出了各种性暗示，“我宿舍的哥们，今晚和女朋友开房去了”“这家酒店钟点房 4 个小时才 80 元”，看着男友无限向往的神态，思雨感到十分惊讶，无法接受。那几天，思雨头痛欲裂，感觉受到了莫大屈辱。

很多恋爱中的大学生会遇到性问题的困扰。大学生血气方刚，性的需求旺盛，特别是男生对性的需求更是强烈。初次恋爱的女大学生面对男朋友提出的性要求，经常深感苦恼，不知道如何面对。有的大学生一时冲动突破底线，但事后往往又会出现虚无、内疚、恐惧等心理困扰。

7-6 慎重对待性

爱情如同一朵带刺的玫瑰花，我们不会因为花上有刺，就忽略了花的美丽和芳香。大学生恋爱中遇到的这些问题，实际上也是每一个成年人恋爱中都可能会遇到的问题。大学生渴望爱情的美好，希望提高自己爱的能力，更好地为未来的幸福生活做准备。

第三节 琴瑟和鸣：提升爱的能力

爱是一种能力，只有学会和恋人和谐相处，才能够正确面对和处理爱情中的各种问题，享受爱情的甜蜜。对于大学生来说，培养爱的能力，也许比恋爱成败本身更重要。

一、爱的选择与追求

初涉爱河的大学生容易被爱情迷惑：区分不了友情和爱情、喜欢与爱等相似情感，遇到自己心仪的对象不知如何表达，面对不喜欢的追求不懂如何拒绝等。这些爱情的体验和迷茫常常让自己困惑不已，陷入被动、尴尬的境地。

（一）鉴别爱的能力

思雨在高中阶段的暗恋是一种单方面的欣赏和喜欢，并非真正的两情相悦。进入大学后，思雨很快成为班级的焦点。她身材纤细，文静秀丽，为人随和，一些男同学遇到烦心事，也愿意找她诉说。这让思雨经常搞不清对方是不是爱上了自己？

喜欢与爱情是大学生在与异性交往中经常遇到又难以区分的两种感情。一些大学生常常将喜欢等同于爱情，很容易被这两种情感迷惑。其实喜欢更多的是亲近、欣赏和尊重，无排他性；而爱情则是深深的依恋和关注，彼此信任，具有独占性、排他性，有性爱的因素。

与此相似，友谊和爱情都有彼此喜欢和亲密的成分，常常难以区分。“为什么他/她对我这么好”“我男朋友怎么可以对别的女生好”“男女之间有没有纯真的友谊”等，类似的问题经常困扰着大学生。实际上，友谊往往以爱好相同、志趣相投为基础，爱情则受政治观点、思想修养、道德品质、理想情趣、性格气质等多种因素的影响。友谊以友好交往为目的、彼此保持必要的距离，而爱情则以性爱、婚姻为目的，强烈深刻、亲密无间。友情是广泛的、多元化的；爱情则是单一的、排他的。当然，爱情中有友谊的成分，友谊也可能发展成爱情。大学生渴望纯真爱情，需要具备一双智慧的眼睛寻找真爱。

首先，真爱真诚公开。恋人们总是迫不及待地希望了解彼此，增进信任。如果对方总是遮遮掩掩、语焉不详或者害怕让别人知道恋爱事实，就要小心对方是否有难言之隐或别有用心。像思雨的第一任男友小峰，一边和思雨恋爱，一边还和其他女孩交往，因此每次出去玩，男友总是害怕熟悉的人知道，躲躲闪闪，像风一样飘忽不定。其次，真爱善良美好。“你能够激励我更加完全地变成我能够成为的样子，并且我的爱也会提高你的生存状态”[①]。爱情让人变得勇敢和无私，只要对方幸福快乐，自己就会心甘情愿作出牺牲。在一段感情中，如果感受的不是幸福、安心，而是恐惧、压抑和绝望，那就要审视这份感情，看看对方是否在情感勒索，进行精神控制。

（二）表达爱的能力

7-7　澄清择偶观

思雨曾经遇到过几个喜欢的男生，却羞于表达，都失之交臂。大一时候，思雨对班上一个男生特别喜欢，可是她不敢主动表达，犹豫徘徊，半年后这位男生和外校一女孩恋爱了。

用明确的言语或行为表达爱，是建立恋爱关系、减少恋爱中误会的重要能力。当爱情来临，需要恰当表达，以免擦肩而过。一些大学生在表达爱的时候小心翼翼，害怕面对被拒绝的风险。于是，总是用各种方式去试探，期盼对方能够主动表白，缺乏勇气和自信；也有些人想当然地以为对方是“爱情雷达”，只要自己心里爱着对方，他/她就能接收到爱的信号。

受传统思想的影响，男性表白爱情仿佛天经地义，而女性在表露爱意时常常顾虑重重，唯恐被人认为“轻浮”“不稳重”。因此，生活中，常常有些女性，面对自己的意中人却不敢表达，坐失良机，放走爱神。

当然，明确表达爱情，不代表莽撞和粗鲁。如果双方毫无感情基础，就贸然表白，往往难以成功，也是对对方的不尊重。因此，表达心意需要掌握好情感的火候，注意时机和技巧。

1. 合适的时间

刚认识不久就提出爱的邀约很容易吓到对方或让对方感到唐突，会给对方造成冲动、鲁莽、不成熟的印象，甚至会觉得表达者花心、多情。但是，也不能无限期拖延，明明对方已经对你有很明显的暗示了，还是不表达，就很容易让对方伤心失望，导致擦肩而过。因此，最好是在两个人相处一段时间，有了一定的了解后，两个人在相处的过程中滋生了爱的感觉，言行举止都透露出爱意，这时候表达爱情就水到渠成，

① ［美］Gerald Corey、Marianne Schneider Corey 著，胡佩诚等译：《心理学与个人成长》，中国轻工业出版社 2007 年版，第 133 页。

也较容易成功。

2. 恰当的表达方式

根据恋爱对象的个性特点和喜好，选择合适的方式进行表达。对热情外向的人，可以在花前月下直抒胸臆，直接表达在一起的愿望，很多大学生就喜欢直白地说"做我女朋友"之类的表达；对喜欢浪漫唯美的人，可借用诗词、照片、书信、礼物等来传递爱的信息，让对方感受到"和你在一起总是感到心情愉快"。大学生创意无限，在真诚的前提下，可以用自己的方式"给对方一个惊喜"。只是千万不要走极端，花里胡哨，把"惊喜"变成了"惊吓"。

3. 积极面对表达的结果

表达爱情之后通常有三种结果：一是对方欣然同意，愉快地在一起；二是对方态度不明，犹豫不决；三是婉转拒绝。出现后两种情况，并不意味着没有进一步发展的空间，如果心怀向往，给对方时间，以诚相待，增加了解，也可能会柳暗花明。即使被对方拒绝，也不能恼羞成怒，逼迫或威胁对方。

（三）接受爱的能力

当爱情来临的时候，你能不能敏感地捕捉到爱的信号，把心中的爱转化为接受爱的实际行动？接受爱的能力主要包括接受爱的信号的能力与接受爱的勇气。

思雨个性随和，但是在恋爱方面比较被动，三段感情都是在别人的追求下，稀里糊涂就被动接受了，而对同班一位害羞男生发送的爱的信号却不知道如何应对，一再错过。

通常只有想恋爱的人或有过恋爱经历的人才会对别人发出的爱的信息敏感，否则，很难注意到别人的暗示和旁敲侧击。这种不"开窍"可能说明暂时还没有恋爱的需要与渴望。思雨虽然能感受到这位同班同学的示爱，但是对方的表达不够直白，自己也不敢越雷池一步，缺少接受爱情的勇气。

收到自己喜欢的人爱意的表达时，大学生一般都会有掩饰不住的高兴和喜悦。但是爱情千姿百态，特别是考虑了现实问题或未来发展规划等，一些大学生面对爱情来临会产生各不相同的心理，往往会出现难以抉择的内心纠结。

“对方是不是真的爱我”“以后不大可能和他结婚，要不要谈没有结果的恋爱”“恋爱影响我的学习怎么办”“恋爱后，我不知道怎么和其他同学相处”“我父母不赞成大学谈恋爱，真不知道怎么办”……这些对爱情的困惑，往往反映了他们对今后如何处理恋爱与学习、生活、人际关系等缺乏信心和经验，头脑中出现各种负面想法，犹豫不决。

教育要为未来生活做准备，恋爱婚姻是大多数人都需要经历的人生大事，也是人生幸福快乐的重要源泉。爱情究竟是成长的阻力还是前进的动力，取决于我们如何去面对和经营，逃避只会让我们丧失成长的机会。

（四）拒绝爱的能力

思雨的第二任男友小宇举止鲁莽，喜欢自吹自擂，并不是她喜欢的对象。可是，面对他猛烈的追求，思雨不知道如何拒绝，多次接收他的小礼物，和他一起吃饭，看电影，最后成了男女朋友。

很多女孩都缺少应对“死缠烂打”追求者的经验和能力，把握不好彼此关系的边界。实际上，婉转而又坚定地拒绝不喜欢的感情并非易事。

首先，要有正确的心态。每个人都有爱的自主权，拒绝爱是自己的权利。如果不愿意接受对方的爱，就要勇敢、坚决、毫不含糊地表明态度。优柔寡断或屈服于对方的穷追不舍，只会让彼此都陷入不利的境地。也有些人明明不爱对方，却喜欢被人追求的感觉。这种欲拒还迎的态度往往会造成暧昧的状态，让对方产生被欺骗的感觉。

其次，拒绝别人的爱要以保护对方的自尊心为前提。人人都渴望被尊重和接纳，被人拒绝都会尴尬、难受。因此，拒绝别人的爱，“立场要坚定，态度要温和”，可以先感谢他/她对自己的欣赏和善意，告知对方不能成为男女朋友的理由，表达希望双方都能找到合适对象的愿望。虽然每个人都有权拒绝爱，但是珍视每份真挚的感情是我们起码的修养，也是对他人的尊重。哪怕感觉对方很卑微，也不能用“癞蛤蟆想吃天鹅肉”等恶语相向。简单轻率、不顾情面，甚至鄙视厌恶地拒绝，会使对方的感情和自尊心受到伤害，也丧失了自己做人的风范。

最后，要有“及时止损”的思维。恋爱是一个双方不断了解的过程。恋爱过程中的分手往往比较困难，也经常会让双方感到痛苦。有些人，特别是一些女性容易为情所困，不知如何处理分手问题，优柔寡断，想拒绝又怕对方受伤害，久拖不决，使双方都痛苦不堪，甚至出现自杀、他杀事件。因此，如果确定双方不合适，必须要分手，就应该郑重告诉对方自己的态度，使对方不心存幻想。对爱情的中止，应抱着与人为善的态度和对方坦诚相谈，诚意而坚决地告诉对方爱情不能勉强，与其貌合神离，相互煎熬，不如早点分手，各寻属于自己的幸福。当然，分手的具体方式可以根据实际情况灵活处置。分手后，切不可四处张扬，说对方坏话，埋下仇恨、报复的隐患。

二、爱的幸福与冲突

爱情是一种美好的情感体验，恋爱期间是两人感情升温的黄金时段，可以为今后的幸福生活奠定基础。但是爱情不是静止不变的，难免会出现矛盾和冲突。如果不去经营和维护，美好的爱情就可能褪色、变质。

（一）爱情幸福魔方

思雨本性善良，可是前两段感情都遇人不淑，没有幸福的基础。第三任男友小雷性格沉稳内敛，不善言辞，不懂浪漫，和前两任男友截然相反。两人开始恋爱的时候，思雨觉得非常有安全感，可是时间一长，矛盾不断增多，差异越来越大。爱情像一个魔方，五颜六色，变化无穷。爱情不会必然幸福，只有珍惜爱情，善于经营爱情，才能玩转爱情魔方。

1. 尊重彼此，完整接纳

很多爱情开始于相互吸引，恋人们会觉得对方特别完美，所谓“情人眼里出西施”，但随着双方越来越了解彼此，见到更多真实面貌，彼此的各种缺点和坏习惯就会慢慢暴露出来，难免会产生各种各样的情绪和评判。实际上，没有人是完美的，不是对方没有缺点，而是恋人之间受“光环效应”的影响，难以理性看待对方。我们是和真实的人恋爱，而不是和自己理想中的人谈恋爱。如果总想改正对方的缺点，很容易引起对方的抗拒，影响两人的感情。学会接受对方固有的不完美才会让你们的感情顺利进行下去，才有可能拥有更完美的爱情。

思雨和第三任男友小雷交往三个月，从开始的满意到后来的挑剔，出现了失望、愤怒和厌倦情绪。通过心理咨询，思雨认识到自己非理性的要求，学会了完整地接纳对方和自己，两人也重归于好，真正开始了甜蜜的爱情生活。

2. 独立自主，注意边界

初涉爱河的人往往意乱情迷，仿佛两个人共生在一起，不分你我，沉醉其中，难以自拔。一些大学生情侣吃饭、学习、娱乐等都在一起，特别是那些依赖心理较重的学生更是完全把自己托付给对方，整个世界只有恋人和爱情，丧失了自己的独立性和自主性。

每个人都渴望自由自主，如果恋人间没有边界，不分彼此，就可能出现控制与被控制的局面，造成争吵、逃离和分手的结果。人与人之间的边界感意味着尊重他人的舒适区，亲密有间而不是过度情感卷入，尊重对方而不会随意侵犯对方的边界，才能够让爱情有生长的空间。

思雨在与前两任男友相处时受到了伤害，却不自觉地把愤怒转向了第三任男友小雷，对小雷的交友、业余生活等过多干涉，控制欲太强，导致小雷感到压抑和退缩，两个人不知不觉陷入冷战边缘。

3. 学习爱语，以心换心

恋爱是一个过程，而不是一种静止的状态。在心与心的交换、互动中，双方的思想感情得到交融，认识彼此。沟通是打开心灵之门的钥匙，只有通过沟通交流，才能明白彼此的心意，才可以避免很多不必要的矛盾和烦恼。

7-8　爱的五种语言

查普曼（G. Chapman）在《爱的五种语言》中提出了五种表达爱意的方式：肯定的言词、精心的时刻、接受礼物、服务的行动、身体的接触。每一种都温馨又有力，充满智慧。大学生只有掌握了这些爱的语言，才能智慧地在对方的情感账户里“存款”，对方才会有被爱的感受，发展出双方梦寐以求的亲密情感。

思雨是喜欢浪漫的女孩，小雷需要照顾她的感受，满足她的情感需求，而不能只按照自己的习惯和为人处世的方式和思雨相处。通过学习爱的语言，了解思雨对爱的需要，小雷不仅赢得了思雨的爱，也提高了自己的表达能力，增强了人际交往中个性的灵活性。

（二）化解爱情冲突

思雨和小雷都不善于通过语言来表达情感，而习惯采用生气、指责的方式来发泄情绪。有了矛盾和冲突以后，思雨习惯于讲道理，喋喋不休；小雷则压抑情绪、回避冲突，而不能理性地回应思雨的需求。在心理咨询老师的帮助下，思雨对冲突有了更多的认识。

思雨出生在一个充满争吵和冷战的家庭，当亲密关系出现冲突时很容易焦躁不安。小雷性格较内向，不善言辞，当冲突发生时，他总是回避冲突，从关系中逃离，这进一步加重了思雨的压抑感和无助感。实际上，在亲密关系里，两个人性别、性格、三观、成长环境等存在差异，矛盾冲突会遍布生活的每个角落，冲突和矛盾是必然的。冲突是爱情的一部分，美好的爱情不是没有冲突，而是双方能够较好地处理冲突。思雨要学会接纳小雷表达情感的方式，小雷也要多体会思雨的感受，了解她的情感需求，把思雨的挑剔和要求看作爱的呼唤，这样才有助于增进情感，促进交流。

因此，冲突未必是爱情的毒药，也可能是爱情升温的机会。恋爱中的大学生要勇敢地面对冲突，不断提高解决冲突的能力，才能让爱情不受冲突的伤害，保持活力。

1. 求同存异

两个本来不同的个体因为彼此吸引走到了一起，产生了爱情。美好的爱情会冲淡了彼此的差异，甚至差异也变得美好。随着感情的发展，双方的情感逐步加深，占有欲和控制欲增强，这些差异往往就成了矛盾的导火索。当矛盾冲突发生的时候，两个人很容易陷入情绪的漩涡，习惯性地把自己跟对方分成我和你，而不是“我们”和问题。结果，本来是要解决问题和差异的两个人不知不觉“化友为敌”，把目标从解决客观存在的差异和问题转变成对方，彼此都会觉得对方是问题的根源，要求对方改变，自己感到委屈、愤怒，从而使矛盾冲突升级，彼此面目可憎。

如果在冲突发生的时候，彼此都能跳出自己“受害者”的心理，看见问题背后的差异，认识到问题和差异才是“敌人”，一起想办法解决问题，感情才能更加稳固长久。

2. 学会暂停

人们处于激烈的情绪状态时会出现心跳加快、呼吸急促、思考简单等身心反应，表现出战斗或逃跑的状态，很容易失去理智，口不择言，甚至恶语相向，拳脚相加。这时候，冲突双方很容易将注意力锁定在对方身上不好的一面，而看不见伴侣善意和美好的一面。如果任其发展，两个人的关系可能就会雪上加霜，不断恶化。因此，合理地处理矛盾，在矛盾升级前“暂停”下来，避免矛盾的升级，是恋人需要学习的功课。

情绪过于激烈的时候要先处理情绪，等大家都心平气和了再去处理事情。可以运用情绪管理方法，先暂停争吵，提醒对方和自己已经被情绪控制，不适合讨论，等两个人冷静下来后再来讨论。或者采用非暴力沟通的方式，关注和讨论对方和自己的感受和需要，看见冲突背后的善意和渴求，加深对彼此的了解。

冲突和争吵的时候，往往两个人都在用嘴巴不停地说，而不愿用耳朵安静地倾听。如果能够在平时约定好，当发生矛盾的时候，两个人要轮流当倾听者，一个人说话的时候另一个人只能倾听（如规定 5 分钟），然后轮流发言，这样就可以让两个人有充分的倾听和表达的机会。无论两个人能否解决冲突，也能够借助暂停，避免事态激化。

3. 重新出发

情侣之间吵架是常事，这是爱情必须要经历的考验，也是两个人磨合的必由之路。相爱的人冲突和吵架后，不能一拍两散，要有勇气对自己在冲突中的出言不当等行为给对方造成的伤害进行道歉，感激对方在难过和愤怒中还能保持隐忍和退让，真诚表达对对方的理解和关心，让对方感受到被爱护、被看见。如果对别人感到怨恨，我们就很难感受到对他们的爱。那些被否认的或未被表达的怨恨会对亲密关系造成更多的伤害。“怨恨必须在它爆发之前通过适当的方法处理掉”①。

通过心理咨询，思雨和小雷更深地了解了对方，认识了自己和对方

① ［美］Gerald Corey、Marianne Schneider Corey 著，胡佩诚等译：《心理学与个人成长》，中国轻工业出版社 2007 年版，第 138—139 页。

的情绪特点和沟通方式，彼此都愿意用爱和耐心将吵架“炸”出的情感小洞修补起来，逐渐摸索出最适合彼此的相处模式。当然，沟通贵在平时，而不能等到冲突时才做“激烈的沟通”。盛怒之下的沟通，常是沟而不通，还会伤害彼此的感情。因此，恋人之间学会在平静的情境下对话，是促进恋爱关系的关键，也是解决爱情矛盾和冲突的最好良药。

三、爱的丧失与复原

恋爱是双方相互了解、彼此适应和选择的过程。恋爱的过程很难一帆风顺，经常交织着希望和失望。爱情是美好的，失恋则会给当事人带来痛苦。失恋通常是两个人因为家庭背景、生活习惯、兴趣爱好和个性差异等原因，某一方不愿意再继续发展彼此的恋爱关系，出现一方失去另一方的情况。失恋是一种痛苦的情感体验，会引起一系列的身心反应，往往给双方都造成莫大的痛苦。

7-9 忘记前任的三个阶段

思雨的第二任男友小宇以“不懂浪漫”（不愿意很快和他发生关系）为由提出分手，开始的时候，思雨特别痛苦，感受了屈辱、羞耻、愤怒等情绪，对爱情和男性也产生了怀疑，一度非常痛苦。无助之下，她试着用心理健康教育课上的一些方法来排解，慢慢地才释怀了。

（一）情绪宣泄

思雨第二次失恋后，打击特别大，特别不习惯失恋后的生活，有不真实感。后来发现事实确实如此，思雨感到愤怒、委屈和羞耻，寝食难安，无法正常学习。思雨不愿意找室友和朋友诉说，而是带着面包到广场喂鸽子。看到洁白的鸽子争抢着吃面包屑，在空中自由的飞翔，思雨也忘记了自己的烦恼。思雨调整情绪的方法可能并不适合每一个人，大学生可以根据自己的习惯，用适合自己的方法主动地去调整情绪，释放心理压力，帮助自己早日走出失恋的痛苦。

（二）认知调整

思雨失恋的那几天，无法面对现实，她不敢相信居然因为不愿发生性关系就要和她分手。分手后，她对自己是否具备恋爱的能力产生了严重怀疑，头脑中乱七八糟的想法很多。有时候想得头疼，她按照书上的方法，把自己的想法写了下来：

——我太单纯了，太容易相信人了？

——爱情是可怕的？

——男人真是可恶？

——我没有吸引力？

——我是一个倒霉蛋？

——我可能不会谈恋爱？

……

写着写着，思雨的大脑慢慢安静下来，变得理智了很多，失恋不代表自己就是一个失败者。冷静下来后，思雨更能够看清恋爱中的自己，反而庆幸自己及时“止损”，离开了“爱情骗子”。

（三）回归生活

在情绪宣泄和认知调整后，思雨的情绪大有好转，但是受伤后的心灵不可能在短时间内彻底愈合。思雨决定先不去想恋爱的事情，把注意力转移到学习和生活中。她不再喜欢别人的奉承和追求，而是安静地去图书馆看书。过了一段时间后，思雨对爱情没有那么渴望了，好像这才开始了真正的大学生活。恰恰就是这样平淡如水的日子，让思雨遇见了第三任男友小雷。

失恋会给一方或双方造成创伤性心理体验，心理上的丧失感和情绪上的苦闷压抑，需要一段时间才能逐渐复原。失恋不可怕，只要能积极调整认知，通过合理的方式宣泄和表达情绪，寻求家人、朋友和同学的帮助，必要时接受心理咨询师的辅导，就可以早日心理复原，重建自信，为再次向爱出发做准备。

思考与练习

1. 结合现实中（自己、父母、同学等）的爱情，谈谈斯滕伯格的爱情三角理论对你有哪些启示。
2. 如何培养和提高大学生爱的能力？
3. 大学生如何应对恋爱中的性困惑和性问题？

本章参考答案要点

推荐书目

1. 陈果著：《好的爱情》，人民日报出版社 2018 年版。

2. 韦志中、薄艳艳著：《爱情心理学》，台海出版社 2020 年版。

3. ［美］盖瑞·查普曼著，王云良、陈曦译：《爱的五种语言》，江西人民出版社 2018 年版。

第八章

柳暗花明——应对心理危机

回首向来萧瑟处，也无风雨也无晴。

——宋·苏轼

当代大学生的生活条件相对优越，父母长辈对他们几乎是有求必应，家庭和学校教育也越来越重视减轻学生负担，这使得他们在成长的过程中很少承受挫折。因此，有些学生取得一点成绩便沾沾自喜，遇到一点失败就自暴自弃，经受挫折就容易一蹶不振，甚至引发心理危机。本章将从压力、挫折和心理危机的概念开始，分析大学生心理危机形成的机制，介绍大学生常见的心理危机类型，帮助大学生及时识别心理危机的征兆，并学会积极应对心理危机。

第一节　危在旦夕：心理危机的形成

当大学生们兴高采烈、满怀憧憬地走进向往已久的大学校园，度过一段时间崭新的大学生活之后，有时会发现大学生活与自己的期待相距甚远。大学有越来越大的学业与就业压力，有越来越复杂的人际关系，有各种难以预见的困难挫折，也有偶尔遭遇的心理危机。

一、正视压力

生活中，我们经常会遇到让我们紧张的事，如要参加一场重要的考试却没准备好，为此非常焦虑；因开车去办事把车停在路边被贴罚单而感到很懊恼，等等，这种过程通常称之为压力。

8-1　亦敌亦友的压力

（一）压力的含义

压力，在生物学、心理学和医学中，都有各自不同的定义。一般认为，心理学上的压力，也称为应激。与压力相关的科学研究最早来自著名生理心理学家坎农（W. B. Cannon）关于情绪兴奋功能的研究，他认为压力就是当我们的身体面对疼痛、饥饿、恐惧和愤怒等多种来自环境的挑战时，所激发身体的应急响应，即“战或逃反应”。压力研究之父谢耶（H. Selye）1936 年首次对压力做了相对科学的定义：压力是身体对任何需求的非特异性反应，也就是人面对有害刺激时身体天然固有的一系列反应。①如人们看到毒蛇会起“鸡皮疙瘩”，恐惧时会心跳加快、呼吸急促等，这些身体反应是人们在压力情境中都会产生的相同反应。

半个多世纪以来，压力研究专家对压力的定义进行了长时间的讨论和争辩，20 世纪 60 年代拉扎勒斯（R. S. Lazarus）从心理学角度对压力进

① 李世佳著：《压力心理学　从大脑、个人成长到心理健康》，上海教育出版社 2021 年版，第 6—7 页。

行了解释，即压力是个体经过认知评价察觉环境需求超出个体处理能力时表现出的伴有心理活动和躯体功能改变的心身紧张状态。①无论是不幸失业、跌入低谷，还是升职加薪，登上人生巅峰，这些情境都会让我们感受到压力。

本书中，我们认同沃特·谢弗尔（W. Schafer）对压力的定义：压力是个体生理和心理上的唤醒，这种唤醒是由施加于它们的需求所导致的。②这一定义是中性的，它指出了压力的生理、心理和行为等多重特性，清楚地表明压力无时不在，是人们生活中的普遍存在。

（二）压力反应

8-2　应激反应系统

广义的压力反应有两类。一种压力反应的结果是适应性、保护个体身心不受伤害的，如听到刺耳的啸叫声立即捂住耳朵，不敢靠近悬崖边等，称之为积极压力，或正性压力、良性应激等。另一种压力反应是适应不良的，如失业后整天蒙头大睡卧床不起，考试作弊被抓后精神崩溃，则是消极的压力反应，也称负性压力、不良应激。消极的压力反应对我们的身心健康是有害的，主要表现在压力引起的生理和心理反应，会导致个体在躯体、认知、情绪、行为等方面功能的改变或失调。

一方面，压力会引起人们心理的痛苦，会引起一些认知反应，如注意力分散、认知功能受损，以及强迫的、反复的或者病态的观念和思维。同时，压力也会引起广泛的情绪反应，包括恐惧、焦虑、兴奋、尴尬、愤怒、压抑、甚至淡漠或否认等。压力的行为反应也非常普遍，主要包括经过认知评价过程后对可以应对的压力事件的战斗行为，对威胁性事件的退缩（逃跑）行为两大类。

另一方面，压力还会引起个体暂时的或长期的生理变化，进而影响身体健康。当个体察觉压力事件具有伤害性和威胁性时，将会引起大脑皮质一连串的反应，交感神经系统的兴奋导致血压升高、心率加快、汗

① 范红霞主编：《大学生心理健康——心理教育与心灵培育》，高等教育出版社 2014 年版，第 267—268 页。

② ［美］沃特·谢弗尔（Walt Schafer）著，方双虎等译：《压力管理心理学》（第 4 版），中国人民大学出版社 2009 年版，第 6 页。

腺分泌增多、外周血管收缩等，这些是压力反应引起的生理变化。长期处于压力反应中的人会导致细胞免疫功能受抑制，心脏节律的变化以及神经递质的不平衡等，甚至可能诱发精神疾病的发生，这对人的身心健康都是非常有害的。

从心理健康的角度看，过度的、长期持续的压力与应激体验会对一个人的身心健康产生比较负面的影响，也容易导致个体产生心理危机。

（三）压力源

8-3　压力源

压力源，也称应激源（应激事件），通常是指可引起个体高度紧张的刺激事件。不论事件的内容如何，令人高兴的或沮丧的，令人鼓舞的或受打击的，只要是具备足够的心理冲击力量、能引起压力和应激反应的刺激物，都称为压力源。包括地震等自然灾害、社会巨变、严重的人际冲突、家庭暴力、迁居、亲人亡故、生活方式的改变等各种社会刺激。[①]

生活中遇到的一个刺激事件，对一些人是压力源，对另一些人却未必是。如班长竞聘失败对某位预期一定要当班长的大学生来说是一件天塌下来一样的重大事件，这一失败引起当事人强烈的紧张、焦虑等负性情绪反应，那么对这个大学生来说竞聘失败这件事就是一个压力源。对另一位也参与竞聘的大学生来说，他可能认为竞聘失败说明他现在不适合做班长，如果不能被大多数同学接纳并认可，那班长是做不好的，因此还不如先把精力投入自我成长与发展中，等时机成熟了再来竞聘班长。因此，对后一位大学生来说，竞聘失败就不是压力源。因此，事件本身不一定引起压力和应激反应，同样的事件对有些人是压力源，对另一些人则不是。是否是压力源，这取决于当事人对事件的认知评估。

遇到潜在压力源时，个体首先对潜在压力源进行认知评估，确定刺激事件的性质和意义，并评估自己的应对能力和资源条件是否可以应付此事件可能带来的伤害、威胁或挑战等。经过认知评估过程，当个体认为其能力和资源足以应付困境时，他就不会感到高度的身心紧张；当个

① 邱鸿钟、梁瑞琼等编著：《应激与心理危机干预》，暨南大学出版社 2008 年版，第 13—14 页。

体发现其能力和资源足够应付困境，但必须付出很大的努力才能达到时，他就会承担中等程度的压力；当个体察觉到自己的资源和能力不能应付困境时，他就可能经历最大程度的压力。

刺激事件本身没有固定的应激性，但有些特定的事件更容易引起人们的压力与应激反应，主要包括以下几种：第一，负性事件。对一般人来说是一些不受欢迎的事件，或者是对自我会产生消极影响的事件，这些负性事件有可能会对个体的尊严和健康产生潜在的或实际的损伤或丧失。第二，不可控事件。相对于可预测或可控制的事，无法控制或不可预测的事件更容易引起压力。不可控问题更容易引起人们内心的焦虑不安，对未知的不可把握更容易引起人们的压力反应。第三，模棱两可的事件。模棱两可的事件容易使人处于不清楚的模糊状态，人们不仅没有机会采取行动，反而需要花费大量的心血和精力来了解事件的真面目，既浪费时间又耗费资源，比清晰可辨的事件更容易成为压力源。

二、直面挫折

（一）挫折的含义

挫折是个体从事有目的的活动受到阻碍或干扰，以致其动机不能得到满足时产生的情绪状态。[①]挫折有两种含义：其一，从客观上看指个体从事有目的的活动受到阻碍或干扰时的对象和情境，称为挫折源或挫折情境；其二，从主观上看是指个体从事有目的的活动受到阻碍或干扰时的情绪反应，称为挫折感。挫折情境（挫折源）和挫折感是密切联系的。一般说来，挫折情境越严重，则挫折感愈明显，但它们之间不是简单的刺激—反应（S—R）过程，而是刺激—个体生理、心理—反应（S—O—R）过程，即与个体状态有关，其核心是认知水平和挫折承受力。故同样的挫折情境，对不同的个体来说，其挫折感是大不一样的。挫折感实质上是当事者对干扰、障碍性刺激的一种主观感受，它与个人的以下因素相关：一是需要的迫切感和动机的强烈度，二是自我期望值，三是

---

① 车文博主编：《心理咨询大百科全书》，浙江科学技术出版社2001年版，第9页。

自我归因状况，四是心理平衡状态，五是个人抱负水平的高低（抱负水平是指一个人对自己所要达到的目标所规定的标准）等。①

（二）挫折的特性

1. 挫折的必然性与普遍性

人有各种需要，有些需要无法满足，也有些目标无法实现，因而，人满足需要的过程中必定会产生挫折。大学生们为了更好地适应与发展，必须要完成学习、交往、劳动等各种任务，这一过程不可能一帆风顺，因而，挫折也是不可避免的。在当代社会，大学生在满足日益增长的美好生活需要的过程中也会遇到各种矛盾和冲突，这些困难是客观存在的，因而挫折也是必然的。

从某种意义上讲，挫折也是我们生活的组成部分，我们每个人，在人生的某个阶段都会遇到它。从幼儿园的入园困难，到读书后的学业困难，我们的成长路上，有时会伴随着父母的责备、老师的批评、与同学的矛盾，直到长大后恋爱的失败、工作的压力、生活的烦恼……各种不如意，都会使我们产生强烈的挫折感，因而挫折也是普遍的。

2. 挫折的否定性与双重性

挫折是对前进和希望的否定，这种否定，一方面否定了人们受挫前的思想和行动等是不恰当的，应予以抛弃；另一方面又否定了前进和希望，给我们的前进道路设置了更大的阻碍。挫折否定性的直接后果是对人的损害性，其中最重要的是对人的精神打击。因此，挫折既是人生的经验教训，又是我们意志和勇气的试金石。挫折对我们的作用是促进还是阻碍，主要取决于大学生遭遇挫折后的反应。如果大学生们能及时总结经验、吸取教训，把挫折变成顽强意志的试金石，那挫折就有促进作用；反之如果大学生们被挫折打垮，将挫折当成意志不坚和自暴自弃的理由，那挫折就会阻碍大学生的成长。

3. 挫折的主观性与差异性

挫折是一种主观感受，同一个事件、同一个情境，对某个人是挫折，对另一个人则不一定就是挫折。挫折的主观性体现在每个人的挫折

① 张旭东、车文博著：《挫折应对与大学生心理健康》，科学出版社 2005 年版，第 65 页。

感都是当事人的一种内心主观感受，这种感受具有很强的主观能动性，主要由挫折主体决定。

挫折的差异性首先是受阻动机的重要性差异。如果当事人的重要动机受阻，其挫折感较强；而不重要的动机受阻时，则容易被其他动机满足所替代，因而挫折感可能很弱。此外，挫折的差异性还与当事人对成功或目标的期望值高低有关。如两个大学生都利用课余时间做兼职用以补贴生活，A 同学给自己定的目标是月收入 1000 元，可以很好地改善自己的生活；而 B 同学花费比较大，认为每月至少收入 5000 元才能够花。两个人都找了一份同学们看来很不错的工作，月收入有 3000 元，结果 A 同学超过预期目标而感到满足与成功，而 B 同学则感到挫折和失败。最后，挫折的差异性还表现在挫折反应的不同。在同样的情境下，不同个体挫折反应的强度不同，有人反应微弱，若无其事，有人反应强烈，痛苦万分；挫折反应的持续时间也不同，有人时过境迁、稍纵即逝，有人耿耿于怀，很难忘记。

（三）大学生受挫后的反应

任何人在遭到挫折后都会引起一系列的反应，都会对其生理、心理与行为带来一系列影响，这些挫折反应既可能是积极的，也可能是消极的，或者积极和消极共存。一般而言，挫折常会使人处于紧张状态，表现为情绪紧张、焦虑不安等。尽管受挫后的紧张反应类似于人的本能反应，然而，不同个体的挫折反应强度和持续时间大不相同。如果挫折反应能保持适度水平，则有积极意义，反之，如果挫折反应超过一定限度，则会带来各种消极情绪，危害人的身心健康。

1. 适度挫折的积极意义

适度挫折引起的紧张可以产生积极的作用，如适度紧张可以使我们保持注意力更集中、思维更活跃、效率提高、适度兴奋等奋发状态，为战胜挫折提供有利的心理条件。

8-4 坚韧性

（1）有助于大学生正确理解挫折情境，并积极寻找解决问题的办法。适度挫折可以帮助大学生用更全面的视角理解问题，分析挫折原因，积极思考解决问题的办法，使自己尽快走出挫折。如考试挂科会提醒大学生正视学习状况，认真分析挂科的原因，然后更主动地寻求提高学习成绩的方法和策略，最终取得比合格更好的成绩。假如没有挂科的挫折，大学生则可能就停留在成绩合格水平，不一定会再去努力取得更好成绩。

（2）有助于分析动机并修正目标。有些大学生遭受挫折的原因可能在于动机和目标本身不合理。如一个学业困难生给自己设定的目标是一个学期内拿到本专业最高奖学金，这个目标很容易使其受挫。如果他在受挫后能保持适度紧张而不是一蹶不振，那么他会对自己目标的合理性与可实现性进行分析，进而适当修正目标，最终就可以达成目标。

（3）有助于调动潜能并激活思维。人们在受挫后，内心失衡让人不适，为此，人就会想方设法去克服困难，消除紧张，实现新的平衡。当人处在适度紧张时，人的身心处于一种积极活跃的竞技状态，人们会感到挑战、刺激等引起的兴奋性，在这种身心状态下，往往最能调动一个人的知识和技能，有利于激活新的思维视角，有利于激发自身潜能。

2. 大学生受挫后常见的消极反应①

挫折后的适度紧张是有利的，但过度紧张则是有害的，大学生受挫后的常见消极反应有：

（1）攻击。一般有两种：一是直接攻击，即受挫后将愤怒情绪直接指向引起挫折的人或物，如对人嘲讽、谩骂甚至殴打，直接毁坏相应物品。直接攻击行为较容易发生在自我感觉良好、自我评价偏高，或鲁莽、好冲动的大学生身上。二是转向攻击，即把愤怒情绪转向自己或其他无关的人或物。攻击转向自己常发生在自信心比较差、自我比较克制的同学身上，他们往往会在受挫后陷入自责或惩罚自己（如把自己关起来、不吃饭、不睡觉等）；而把攻击转向次要或无关人或物的同学，常常是因为觉察到不可能或不应该直接攻击引起挫折的对象，或找不到明显的攻击对象，于是便寻找“替罪羊”。如有的同学因与室友发生矛盾而迁怒于食堂服务员；有的毕业生因延毕而破坏学校公共设施等。

（2）冷漠。这是指个体受挫折以后表现出的完全漠不关心或无动于衷的态度。冷漠并非不愤怒，而是把愤怒暂时压抑或隔离而已。冷漠反应容易出现在以下同学的身上，他们或是长期遭受挫折而无法摆脱，或

① 张旭东、车文博著：《挫折应对与大学生心理健康》，科学出版社 2005 年版，第 74—77 页。

是因处境艰难而无助无望，抑或是攻击性与压抑性矛盾冲突在性格上表现激烈等。

（3）固执。这是指个体遭受挫折后，看不清挫折实质，而一意孤行地坚持自己的做法，重复某种行为，其结果往往使个体失去改变困境的机会，在挫折中越陷越深。如有的大学生因学习成绩滑坡而秉烛夜读，熬到深夜，其实效率并不高，而且影响白天的学习，于是再熬夜补习，如此恶性循环，明知这种做法不好，但仍固执地这样做。

（4）退化。这是指一个人受到挫折时不由自主地表现出一些与年龄、身份极不相符的幼稚行为。如因考试不及格而到老师面前哭哭啼啼、苦苦哀求；也有的大学生被批评后不吃不喝，蒙头大睡，甚至无理取闹等，这些都属于退化行为。退化的另一种表现是受暗示性增强，如大学生受挫折后盲目地相信别人，或盲目地执行某个人的指示。

（5）感受性降低，知觉范围缩小。感受性是对客观刺激物的感觉能力。大学生在遭到挫折时会出现动作缓慢、反应迟钝或者有时大脑一片空白等现象。如有的大学生受挫折后会长时间发呆，对别人的呼唤充耳不闻，有人靠近也觉察不到，甚至对身边同学的嬉戏、欢闹也视而不见；有的则无目的地漫步，路面上的水坑、石头也注意不到；有的因为心情不好，不分时间场合，说一些很过分的话伤害别人也不自知；也有的同学受挫折后对别的事反应迟钝，而对涉及自身的事情特别敏感。

以上这些挫折反应是大学生遭受挫折后较直接、不由自主的反应，它们虽然可以降低挫折的直接打击，暂时缓解受挫后的心理压力，却无助于解决根本问题或改变挫折情境；反而会降低个体对挫折情境的认知能力，妨碍个体及时应对挫折，因而常常是消极的。

3. 大学生受挫后常见的积极反应[①]

大学生在追求目标实现的过程中受挫是常见现象，如果大学生能够审时度势，采取积极进取的态度对待挫折，则能表现出比较积极的反应：

（1）坚持目标，继续努力。当个体受挫后，通过分析发现自己追求

① 张旭东、车文博著：《挫折应对与大学生心理健康》，科学出版社 2005 年版，第 78—80 页。

的目标是现实的，那么即使暂时遇到了挫折也应克服各种困难，找出排除障碍的方法，毫不动摇地朝既定目标迈进，最终实现目标。

（2）修正既定目标。由于追求的目标难度大，自己的抱负又高，产生了主观期望和客观现实的落差，致使目标无法实现，便采取修改或简化目标的方式。其实，如果人生的道路上只是平平坦坦，那么这样的人生也不够完整。正所谓“失败并不可怕，可怕的是失败后的退缩”。

（3）转移或深化目标。行为受挫，目标没能达到，大学生也可以将原有目标转移到其他目标或升华到更高方向，如恋爱受挫，便转向努力学习，积极参加社会活动，加以补偿。

三、遭遇危机

（一）心理危机的内涵

8-5 心理危机

在中国文化中，危机是一个非常玄妙的词语，辞海将危机解释为“一种紧急状态”，《韦伯斯特词典》把危机定义为“决定性或至关紧要的时间、阶段或事件”①。一般而言，危机有两个含义，一是指突发事件，出乎人们意料发生的，如地震、水灾、空难、疾病暴发、战争等；二是指人所处的紧急状态。②当个体遭遇重大问题或变故而感到难以解决、难以把握时，平衡就会打破，正常的生活受到干扰，内心的紧张不断积蓄，进入一种失衡状态，这就是危机状态。危机意味着平衡稳定的破坏，引起混乱、不安。危机出现是因为个体意识到某一事件和情景超过了自己的应付能力，而不是个体经历的事件本身。突发事件与危机状态都有不确定性，都需及时应对，如处理不及时不得当，都能给社会或个人带来损害或负面影响，但两者也有所区别。从状态上来说，突发事件是实际上已经发生，并造成一定影响的状态。危机状态不一定已造成

① 转引自张继明、王东升主编：《大学生心理危机干预辅导员手册》，北京师范大学出版社2018年版，第3页。

② 樊富珉：《“非典”危机反应与危机心理干预》，《清华大学学报（哲学社会科学版）》2003年第4期，第32—37页。

损失，而只是一种可能引发紧急事件的状态，它的影响会持续一段时间，其负面影响可以是显性的，也可以是隐性潜在的。

美国心理学家詹姆斯（R. K. James）和吉利兰（B. E. Gilliland）认为：在个体层面上，危机是一种对事件和情境的认知或体验，即认为所面临的困难事件或情境超过了现有资源和应对机制，除非当事人获得缓解，否则，危机有可能会引起严重的情绪、行为和认知的功能障碍，甚至导致当事人或他人出现伤害或致命的行为。①

心理危机是危机的一部分，美国心理学家卡普兰（G. Caplan）对心理危机的定义至今广为认同。他认为，当一个人面临突然或重大生活困难情境时，他先前的危机处理方式和惯常的支持系统无以应对眼前的处境，即当他必须面对的困难情境超过了他的能力时，这个人就会产生暂时的心理困扰，这种暂时性的心理失衡状态就是心理危机。②

综合各家观点，我们认为：心理危机是指当个体面临生活中出现的重大逆遇时，其惯用的应对方式和资源失效，导致个体无力应对，体验到失控感甚至绝望感而出现的一种心理严重失衡状态。心理危机意味着个体内心的平衡状态被打破，这种内心失衡既可能是因为个体内部环境的重大改变，也可能是因为外部环境的重大刺激，或者是个体内外部环境相互作用共同导致的平衡改变。因此，心理危机意味着个体心理状态的失调，出现激烈的心理矛盾和冲突，导致当事人的知情意行等出现明显功能失调，甚至出现精神失常或崩溃。

大学生心理危机，主要指在校大学生中发生的各种心理危机。大学生心理危机的核心要素，首先是大学生所处环境或情境发生了重大改变，如面临重大事件或人生抉择等；其次是环境改变、内心平衡被打破对大学生的心理造成的冲击，导致大学生内心体验异常痛苦，出现无能为力的失控感或绝望感；最后是大学生面对心理严重失衡的反应，既有内心的无所适从、难以应对，又有各种社会功能的降低或丧失。

① ［美］Richard K. James、Burl E. Gilliland 著，肖水源、周亮等译校：《危机干预策略》（第七版），中国轻工业出版社 2017 年版，第 7 页。

② 顾瑜琦、孙宏伟主编：《心理危机干预》，人民卫生出版社 2013 年版，第 1 页。

（二）心理危机的特征

在人的心理发展过程中，没有任何一个人能完全避免心理危机的发生。有些心理危机是伴随着人的心理发展必然会出现的，如青春期的自我“同一性”危机。也有一些心理危机完全出乎人们的预料，如“汶川大地震”引发的有关心理危机等。不管是随机发生还是可预见，心理危机都有其独特的特点。

1. 危险性与机遇并存

“危机”一词寓意深刻，包含着“危”和“机”两部分，也就预示着心理危机既是危险，也是机会。心理危机一方面是危险的，它可以将当事人击垮，甚至导致当事人产生严重的心理障碍和异常行为甚至极端行为。如果心理危机应对不及时、干预不成功，会给当事人带来严重的伤害后果，甚至危及生命。另一方面，心理危机也意味着成长的机会，因为心理危机发生期间的严重痛苦会迫使当事人去寻求帮助，借助于危机干预的力量实现突破，获得自我成长。如果当事人能够将危机视为蜕变的契机，把危机中的困扰和失衡化为改变的诱因和动力，那么危机就会带给当事人成长的契机。

2. 普遍性与特殊性共生

心理危机是普遍存在的，没有人能够完全幸免。心理危机的普遍性一方面体现在危机情境、危机事件在人生中的普遍存在，在特定的情境下，在特定的事态中，危机必然发生；另一方面体现在每个人的人生发展历程中必定要经历一些普遍存在的心理发展阶段性危机。然而，在心理危机必然性背后，面对同样的情境，同样的发展阶段，并不是所有人都必然会发生心理危机。即使发生了心理危机，不同个体面对危机情境的具体反应和表现却千差万别，带来的困扰和痛苦程度也不尽相同，因此导致的危机状态也截然不同。这就是心理危机的特殊性。

3. 复杂性与多变性相依

心理危机的各种症状和表现盘根错节，涉及当事人生活的各个方面，与当事人自身和其所处的环境有千丝万缕的关系。心理危机就像一张纵横交织的网，其对当事人的影响表现在身心各个层面，并可能会波及周围的人和当事人的家庭等社会关系中，这些危机状态相互交叉在一起，错综复杂，需要各方面的支持和干预。另外，心理危机发生、发展势态是时刻变化着的，任一环节应对不当，可能就会引发一连串的继发性危机，这是心理危机最显著的特征之一。

4. 紧急性与渐变性为伍

心理危机的发生往往是出乎预料、突如其来的，很多引发心理危机的情境或事件不可预见、不可控制，因此，心理危机具有紧急突发性。心理危机给当事人带来的痛苦困扰和失控绝望感是当事人切身的感受，有时局外人难以理解，但其紧急性和危险性却不容置疑。尽管心理危机往往是紧急发生的，但其发生、发展的过程有一定的规律可循，一般都会经历“危机前—危机—危机后”三个阶段，危机前是个体应用日常的应对技巧和解决问题的技术来维持自我与环境间的稳定状态，危机是当事人面临逆遇或不能解决问题时所出现的情绪脆弱状态和危机活动状态，危机后是当事人在经过危机后，心理状态可能会恢复到危机前水平，也可能高于或低于危机前水平。[①]这说明心理危机的发展是有一个过程的，是逐渐变化的，这为危机应对与干预提供了可能。

（三）心理危机的后果

在成长的过程中，每个人都可能会在不同的人生阶段面临和应对各种不同的危机事件。任何心理危机都是辩证存在的，有危险和机遇两种后果。

1. 危险性后果

心理危机导致的不良后果主要有以下四种。

第一，造成伤害后果。经历心理危机的个体经不住危机带来的异常痛苦和无能为力的失控感，最终导致了自伤、自杀或暴力攻击等严重伤害性后果。

一个人经历心理危机，会出现激烈的内心冲突，表现出一系列异常的心理和行为状况，如产生自杀念头等危机信号。如果我们能及时发现危机中的大学生向他人发出的有关危机信号，觉察到当事人的一些异常反应，理解当事人的心理痛苦，给予温暖的支持和陪伴，就有可能避免

---

① 季建林、赵静波主编：《自杀预防与危机干预》，华东师范大学出版社2007年版，第256页。

悲剧的发生，挽救生命。

第二，导致心理疾病。心理危机本身是当事人内心严重失衡的一种状态，并不是心理疾病。但如果心理危机的当事人无力应对又得不到及时的帮助与有效的干预和支持，则可能会因承受不了严重的打击而出现内心崩溃，导致精神失常。

第三，遗留心理创伤。有些当事人暂时渡过了心理危机，其认知、情绪、行为的症状也已经消失，表面上看起来已经恢复了心理平衡，回到了正常的生活状态。但其也可能因此经历而造成了心理创伤，在心里留下了阴影，未来再遇到类似经历时，这些阴影和创伤就会严重影响其正常的生活，甚至重新陷入危机中。

第四，出现回避行为。经历了危机的当事人在面对生活中的重大改变时不是积极应对，主动寻求帮助和支持，而是消极回避，能躲则躲，不敢直面危机，甚至选择离家出走等。

2. 机遇性后果

心理危机的发生并不一定预示着危险与失败，也可能是我们成长的机会和挑战。如果当事人应对得当，干预有效，能顺利渡过危机，则可以帮助其获得自我成长，具体可以分为以下三方面。

第一，学会了应对危机的方法和策略。如果当事人可以在危机中积极地寻求外界的帮助和支持，并充分调动自身的能量，最终运用正确的策略和方法积极地解决了自身的困境，顺利渡过了心理危机，则当事人会在危机应对的过程中领悟到有效的策略，学会解决问题的方法，这是心理危机的积极后果。

第二，获得了生命成长和改变的动力。面对如此困扰自我的艰难险阻，当事人可以顺利渡过危机，这一结果本身就会大大激发其战胜困难和挫折的勇气和力量，让当事人有信心、有斗志接受未来生活的挑战，不断实现、创造自我的生命价值。

第三，塑造了日益成熟和健全的人格。当事人在应对危机的过程中，需要调动其自我的所有能力和资源，需要经受严峻的意志品质考验，需要有相对成熟的人格特点、强大的挫折承受力和问题解决能力，等等。因此，顺利渡过危机会让当事人的人格更成熟、更完善，经历危机的历程就是人格塑造的过程。

（四）心理危机的形成机制

1. 遭遇重大应激事件

8-6　应激-易感模型

每个人的一生中都难免遇到各种艰难险阻，承受各种压力与应激事件。然而，并不是所有的刺激事件都会引发当事人的心理危机。一个应激事件能否使一个人产生心理危机主要取决于个人对应激源的认知评估。如果当事人遭遇的刺激事件足够重大，使得当事人按照惯常的应对方式难以应对，并且可能引起当事人难以承受的危险性后果时，这一刺激事件就会成为引发当事人心理危机的重大应激事件。

一般来讲，天灾人祸等各种重大突发事件容易成为引起心理危机的应激事件。但假如重大突发事件对当事人的身心健康和生命安全没有造成威胁和伤害性后果，则不构成重大应激源。相反，一些大众看来并不“重大”的刺激事件，也可能成为当事人的重大应激源。如很多大学生会经历失恋这件事，大部分人可能不会认为失恋了就活不下去了，失恋这件事根本就不是重大应激事件，遇到失恋也不会产生心理危机。然而，也有个别失恋者会认为由于失恋自己的世界暗无天日，是自己太差劲了才会分手，自己以后再也找不到这么好的恋人了，对自己未来的爱情和婚姻产生了绝望和无助感。这样的当事人失恋以后往往会把自己封闭起来，做什么都无精打采，甚至寻死觅活，身陷失恋的泥潭中无力自拔，最终陷入了心理危机。对这类大学生来说，失恋就变成了他所遭遇的重大应激事件。

2. 个体难以应对

应对是一个动态的过程，是个体在整个应激过程中发生的一整套反应，是个体为应付外部环境和内在需求而运用自己的能力、调动自身的资源所付出的全部努力的过程。拉扎勒斯认为：“应对由各种努力所组成，即个体努力通过行动和内心思索去处理（如征服、忍受、降低、淡化）环境中和心理内部的各种需要，以及各种需要之间存在的冲突。”[①]

应对是拥有若干资源、价值观和责任的个体与有自身需要和约束的

① Shelley E. Taylor 原著，朱熊兆等主译：《健康心理学》（第 5 版），人民卫生出版社 2006 年版，第 201 页。

特定环境之间的一系列互动过程。因此，应对不是一个动作、一个行为、一种资源或者一种能力，而是跟个体应激同步的一系列反应的总和，包括个体对应激环境、应激事件所作出的各种反应和许多行为。从应激的角度看，应对反映了个体为恢复到某种应激前的常规状态而与应激源相互作用的方式。

如果个体的应对得当有力，则应对的结果是积极的，如改变或消除应激源，或者改变一个人的思考方式，或者提高一个人的问题解决能力，或者学会接受、忍耐和宽容等。但当个体应对不当或无力应对所遭遇的重大应激时，则可能被重大刺激事件击垮，进而导致个体出现一系列的身心健康问题，表现出情绪崩溃、行为失范、思维紊乱等，进而陷入心理危机。

3. 社会支持无效

社会支持是指来自个体所喜爱、关心、尊重和珍惜的人所提供的信息，以及与来自父母、配偶或情人、其他亲戚、朋友、社交团体、甚至可以是自己深爱的宠物之间的相互交流和共同的责任。①

一般认为，社会支持从性质上可以分为两类，客观支持和主观支持。客观支持是实际存在的或可见的支持，包括物质上的直接援助，社会网络、团体关系的实际存在或参与，主要体现在个体需要的时候能够依靠的实际社会支持的内容和程度。主观支持是个体体验的或情感上的支持，是指个体在社会中受尊重、被理解的情感体验和满意程度，强调个体对社会支持的主观感受。此外，我国学者肖水源提出社会支持还应包括个体对支持的利用度。②个体对社会支持的利用存在差异，有的人没有显著的社会支持会主动挖掘寻求支持，而有的人有强大的社会支持却拒绝别人的援助。在同样的社会支持面前，有人会主动寻求并充分利用社会支持，而有人却会拒绝外界的支持，甚至有人根本就没有利用社会支持的意识，或不知道怎么样利用社会支持来化解危机。因此，当一个人遭遇重大应激源且自己难以应对时，如不能有效利用社会支持，就会出现心理危机。

---

① Shelley E. Taylor 原著，朱熊兆等主译：《健康心理学》（第 5 版），人民卫生出版社 2006 年版，第 217 页。

② 肖水源等：《社会支持对身心健康的影响》，《中国心理卫生杂志》1987 年第 1 期，第 184 页。

4. 心理危机形成

面对压力，每个人都以自己特有的风格、发挥自己的能力、调动内外的资源作出相应的应对。心理健康的人往往能够正视问题，面对压力，作出积极有效的应对。心理不健康的人却常因认知偏颇、情绪失控、意志丧失、人格缺陷等种种因素而不能有效应对压力。

当一个人面对的压力源足够危险，可能带来严重的威胁或伤害性后果，而个体又因能力不足、应对不当、支持不够等无力应对时，就会给当事人造成严重的后果，导致当事人出现心理的严重失衡，这时当事人的心理危机就形成了。

总之，心理危机是在个体遭遇重大应激事件时，因自己的应对方式不当、应对能力不足，又无法获得有效社会支持的援助而形成的（见图 8-1）。

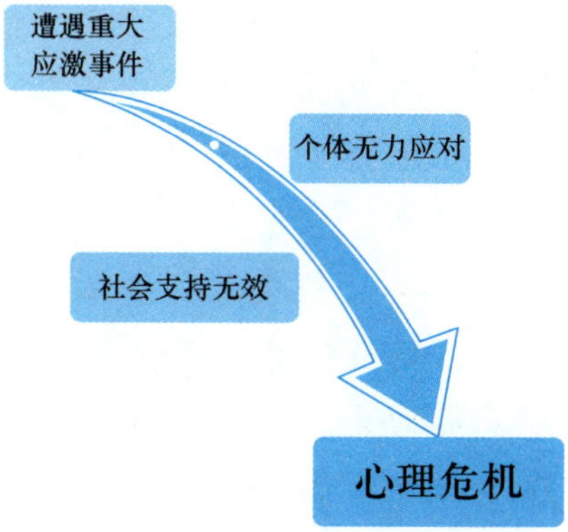

图 8-1　心理危机形成示意图

第二节　四面楚歌：心理危机的类型

心理学家布拉默（L. M. Brammer）将危机分为三类：发展性危机、境遇性危机和存在性危机①；国内学者马建青等将心理危机分为四类，在布拉默分类

① ［美］Richard K. James、Burl E. Gilliland 著，高申春等译：《危机干预策略》（第 5 版），高等教育出版社 2009 年版，第 6—7 页。

基础上增加了一类“病理性危机”①，上述种种危机在大学生身上时有发生。

一、发展性心理危机

案例

“就业压力山大，拼不到未来”

小宁，2020级经济类专业学生。她的两年大学生活已过，还有两年不到的时间，她即将面临就业。听到学长们经常说“毕业即失业”，小宁的心凉了半截。她总是遏制不住地想：“好不容易熬过了高三下学期不能正常开学的低效网课时段，却怎么也没料到这次的新型冠状肺炎疫情如此旷日持久”“因为疫情没能考上理想的大学已经够倒霉的了，现在估计还要因为疫情，找不到一个满意的工作”“真是什么难事都让我们这一级大学生赶上了”！

面对当今社会日趋增大的就业压力，小宁整日心慌意乱。为了缓解就业的压力，她曾想过要努力考研，可是她犹豫不决，根本不能专心致志地投入备考。在她看来，考研不仅需要付出太多的辛苦，承担无尽的压力，最终的结局也可能是失败的。如果考不上研究生，就会错失了很多找工作的机会，更难找到好工作；哪怕最终考上了研究生，其实也不过是延迟3年就业而已，同样还得承受就业的巨大压力。所以，小宁思来想去，在考研和就业之间左右为难，举棋不定。

在巨大的压力之下，小宁对自己的未来有着难以承受的担忧，感觉非常痛苦，整天坐立不安，甚至情绪焦虑到茶不思饭不想。再加上晚上失眠，白天又混混沌沌地不能专注学习，无论是考证还是考研，都一筹莫展，仿佛陷入了死胡同一样，内心压抑到接近崩溃！小宁心理痛苦不堪，又很迷茫无助，不知道路在何方，不知道谁可以帮忙？更加不知道自己怎么才能有一个可期的未来……在辅导员的建议下，小宁来学校心理中心寻求帮助。经过心理老师的咨询，小宁知道自己陷入了一种心理危机的状态。

① 马建青等著：《大学生心理危机干预的理论与实务》，杭州出版社2011年版，第17页。

小宁经历的心理危机属于发展性心理危机。发展性危机是正常的人生过程中发生的一些事件，只是因为这些事件带有重大的人生转折意义而易于引起异常的危机反应。如大学生在大四结束不能正常毕业或者毕业后不能顺利就业、人到中年而发生职业改变等，对所有这些带有重大的人生转折意义的事件的异常反应都是发展性危机。发展性危机一般都被认为是正常的，是个人自我身心发展过程中的正常经历，每个人都有可能会在不同的发展阶段遭遇此种心理危机。但是发展性危机对每一个人的意义是各不相同的，危机的后果也不尽相同。

大学生处于人生发展的关键时期，其心理发展正处于由不成熟向成熟过渡的阶段。在这个特殊阶段，大学生强烈的学习欲望、积极稳定的情绪、健全的人格、和谐的人际关系以及良好的适应能力等各项心理品质无不处在快速发展的关键期，这就决定了大学生在正常的自我成长道路上，时刻有可能经历急剧的变化。如果大学生在发展的过程中，不能很好地应对由学业、生活、交往等引起的压力与挫折，就会表现出一些认知、情绪、行为等的异常心理反应，形成由心理发展与自我成长所导致的发展性心理危机。这类危机是大学生中最常见的一种心理危机。

二、境遇性心理危机

案例

“爱情连连受挫，找不到快乐”

小军，是某理工类高校计算机专业的男生。在高中时，他就跟自己同校的一个青梅竹马的女生偷偷恋爱了2年。两个人从小学开始就是同班同学，两人学习成绩都很优秀，一起考入了所在地的重点高中。但是高考后因为女生喜欢历史而选了文科类的大学，与自己不在同一所学校、同一个城市读大学了。小军满心以为女朋友对自己是真爱，异地恋对他来说绝对不会是问题。可是不曾想，大一期中考试前夕，女友以性格不合为由坚决提出分手，让小军感觉没有任何回旋余地。被分手后，小军不甘心，跑到女朋友所在的学校，想尽一切办法求复合，但女友态度很强硬，后来不跟小军见面，拉黑了他的所有联系方式，甚至为了躲他请假不上课。小军灰头土脸地回到自己学校后，非常痛苦，他无论如何也想不通女友怎么对自己这么绝情？

小军失恋后，陷入痛苦的情绪无法自拔。一次他在酒吧借酒消愁的时候，遇到了一个对自己一见钟情、热情似火的女孩，小军想可能开始一段新恋情后自己就会忘记前女友带给自己的痛，于是跟酒吧里遇见的女生快速进入热恋状态。小军与新女友几乎天天黏在一起，为此经常逃课陪女友逛街、去酒吧喝酒，变着花样地哄女友开心，唯恐女友对自己不满意就会被抛弃。两个人甜甜蜜蜜、腻腻歪歪地交往了两个月，就在小军感觉自己果然已经开始不那么痛苦了，快要忘记前女友的时候，现女友又一次毫无征兆地对小军提出分手。分手理由是小军不够优秀，不能保障自己的未来幸福，因此，她不想再继续在小军身上浪费时间和感情。

连续两次遭遇失恋，小军彻底崩溃了。他连续几天每天晚上都去学校附近的酒吧喝酒，喝醉了就痛哭流涕地骂自己没用，骂女友绝情，甚至扬言要为爱殉情。在辅导员和舍友的安慰下，小军不再去酒吧买醉，但是依然不去上课，基本不去吃饭，经常闷声不响地把自己反锁在宿舍里。在周末的凌晨，他向发小发送了很多微信信息，告诉发小“我活腻歪了”“我实在太痛苦了”“我愿意为我的冲动负责”“以后可能没机会再见了”……小军发信息的时候，他的发小已休息所以没及时看到，也未回复任何信息。因为是周末，发小第二天起床看到小军的消息的时候已经快9点了，发小赶紧给小军打电话，结果小军手机关机，他又多次用微信和钉钉语音电话联系小军，都无人接听。于是，小军发小赶紧联系学校保卫处24小时值班电话“校园110”，学校保卫处接电话后立即跟学院通报情况，辅导员接报后第一时间赶往小军宿舍，舍友说小军今天很早就起床了，还说好几天没好好吃饭了，今天早上要去食堂好好吃个早饭，舍友还在为小军愿意早起去食堂吃饭而开心呢，没想到会联系不上他，辅导员感觉小军情况不对，立即联系保卫处并报警寻求帮助，后来警察和学校保安在沿江大堤下面的一块大石头上找到了正在写遗书的小军，把他带回了学校。

境遇性心理危机主要是指当事人在生活中遇到了突发的或者出乎意料的重大刺激事件，这种事件的发生当事人不可能以任何方式加以预见或控制，又不能作出有效应对时所出现的一类心理危机。我们的生活中总会遭遇各种重大事件，但是对不同的当事人，其所带来的影响会非常不同。有些重大负性事件，如地震洪灾、新型冠状肺炎疫情等天灾人祸，如果当事人没有在事件中受到巨大影响，也可能不会引起境遇性心理危机；但是如果当事人在重大事件中遭遇生命、财产、安全等重大伤害，而当事人却无力应对，那就会引起境遇性心理危机。对大学生来说，更容易引起境遇性心理危机的刺激事件，往往很少是社会性重大事件，更多的可能是大学生亲身遭遇的一些重大变故（如突遭大病、亲人亡故、失恋等），甚至是日常琐事的累积而进一步诱发境遇性心理危机，如学生干部竞选失败等，会引起大学生高度的自我怀疑与否定，带来极端的抑郁情绪反应，进而可能引发心理危机。

人生没有一帆风顺的路，每个人都会遇到各种各样的意外事件，大学生也不例外。对大学生来说，比较常见的境遇性心理危机主要是由因亲人去世、遭遇重大交通事故、周围亲朋好友或身边同学意外死亡、被排挤、失恋、学业或就业困难等重大负性应激事件引起的心理危机。

三、存在性心理危机

案例

“活着没有意义，看不到希望”

小武，来自西北地区的某个小县城，是某双一流大学的高才生。在读大学以前，他一直是一个品学兼优的乖孩子，学习成绩特别优异，以所在县市第一名的好成绩考入名牌大学。小武本以为全力以赴地考上了理想的大学，自己就会前途无量，成就非凡的人生了，可是才读大学半年，他就感觉人生没什么意思了。

在刚入大学时，小武对全新的大学生活充满了好奇与兴趣，充满干劲、忙忙碌碌地奔波着，不知不觉地就到了期末考试阶段。在某门课的期末考结束后，小武感觉非常糟糕，因为自己复习备考的内容跟真正的考试试卷相去甚远。所以这场考试，小武感觉云里雾里一头懵，最后的答卷写了什么，自己是怎样完成考试走出考场的，事后完全想不起来。

期末考试后，面临着即将开始的寒假，小武开始迷茫了。自己天天这么疲于奔命般地上课学习，参加各种社团活动，积极参与班级管理，努力与老师同学处好关系……在辛苦打拼了一学期，经历了这样一次课程考试后，小武突然感觉内心非常空虚。这种空虚来自于对自己的半年大学生活的茫然，更来自于对努力拼搏的意义感到怀疑。在小武倍感虚无的时候，他变得只关注这个世界中存在的各种荒谬之处，或者是人们普遍认同的却经不起推敲的一些真理。比如，为什么我们只能过这样的生活，而不是另外一种？为什么人生必须按照年龄阶段逐步走向死亡？……小武的内心像被挖空了一样，无论如何都没法说服自己去相信这个世界告诉我们的答案。当他发现人们普遍遵从的很多价值规条有时候居然如此经不起推敲的时候，他陷入了极端焦虑状态，他不知道自己辛辛苦苦地读书、考试、上学，然后毕业了，工作了，结婚了，生娃了，再然后呢？就继续工作和生活轮番播放，开始生命中无休止的重复和雷同，这样的一辈子到底有什么意义？人生真的有价值吗？小武的内心充满了矛盾与冲突。

小武在日复一日的重复生活中，丢失了热情和努力奋斗的初衷。恍然回过神来，他不知道自己为什么在这里，明明世界这么大，他却无处可逃，也找不到可以前行的方向。小武的大学生活，由此开始没有了生活的动力，丧失了生活的兴趣，满脑子充斥的都是死亡和结束。小武因为找不到活着的意义而陷入了存在性心理危机中。

存在性心理危机是指由诸如目的、责任、独立、自由、献身等重大的人生事务所引起的内心巨大的冲突与焦虑。这种对人生意义与价值、人的自由与责任等诸如对“人的存在”这个问题产生内心冲突而出现的心理严重失衡，就是存在性危机。如当一个人 20 岁时找不到努力学习的意义，或者当一个人 30 岁时再也不相信人间有真爱，再或者当一个人 40

岁时认识到他将不可能在事业上有所作为，抑或者当一个人 50 岁时开始后悔未曾婚嫁并生儿育女而现在已完全丧失了这种可能，更或者当一个人 60 岁终于认识到他一辈子碌碌无为而虚度终生时，他会陷入极端的内心冲突，出现心理的严重失衡，而导致心理危机。在人生的上述这些不同时候，当事人所体验的这类心理危机就是存在性危机。

四、病理性心理危机

案例

"总有人要害我，得不到安宁"

小强，大一男生，某省属重点大学土木工程专业学生，来自浙江某沿海城市。在小强小学四年级的时候，父母离异，他跟着父亲和祖父母一起生活。从小学到高中，他的学习成绩一直在年段名列前茅，在初三的时候曾经因为竞争保送生被三个同班男同学欺负。尽管最后还是如愿就读了重点高中最好的班，但从高中开始小强的性格就变得内向孤僻，在学校里几乎没有朋友，除了学习不参加其他的课余活动，整日沉默寡言。在高三时，他又因为课外辅导问题跟几个年级排名不相上下的同学发生了激烈冲突，直到高考结束，小强在学校里一直处于高度紧张的关系中。

入大学以来，小强跟老师、同学的关系都比较疏远，大家对小强几乎没什么印象。小强习惯了一个人独来独往，在寝室里也不声不响，很少跟室友交流。某个周末，小强在自习室被座椅上的一颗大头针扎到后，他惶恐不安，一个月内前后三次到疾控中心进行艾滋病检测。他坚信是有人故意放了大头针在座椅上，要让他感染艾滋病。为了寻找证据，他反复要求查看教室的监控录像，但是录像没有拍到任何人往座椅上放大头针的影像，监控录像也无法查证大头针是怎么到座椅上的。尽管查不到有人故意害他的证据，但是小强坚定不移地认为有人故意要害他，监控拍不到，是因为害他的人太厉害了，他们已经掌握并配备了最先进的高科技装备，学校的这些监控设备根本无法拍摄到他们安放大头针的画面。为此，他不再相信学校和老师可以保障他的人身安全，就连警察也无法查到证据来抓捕那些试图谋害他的人。因此，他认为自己的生命安全受到了严重威胁，完全没办法正常生活和学习，惶惶不可终日，心理处于崩溃状态。

后来，小强被家长带去精神科就诊，被医生诊断为精神分裂症。小强因为被害妄想而引发极端恐惧情绪，导致内心崩溃，最终出现心理危机。此类心理危机即是由精神分裂症这种大学生常见的精神障碍引起的病理性心理危机。

除精神分裂症之外，其他诸如抑郁症、双相情感障碍等大学生中常见精神障碍也会导致患病学生出现病理性心理危机，最常见的病理性危机是由抑郁发作引起的自杀、自伤等极端心理危机。大学生们如遇到此类心理危机，必须及早识别，做到早发现、早治疗，从根本上预防心理危机。

第三节 绝处逢生：心理危机的应对

新时代大学生要加强“抗压与耐挫”自我教育，以磨炼意志、培养克服困难、勇往直前的勇气，将压力耐受力和挫折复原力的提升融入自己的大学生活实践中，逐步提高自己克服困难、承受压力与耐受挫折的能力，应对各种可能的心理危机。

一、学会压力下成长

世界并不完美，生活很多时候也是艰难的，社会变迁会不可避免地让人产生各种压力。大学生不仅要面对自己生理和心理的各种发展变化，还要处理日渐复杂的人际关系，更要取得学业的成就，提高自己的综合素质，这些都让他们的压力与日俱增。尽管适度的压力能够激发动力，但是过于强烈和持久的压力则容易引发心理危机，因此，大学生需要学会在压力下成长。

（一）压力下成长模式

8-7　压力管理的英雄们

尽管部分大学生具有较强的压力管理能力，能够运用适应性的压力应对方式有效地处理压力，但是也有很多大学生的应对是不适应的，最终损害了他们的身心健康。任何单一的应对方式或应对实践，都不能让大学生们获得压力下的成长，而谢尔弗和加德提出的“10 个 C”模式，则是把很多行之有效的应对实践组合成了一个压力下成长模式。“10 个 C”模式包括了坚韧性、C 型模式、健康缓冲器、应对方式等多维要素。① “10 个 C”分别是：

1. 调节（conditioning）

指不仅要有规律的运动，更要有良好的饮食和睡眠习惯。

2. 维护（caring）

指分享有利于维护家人、朋友、同事的关系。它包括给予和接受。

当上面两个“C”表现出来以后，下面关于坚韧性的 4 个关键的“C”（与一种 C 型行为相合并）会使压力下成长变得更加可能。

3. 挑战性（challenge）

指能解释困境并将其转变成一个积极的挑战或责任的能力。

4. 自信（confidence）

指信任自己的能力可主宰任何随之而来的困难和挑战。

5. 责任（commitment）

积极投入你的行动中并非常相信自己的理想——作出最强的一击。

6. 控制（control）

指相信自己影响事件及对事件反应的能力。

当这四个“成长的视角”的核心部分表现出来后，下面这个“C（coping）”就变得更加可能。

7. 应对（coping）

指你建设性地面对挑战性的事件和个人暂时的不良压力的反应

① ［美］沃特·谢弗尔（Walt Schafer）著，方双虎等译：《压力管理心理学》（第 4 版），中国人民大学出版社 2009 年版，第 251—254 页。

能力。

当一个人能有建设性地应对时，其他的三个“C”也将随之而来。

8. 冷静（calmness）

指你面对困境保持适度的生理和情绪唤醒的能力。

9. 创造性（creativity）

指提出对困难和困境的一般革新和情境性的特别解决方案的能力。

10. 胜任（competence）

指你有效地处理工作或任务的要求的能力。

以上就是压力下成长的“10 个 C”。当“10 个 C”共同发挥作用时，人们在长期压力源的作用下会获得生存与成长。这“10 个 C”不可能通过使用什么特别的技术在一夜之间实现，却可以通过长期的个人成长和发展来实现。从这个角度来说，诸如事件的发生、改变和困境的到来都可以被看作成长中的挑战——有困难但绝不会被压倒。

（二）压力下成长练习

在熟悉了压力下成长的“10 个 C”之后，你可以开始下面的应用练习，评估你的优点和缺点。

1. 根据 10 个 C，我的优点包括：

____

2. 我有这些优点是因为：

____

____

3. 根据 10 个 C，我的缺点包括：

____

4. 我有这些缺点是因为：

____

____

这种练习运用时需掌握适度、具体、客观并有所区别的原则。压力很大程度上是一种主观感觉，因此无论使用哪种方法实施压力管理，最终的目的都是让我们可以自如地控制情绪的波动、疏导生活学习中的压力，从而保障我们在压力下可以享受生活的美好。

二、学会挫折后复原

（一）挫折复原力

挫折复原力，源自物理学的概念，是一种物体在受力之后恢复原样的能力。对人类而言，挫折复原力就是人们处在压力状态下，经历磨难后以及面对未知时，是否能够很快重新振作起来，集中精力，乐观面对，并且是否能够在一个极度艰难的处境中找到积极的、正面的意义的能力。①从现象学的角度来看，心理复原力是指个体在经历困境或创伤后仍然能恢复到良好适应状况的发展现象，②它与坚韧性、心理一致感、乐观、创伤后成长、适应、恢复等概念有明显的区别，突出了个体在经历重大困境或创伤后身心的内稳态和良好适应状态。③

8-8 挫折复原力（上）

挫折复原力可以帮助我们在逆境中稳步前进，不至于一蹶不振，陷入抱怨和逃避的消极状态。挫折复原力是认识、情感、意志和行为相结合的一种心理过程，是人的一种先天潜能及后天可培育的特质。④大学生即使在个人成长经历中没有发展出良好的复原力，或是因为遭遇重大负性事件而出现了心理危机，我们还是可以通过持续的训练，培养自己的挫折复原力，并反复强化不断增强挫折复原力，让自己变得更成熟、更强大。

8-9 挫折复原力（下）

（二）提升挫折复原力

以30天为一个练习周期，大学生可以按照下表中列出的挫折复原力挑战计划，每天做完一件事，长期坚持完成这些练习，就能不断提升自己的挫折复原力。30天挑战计划详见下表（见表8-1）。

---

① ［德］丹尼斯·穆蓝纳（Denis Mourlane）著，王丹若译：《挫折复原力：成功者都具备的隐藏素质》，北京时代华文书局2019年版，第18页。

② 雷鸣、戴艳、肖宵等：《心理复原的机制：来自特质性复原力个体的证据》，《心理科学进展》2011年第6期，第874—882页。

③ 雷鸣、宁维卫、张庆林：《心理复原力的内涵及其对心理健康教育的启示》，《西南交通大学学报（社会科学版）》2013年第5期，第58—64页。

④ 韩黎、张妍、郑涌：《基于文化的心理复原力研究》，《心理学探新》2012年第3期，第195—198页。

8-10 提升挫折复原力

表 8-1 30 天挫折复原力挑战①

5 次深呼吸	给朋友打电话	安排独处时间	捐献一些旧衣物	组织一场午餐约会	做瑜伽/拉伸课程
早睡	做一份健康餐	倾听轻音乐	做 SPA 或理发	悠闲地散步	寻求帮助
给他人提供帮助	找一个情绪健身房项目(或类似活动)	早起看日出	只喝纯净水	计划一场与家人的游戏之夜	夸赞别人
注销一些负面的社交媒体账号	写感恩日记	练习 WWW 模式	在“感官包”里加入更多东西	遇事时练习 ABC 模式	立下新的界限以及恰当的步骤
练习最好、最坏和最实际的情况	给自己写一封信，写下你的优点、目的和成就	写下你这个月期待的 3 件事	观看一个积极心理学视频	下载一个激励性的语录	接受艺术性疗法（喝茶、手工或画画）

在 30 天挫折复原力挑战练习中，像早睡、安排独处时间等大多数练习都是生活中的一些日常行为，简单明了，大学生们只要安排好时间行动起来就可以完成。而像“情绪健身房”“感官包”等练习项目我们将给予一些更详细的注释。

1. 情绪健身房项目或类似活动

情绪健身房（moodgym），是一个在线自助程序，就像一本交互式的在线自助书，基于认知行为疗法（CBT）帮助用户学习和练习，有助于预防和管理抑郁和焦虑症状。我国也有一些互联网公司创办的在线情绪管理小程序，大学生如有需要可以进一步搜索相关资源。

2. 练习 WWW 模式

WWW 模式是 what-how-what 的缩写，分别代表了“我做了什么”“我是如何做的”“下次我要改变什么或坚持做什么”，将其填写在下列练习记录表中，格式如下表（见表 8-2）。

① ［澳］史蒂芬妮·阿兹里著，张瑞瑞校译：《复原力：应对压力与挫折的心理学》，中国友谊出版公司 2021 年版，第 197 页。

表 8-2　每周练习记录表[①]

	我做了什么	我是如何做的	下次我要改变什么或坚持做什么
周一			
周二			
周三			
周四			
周五			
周六			
周日			

3. ABC 模式

这一模式是基于情绪 ABC 理论提出的复原力练习模式。其中，A 代表挫折事件（情境），B 代表我们对事件的信念，C 代表我们的心理与行为后果。当我们遇到困难和挫折的时候，首先需要理解当下挫折的 ABC 分别是什么，然后就可以通过改变引起不良情绪和行为后果的非理性信念，并用理性信念替代它，获得新的积极的情绪和行为后果，最终提升挫折复原力。

4. 最好、最坏和最实际的情况[②]

人们在感觉焦虑时突然直接陷入最坏的情况实属正常，但是你是否有潜心想过其他处境？最好的情况一般并不常出现，但是你知道何谓最好的情况吗？是最实际的那个！我们给出一个案例，由你来完成其他情况。当你被焦虑困扰的时候，请切记关注最实际的那个选择（见表 8-3）。

5. 感官包

感官可以帮助我们调节情绪，使用感官的方式因人而异，且与当时正在经历的事情有关。如当你在课堂上感觉困倦时，你需要响亮的掌声来唤醒你；但当你非常焦虑时，响亮的掌声可能会使你更焦虑。在我们的情绪调节练习中，最常使用的感官是听觉和视觉，此外，我们也需要特别注意触觉、味觉和嗅觉等主要感官。

---

① ［澳］史蒂芬妮·阿兹里著，张瑞瑞校译：《复原力：应对压力与挫折的心理学》，中国友谊出版公司 2021 年版，第 189 页。

② ［澳］史蒂芬妮·阿兹里著，张瑞瑞校译：《复原力：应对压力与挫折的心理学》，中国友谊出版公司 2021 年版，第 192—193 页。

表 8-3 最好、最坏和最实际的情况对比表

	最好的情况	最实际的情况	最坏的情况
你在返校的高铁上丢了钱包	有人捡到了钱包，不但归还给你，还为了弥补你的遭遇给你加了100元	你立刻挂失了银行卡和身份证等，但需要补办新卡、补领证件等，虽然非常麻烦，但好在没有大的损失	有人捡到了钱包，不仅花光了里面的现金，还盗刷了你的银行卡，以你的身份证实施了欺诈
你一周胖了2公斤			
你的室友很烦人			
你这个月又月光了			
你的约会迟到了			

在“感官包”里加入更多内容的练习是为了帮助我们更加熟悉我们的感官，让精神聚焦当下，同时更好地控制情绪。所有的感官都能够抚慰或提醒自己，让我们放松或警觉。下表内容可以帮助我们运用感官来调节我们的心情，找到过于平静和过于刺激之间的平衡点（见表 8-4）①。

表 8-4 感官调节心情示意表

感官	冷静	警觉
嗅觉	香薰蜡烛	浓郁的香水
味觉	温茶	冷柠檬水
视觉	看海	舞池彩灯
听觉	轻柔的音乐	警报声
触觉	抚摸或按摩	挠痒痒或拍打
口腔运动	嚼口香糖	酸溜溜的棒棒糖
前庭器官运动	摇摆	跳舞或跑步

三、学会危机中求助

（一）识别心理危机的信号

大学生的心理危机信号主要表现在情绪、认知、行为、躯体四方

① ［澳］史蒂芬妮·阿兹里著，张瑞瑞校译：《复原力：应对压力与挫折的心理学》，中国友谊出版公司 2021 年版，第 33—34 页。

面，当大学生出现下述两个或两个以上方面的表现时就可能出现了心理危机。①

8-11 情绪稳定化技术

1. 情绪方面

大学生表现出高度的焦虑、紧张、丧失感、空虚感，且伴随强烈的恐惧、愤怒、罪恶、烦恼、羞惭等情绪体验。

2. 认知方面

大学生处于心理危机时会导致记忆和知觉功能的改变，甚至难以区分事物的异同、体验到的事物间关系含糊不清，做决定和解决问题能力受影响，有时害怕自己发狂，一旦危机解决可迅速恢复知觉。

3. 行为方面

行为常常表现为不能专心学习、工作；回避他人或以特殊方式让自己不孤单；黏人不讨人喜欢；与社会联系破坏，可发生对自己或周围人事物的破坏性行为；拒绝帮助；行为和思维情感不一致；出现过去没有的非典型行为等。

4. 躯体方面

在没有生理疾病的情况下，身体出现失眠、头晕、头痛、心慌气短、食欲不振、胃部不适等症状。

（二）甄别心理危机的线索

大学生的心理危机有各种不同的信号表现，也会有各种不同的危机线索可循。大学生遭遇心理危机，准备实施危机行为之前，往往会暴露或留下一些线索。这些心理危机的线索可能是语言文字方面的，如通过口头语言或文字表明处于危机中的当事人内心的极大痛苦，或者对生活的绝望感等，甚至直接或间接地流露“活着没意思”等类似的表达。也有些同学会在微博、QQ、微信朋友圈等发布一些非常消极的状态或话语。还有个别同学也可能会做出一些异常的行为，比如可能会很沉重地与好友告别，或者给亲朋好友交代一些放心不下的事等。

此外，当大学生遇到一些意外状况，如亲人亡故、父母离异、难以

① 章成斌：《大学生心理危机干预的实践和探索》，《高等工程教育研究》2004 年第 4 期，第 55—56 页。

忍受的躯体疼痛或不可治愈的晚期疾病等，或者在亲人的祭日，或遇到生活状况的急剧改变时，容易诱发极端心理危机，也会表现出一些状况类危机线索。

陷入不同程度心理危机的大学生，都会以不同方式表现出不同的危机线索，有些线索和信号易于识别，但有些是难以识别的。其实，有强烈痛苦体验而陷入心理危机的人本身是非常矛盾的，他们的情绪极端痛苦，思维模式是“非此即彼”的，但他们也想抓住危机中的“生机”，让生命获得成长。

总之，大学生心理危机的线索，其背后可能是他们在以某种方式寻求帮助，暴露这些线索的目的可能是希望引起周围人的注意和关注。如果大学生可以对这些线索保持敏感和警惕，能够及时发现和觉察同学中的一些异常的心理与行为状况，留心这些线索中的蛛丝马迹，就有希望阻止危机者采取进一步的危机行动。

对于大学生来说，只要我们留心、留意自己和周围同学的身心状况和所处情境，与同学保持联系和交流，及时发现同学们遭遇的各种负性刺激事件，关心同学、关照自己，大学生们是完全可以将心理危机扼杀在萌芽状态，完全可以及时发现并分辨这些线索和信号所指示的危机趋向，从而挽救处于崩溃边缘的生命，积极应对各种可能发生的心理危机。

（三）寻求社会支持的援助

8-12　我的社会支持系统

面对心理危机，大学生要学会积极应对，但直面危机并不是仅仅靠自己，有时往往也需要得到他人的及时帮助。适时求助于他人，帮助自己有效应对危机，也是应对危机的重要途径。个体面对自己无法应对的危机，能够及时地寻求他人帮助，从而顺利渡过危机，这本身就是一种十分重要的能力。

如果大学生面对想尽各种办法、运用各种资源都无法解决的心理危机时，要及时、主动地寻求社会支持，包括向自己的同学、朋友、亲人、老师等求助，或者寻求专业组织机构的支持。他们可以分别在心理、经济、信息等方面给予大学生充分的帮助和支持，尽可能帮助大学生渡过心理危机。

此外，大学生在遇到心理危机时，主动向学校心理咨询机构求助，寻求心理专业人员的帮助，也是大学生必须要有的意识和能力，心理咨询专业人员会借助专业知识帮助其最大程度地应对心理危机。

大学生能够正确地认识心理危机的表现、特征及常见类型，则具备了科学应对心理危机的意识和知识。大学生如果能不断提高自己的危机应对能力，树立乐观的心态，学会自助求助，就能很好地预防心理危机的发生。

如果大学生正在经历着心理危机，也并不可怕。大学生在成长的过程中，已经掌握了一定的危机应对知识，发展了一定的危机应对能力，还拥有广泛的社会支持力量，这些都可以帮助大学生有效应对心理危机。不经历风雨，怎能见彩虹？经历了危机的大学生，也必将把危机转化为机遇，获得自我的成长。

思考与练习

1. 心理危机是怎样形成的？
2. 举例说明大学生常见的心理危机类型有哪些。
3. 如何积极应对大学生心理危机？

本章参考答案要点

推荐书目

1. 王芳著：《当压力来敲门：哈佛大学 SMART 压力管理本土化指导手册》，华夏出版社 2020 年版。

2. 李世佳著：《压力心理学　从大脑、个人成长到心理健康》，上海教育出版社 2021 年版。

3. ［美］彼得·莱文（Peter A. Levine）著，庄晓丹、常邵辰译：《心理创伤疗愈之道　倾听你身体的信号》，机械工业出版社 2017 年版。

第九章

对症下药——防治精神障碍

与其救疗于有疾之后，不若摄养于无疾之先。

——元·朱震亨

现代神经科学证明，人类所有的精神活动都由人的大脑调控。正常的大脑功能产生正常的精神活动，而异常的大脑功能与结构则可能导致异常的精神活动与行为表现。本章将对大脑功能异常导致的精神与行为异常进行探讨，从介绍精神障碍的概念开始，阐述精神障碍发生的病理机制和可能的影响因素，并指导大学生以科学的态度对待精神障碍，及时识别大学生中常见的精神障碍和异常行为，积极防治精神障碍。

第一节　郁郁寡欢：认识了解精神障碍

我国改革开放40多年来经济快速发展，思想观念、家庭结构和生活方式发生了巨大变化，精神卫生问题已经成为我国重要的公共卫生问题。每个人都有可能触及精神障碍，在我们的一生中也都有罹患精神障碍的风险。

一、精神障碍概述

《柳叶刀·精神病学》2019年在线发表的黄悦勤教授团队关于“中国精神障碍患病率：流行病学现况研究”显示：调查数据样本中“任何一种精神障碍（不含老年期痴呆）终生患病率为16.57%，12个月患病率为9.32%。”[1]截至2018年年底，全国2 832个区县使用国家严重精神障碍信息系统在册患者5 994 054例，报告患病率0.43%，登记患者人数持续增长。[2]大量研究显示，大学生精神障碍患病率与普通人群精神障碍患病率相近。[3]由此可见，精神障碍的发生非常普遍。

（一）精神障碍的概念

9-1　认识精神障碍

精神障碍是一种综合征，其特征表现为个体认知、情绪调节或行为方面有临床意义的功能紊乱，它反映了精神功能潜在的心理、生物或发展过程中的异常。如阿尔茨海默症有典型的认知（特别是记忆）方面的损害，抑郁症有明显病态的抑郁体验；儿童注意力缺陷障碍的主要特征是注意力不集中、多动等。这些认知、情绪、行为改变使患者感到痛苦，功能受损或增加患者死亡、残疾等的危险性。[4]

① 黄悦勤：《中国精神障碍患病率：流行病学现况研究》，《北京大学学报（医学版）》2019年第2期，第368页。

② 王勋、马宁、吴霞民等：《2018年全国严重精神障碍患者管理治疗现状分析》，《中华精神科杂志》2020年第5期，第438—445页。

③ 吴震卿、王菊、李稚琳等：《在校大学生精神卫生现状研究》，《精神医学杂志》2015年第6期，第413—416页。

④ 郝伟、陆林主编：《精神病学》（第8版），人民卫生出版社2018年版，第1页。

需要特别强调的是，心理健康与精神障碍并非对立的两极，而是一个人精神功能的不同状态，两者都处在一个精神健康连续谱上的某一段。一般而言，一个心理健康的人能正常发挥其大脑的精神功能，能保持发挥正常功能的状态，这种状态能让人产生建设性的行为活动，维持良好的人际关系，调整自己适应环境等。反之，一个患有精神障碍的人，其大脑正常的精神功能受到不同程度的损害，因此无法让人正常地生活、学习和工作，也就无法适应这个社会。

（二）精神障碍的症状

精神障碍的症状，简称精神症状，是异常精神活动的表现，它涉及人们精神活动的各个方面，并通过人的外显行为，如仪表动作、言谈举止、神态表情以及书写内容等表现出来。①

要识别精神障碍，首先需要区分一个人的精神活动是正常还是病态，即是否存在精神症状。而要判断一个人是否存在病态的精神活动，首先要了解正常的精神活动。一般来说，正常精神活动是一个完整的统一体，各个心理活动过程及心理特征之间互相联系、相互影响，协调一致地在实践活动中发挥作用。正常的精神活动分为认知、情感和意志行为等心理过程，具有三大功能保障：第一，保障人作为生物个体顺利地适应环境，健康地生存发展；第二，保障人作为社会个体正常地进行人际交往，在家庭、社会中正常地肩负责任，使人类赖以生存的社会组织正常运行；第三，保障人正常地、正确地反映和认识客观世界的本质及其规律性。

9-2　判断心理异常

如果一个人丧失或部分丧失了上述精神活动的正常功能，就出现了精神活动异常，这些异常精神活动的临床表现，就是精神症状。常见的精神症状主要有以下几类：

1. 感知觉障碍

感知觉是一个人最基本的心理活动过程，正常情况下，人们的感知觉反映是与外界客观事物相一致的。如果人们的感知觉反映与外界刺激的本质属性不相符，就出现了感知觉障碍。如内感性不适（指躯体内部产生的不舒适和难以忍受的异样感觉，如咽喉部堵塞感、胃肠扭转感、

① 郝伟、陆林主编：《精神病学》（第8版），人民卫生出版社2018年版，第12页。

腹部气流上涌感等，而这些躯体器官本身没有生理性病变）就是一种常见的感觉障碍，幻觉（指没有现实刺激作用于感觉器官时出现的知觉体验，是一种虚幻的知觉）就是一种知觉障碍。

2. 思维障碍①

思维是人脑对客观事物间接概括的反映，是人类认识活动的最高形式。正常人的思维具有目的性、连贯性、逻辑性和实践性。思维如果出现异常，人就无法完成正常的人类认识活动。思维障碍分为思维形式障碍和思维内容障碍。常见的思维形式障碍主要是思维过程的联想和逻辑障碍，如思维奔逸（思维联想速度加快、数量增多、转换加速，表现为特别健谈，说话滔滔不绝，口若悬河，感到脑子特别灵活，就像机器加了“润滑油”一样难以停顿下来）、思维散漫、思维破裂、思维不连贯、词语杂拌等（表现为联想松弛、内容散漫，缺乏主题，说话东拉西扯，对问话的回答不切题，交流困难等）。思维内容障碍主要表现为妄想，它是在病态推理和判断基础上形成的一种病理性的歪曲信念。其特征包括：（1）妄想内容与事实不符，缺乏客观现实基础，但患者仍坚信不疑；（2）妄想内容涉及患者本人，且与个人具有利害关系；（3）妄想内容具有个体独特性，是个体的心理现象，并非集体信念；（4）妄想内容与患者的文化背景和经历有关，且通常有浓厚的时代色彩。按照妄想的内容，大学生常见的妄想主要有被害妄想（患者坚信自己被某些人或某组织进行迫害，如投毒、跟踪、跟踪、监视、诽谤等）、夸大妄想（患者认为自己拥有非凡的才能、智慧、财富、权利、地位等，如称自己是著名的科学家、发明家、歌唱家、单位或国家领导人等）、关系妄想（患者认为周围环境中所发生的与自己无关的事情均与自己有关，如认为周围人的谈话是在议论自己，别人的咳嗽是针对自己的，甚至电视上的某些内容也与自己有关等）、钟情妄想（患者坚信自己被某异性或许多异性钟情，对方的一言一行都是对自己爱的表达等）、物理影响妄想（被控制感，患者感到自己的思想、情感和意志行为受到某种外界力量的控制而身不由己，如被红外线、电磁波、超声波或某种特殊的先进仪器控制等）。

3. 情感障碍

情感主要是与人的社会性需要相联系的内心体验，具有稳定性和持

① 郝伟、陆林主编：《精神病学》（第 8 版），人民卫生出版社 2018 年版，第 15—19 页。

久性，是在多次情绪体验的基础上形成的一种情感状态。一个人的情感状态出现异常，就表现为情感方面的精神症状，常见的有情感高涨（正性情感活动明显增强，表现为不同程度的、与周围环境不相称的病态喜悦）、情感低落（负性情感活动的明显增强，表现为忧愁、苦闷、唉声叹气、暗自流泪等，有时感到前途黑暗，没有希望，严重时会出现悲观绝望甚至自杀企图及行为等）、情感淡漠（对外界刺激缺乏相应的情感反应，缺乏内心体验，表现为面部表情呆板，对人事物漠不关心，哪怕是与自己有切身利害关系的也如此）、易激惹（情感活动的激惹性增高，表现为极易因一般小事而引起强烈的不愉快情感反应，如暴怒发作等）等。①

此外，精神症状还表现在注意、记忆、智能、定向力、意志、动作行为、意识等心理与行为活动的不同方面。尽管每一种精神症状都有各自不同的表现，但所有精神症状都具有以下共同特点：（1）症状的出现不受患者意志的控制。（2）症状一旦出现，难以通过注意转移等方法令其消失。（3）症状的内容与周围客观环境不相称。（4）症状往往会给患者带来不同程度的痛苦和社会功能（即人的正常学习、生活工作和交往等）损害。②

尤其需要注意的是，一个人表现出的某个精神症状不一定具有病理意义，也不一定代表其就患上了精神障碍。要判定某个精神症状是否具有病理意义，应综合考虑其过去的一贯表现、当事人的心理背景与当时客观环境、大多数人的正常精神活动等，根据症状持续的时间和频率等来作出大致的判断。有时单独出现的，或持续时间和发生频率不超出正常限度的精神症状不一定有病理意义。因此，判断精神活动异常与否必须进行综合评估与整体判断，千万不能瞎子摸象，分裂地看问题。

二、精神障碍的病因

9-3 影片《飞越疯人院》简介

与一般的躯体疾病不同，大多数精神障碍的确切病因与发病机制仍未能完全明确，也没有发现敏感、特异的体征和生物学指标。然而，可以明确的是：精神障碍是生物、心理、社会文化因素等相互作用的结

① 郝伟、陆林主编：《精神病学》（第 8 版），人民卫生出版社 2018 年版，第 22—23 页。

② 郝伟、陆林主编：《精神病学》（第 8 版），人民卫生出版社 2018 年版，第 12 页。

果。精神障碍的致病因素可分为先天性因素和后天性因素两大类。先天因素可追溯到孕期宫内有害因素的作用，后天因素则指在人出生后的成长发展中生物因素与社会心理因素的有害作用。通常将早年的、与发病时间远隔的有害因素称为素质性因素，形成易感性素质；与疾病发生接近的有害因素称为促发性因素，它与发病直接有关。

（一）遗传生物因素

有关遗传学研究证实了遗传因素对精神障碍的作用，如患者家属中发生同类精神障碍的概率明显高于正常人，血缘关系越近其发病率越高；细胞遗传学研究发现常染色体畸变，某个染色体缺失、重复、倒置、易位，可以引起精神发育障碍，如唐氏综合征等；分子遗传学研究发现双相情感障碍的病理基因位于第 11 对染色体短臂上。对精神障碍的家族聚集性研究得出的结论是：这些疾病具有遗传性，是基因将疾病的易感性代代相传。

全身性或中枢神经系统感染、中毒、外伤、癌症、代谢障碍与内分泌疾病，缺氧、高温中暑以及放射线损伤均可能直接或间接损害人脑的结构与功能，进而引发精神障碍。

此外，胚胎时期、宫内外引起胎儿生长发育障碍的致病因素，如孕妇严重营养不良、患病、吸毒、酗酒、药物依赖等，或者分娩时引起胎儿畸形或严重发育障碍的损伤，都可能导致人格发展异常与精神障碍。婴儿时期营养缺乏，流行性脑膜炎等传染病以及病毒性脑炎的感染，药物、煤气中毒等都可引起精神发育障碍。以上因素也可累及生长发育完善后的成年人，引起精神障碍。

（二）个体素质因素

素质主要包括心理素质及躯体素质两个方面。心理素质与人脑的结构及感觉等特性相关。每个人大脑结构不完全相同，神经细胞的数量与质量不同，对刺激有不同的综合分析能力。每个人脑中的神经介质、酶的含量生成与转化的速度也不一样。因此，大脑皮质、边缘系统、网状结构与自主神经系统有不同的兴奋性与稳定性，从而对外界刺激感受与耐受能力不同。由此构成每个人心理活动不同的动力特征，即不同的素质。人的心理素质表现在个体的人格特征上，是在先天遗传基础上及后天的社会化过程中形成的。心理素质本身不是致病因素，但不良的或易感性心理素质对环境中应激的感受性较弱，遇到外界有害致病因素时易出现精神障碍。童年时期受到不利环境的影响，可形成对某些精神障碍的易感素质，如童年期受到过分保护，处于应激状态时容易产生应激障碍。

躯体素质主要表现在体型、身体强壮程度、对环境刺激的抵抗力与耐受力等方面。它与机体的代谢类型，内分泌系统、免疫系统功能，遗传素质等相关，也与后天生活经历相关。躯体素质在生活环境中受到感染、中毒、外伤或处于困难处境时，可以削弱或加强它的某一方面，而受到削弱者则易形成易感性躯体素质。

（三）心理社会因素

重大生活事件往往是引起心理应激的社会因素，当自然灾害如洪水、地震、火灾、疫情以及人为灾难如战争、绑架、空难、沉船等严重威胁人的生命安全时，人们的精神活动会发生强烈的变化，出现急剧的生理与心理反应，少数人会直接引起急性精神障碍。

理想的破灭、事业受挫、生死离别、严重的疾病与伤残、受到他人的歧视、侮辱、冤屈、失业等长期持续的应激容易引起精神紧张、情绪焦虑、抑郁，影响机体正常生理功能，出现心理生理反应，少数患者迁延不愈。这些社会因素通过改变机体代谢水平、内分泌功能及免疫功能，改变脑皮质与内脏的生理功能，会促发心身疾病、人格障碍及心因性精神障碍。

（四）机体功能状态

机体功能状态是指疾病发生时机体所处的生理与心理状态。它本身不是发病原因，但它的稳定与否与精神障碍的发生有密切关系，如饥饿、睡眠缺乏、精神持续紧张，或酗酒、吸毒、药物依赖等往往削弱机体的功能状态。它不仅容易诱发躯体感染、伤害事件与交通事故，而且易引起心因性精神障碍及其他精神疾病。

不同性别与年龄阶段的特殊功能状态与精神疾病的发生也有密切关系，如儿童期大脑发育未完全成熟，青春期内分泌系统、心理与生理功能急剧变化，女性月经期、妊娠及分娩期内分泌功能变化，更年期性腺功能减退、自主神经功能不稳定，老年期各种躯体功能衰退、防御与代偿功能明显削弱等，都可成为某些潜在精神障碍的诱发因素。[1]

大多数精神障碍的发病，既有遗传与素质因素作为远因，又有生物或社会因素以及削弱的机体功能状态等作为近因或促发因素。某些神经系统造成的损伤为某些心理社会因素及生物因素致病创造了条件；而药物依赖与酒精中毒等，虽然与生物学因素有关，但社会心理因素在疾病的发生中起了重要作用。一些精神障碍是否发病取决于当事人的心理、躯体状态，而这种状态与社会环境条件密切相关。

9-4 大学生精神障碍的患病现状[2]

尽管很多精神障碍的病因依然不明，其发病机理还没有被完全了解，但我们对这些可能的精神障碍致病因素的探索，依然可以帮我们进一步理解精神障碍的发病机理，进而指导我们从心理、社会、文化等后天因素方面尽可能有的放矢地开展预防措施，帮助患有精神障碍的人积极配合治疗，改善治疗效果。

三、精神障碍的治疗

精神障碍是一类严重影响人们身心健康的疾病，其发病率高，治疗疗程长，容易复发，对当事人及其家庭和社会的危害性大。当一个人一旦出现精神症状，确诊精神障碍时应及时进行治疗。精神障碍的治疗通常有药物治疗、物理治疗和心理治疗等。

（一）药物治疗

当一个人被医生诊断为精神障碍，且处在精神障碍的发病阶段，患者必须遵医嘱规范治疗，主要是药物治疗。众所周知，药物必须在体内达到一定的浓度并维持适当的时间才会产生治疗疾病的效果。药物的治疗作用除与药效学特点有关外，还与药物的药动学特点有关，其中的主要影响因素包括药物在体内的吸收、分布、代谢和消除等。精神科医生在决定药物治疗方案前，一般都会详细了解接受药物治疗者的病史材料并进行全面的体格检查和评估，并向患者或其监护人解释为何要做药物治疗，告知药物治疗的利与弊，取得其知情同意；然后进一步针对患者的关键症状，

① 姚树桥主编：《医学心理学与精神病学》（第2版），人民卫生出版社2007年版，第225—227页。

② 郑铮：《大学生精神障碍患者的康复治疗现状》，《中国学校卫生》2015年第2期，第284页。

选择对患者循证医学证据最多的、疗效好、不良反应少见的药物。此外，每个人对药物的治疗反应不同，精神科医生的药物治疗都会遵循个体化用药原则，根据患者的病情、治疗反应和耐药性等逐渐滴定到最佳合适用药剂量，根据治疗进展和疗效、副作用等相应调整药物的品类和剂量。

药物治疗起效通常都有一定的周期，因此需要药物治疗的精神障碍患者需要足疗程用药。而且，一般来讲，青少年患者较相应的成年患者病情更重，获得相应的治疗反应所需时间更长。药物需服用多久，医生会根据患者疾病的性质、病情特征、治疗反应等多种因素来综合决定。过早停药可能导致病情复发，过久用药又可能导致不良反应。因此，药物治疗一般是采用逐步减停法，不能撤药过快，以免引起撤药反应或恶化自然病程。

当然，任何药物都可能有不同程度的不良反应，抗精神病类药物也可以引起一系列不良反应，如便秘、口干、出汗减少或多汗等，也可能会引起内分泌紊乱、月经紊乱、头晕、低血压、体重增加等。这些药物不良反应的产生主要与其受体作用特点相关，也会与患者的耐受性及治疗依从性等因素有关。[①]现在新型的各类精神药物，一般安全性比较高，不良反应较少。偶有不良反应发生，医生也都会进行积极处理与防范。与药物的治疗作用相比，药物的副作用对精神障碍患者来说是可耐受、需接受的一部分。

因此，对于精神障碍的药物治疗，最重要的是遵医嘱用药、定期复诊、提高治疗的依从性，才能取得更好的疗效。

（二）心理治疗

对于各类处于发病期的精神障碍，药物治疗是让患者消除精神症状的首要且必需的治疗方式。在疾病发作阶段，精神症状的表现不受病人意识控制，很多病人甚至缺乏自知力，因此不具备心理治疗的必要条件，不能实施心理治疗。

在患者精神症状消失后，病程进入精神障碍的恢复期，能够同医生建立良好的治疗联盟，要求解决自己的内心痛苦和问题时，心理治疗是可以进行的。心理治疗和有关咨询干预等能帮助患者的精力、体力及社

① 江开达主编：《精神障碍药物治疗指导》，人民卫生出版社 2016 年版，第 341、485—487 页。

会功能逐渐全面恢复，逐步回归正常的人群和生活、工作、学习环境中，才最终获得康复。

当患有精神障碍的同学能够回校边治疗、边学习的时候，学校的心理咨询也可以作为辅助手段帮助治疗，但不能替代相关医学治疗。不同精神障碍适合的、有效的心理治疗也不尽相同。针对不同患者的特点，心理医生或治疗师可以选择有循证医学证据的心理治疗技术。精神障碍常用的心理治疗技术有：（1）认知行为治疗。即通过帮助患者识别并矫正错误的信念来缓解情感症状、提高应对能力，以减少疾病的复发。（2）心理动力学治疗。即通过自由联想、诠释等技术让患者的潜意识意识化，获得自我感悟和修通，从而学会新的思维和情感表达方式。（3）家庭治疗。以家庭为对象，通过改善家庭的应对功能，从家庭系统角度改变家庭成员的互动模式，从而帮助患者及家属面对精神障碍带来的压力和问题并预防复发。

对患有精神障碍的个人来讲，支持性的心理治疗或心理咨询可以通过倾听、安慰、解释、指导和鼓励使患者积极主动配合治疗，心理教育帮助患者正确认识和对待自己所患的精神障碍，提高对治疗的依从性，进而改善治疗效果，促进心理康复。

（三）物理治疗

物理治疗，也被称为“非药物性躯体治疗”或“大脑刺激技术”。随着神经影像学的革命性发展，以大脑刺激技术为主的物理治疗已经成为精神障碍治疗中与药物治疗和心理治疗相提并论的一种精神障碍治疗手段。目前在精神障碍治疗中应用得比较广泛的物理治疗技术，主要包括电抽搐、重复经颅磁刺激、迷走神经刺激、跨颅直流电刺激和深部脑刺激等。

大脑刺激技术可以产生疗效，有其生理学基础。大脑是一个电化学器官，整个神经元间的活动与通信开始于一个电脉冲。所有神经元传递信息以及与其他细胞通信是通过一个电刺激（去极化）从树突经过细胞体传递到突触。所以，通过电流的方式刺激大脑也是最自然不过的事情。不管是哪一种大脑刺激技术，它们的刺激虽然是一点，但是大脑内被影响的部位却是一个“神经回路”，它们都有“以点带面”之效。物理治疗从根本上来说，是在相关的神经科学、脑科学研究基础上，对引起精神症状的大脑局部神经功能异常的解剖结构，在神经影像学的指导下，对大脑的某个部位进行刺激作用。尽管针对抑郁症、焦虑障碍或精神分裂症，虽然它们的局部神经功能异常的解剖结构不像帕金森病那样能被很好地确定，但是当今的科学研究已经对情绪规律或幻觉的相关区域有了更好的理解。①

物理治疗对精神障碍是有效的，尤其是近年来国内流行的重复经颅磁刺激技术，其最大优点就是无创性，然而物理治疗也有其相应的不良反应和禁忌症，不是可以优先选用的治疗方式。

对于精神障碍的治疗，临床一般不提倡单独应用某一种治疗方式，而是强调药物治疗、心理治疗与物理治疗的联合运用。精神障碍在患病的不同阶段，根据病情的具体情况，针对不同的患者，均应采取不同的个体化治疗方案。无论是哪种治疗，都应该由精神科医生或心理治疗师来完成。

精神障碍是一种综合征，是相对于文化、社会和家庭的规范和价值而定义的，文化为我们提供了解释性的框架结构。文化可能影响接受或排斥一个诊断和坚持治疗，影响疾病和康复的过程。文化也可能影响临床就诊的行为，对治疗的决定，以及对预后的考量和临床后果。正常和疾病之间的边界，对于特定的症状或行为而言，在不同的文化、不同的社交场所、不同的家庭中，对其进行判断、评估都会有所不同。因此，我们对精神障碍的认识要全面，不能了解了一些精神症状的特点和表现就“对号入座”，惶惶不安。我们对精神障碍的发病与治疗要有科学、准确的理解和把握，才能积极面对可能遇到的精神障碍。

第二节　火眼金睛：发现识别精神障碍

尽管一些人比另一些人有更高的风险患上精神障碍，但任何人在生

① 王继军主编：《精神障碍的物理治疗》，人民卫生出版社 2012 年版，第 2—6 页。

命中的某个阶段，都有可能发展成精神障碍。因此，战胜精神障碍的关键是识别精神障碍的症状，了解何时需要寻求帮助并能及时获得治疗。

大学生的精神障碍以情感类障碍为主要类型（抑郁症、双相情感障碍、躁狂症、焦虑症都属于情感类障碍），临床上最常见的精神障碍是抑郁症（54.3%）和精神分裂症（20.3%），然后是双相情感障碍、躁狂症、强迫症、焦虑症等。①

一、抑郁障碍

9-5　聊聊“抑郁症”

案　例

小熙，女生，21周岁，某高校外语类专业本科二年级学生。其父为家中唯一经济支柱；其母已退休，身体状况不佳。小熙是独生女，且因父亲老来得女，她在成长过程中非常受宠，其父母凡事皆听从小熙的意愿。自大一下学期开始，小熙因不能早起而频繁缺席早课，同学都在上课的时候她在寝室睡觉。自大一上学期末开始沉迷网络小说无法自拔，无论上课还是课余时间都在看小说，甚至吃饭、走路都离不开小说页面，严重影响了她的正常生活。最近一个月以来，小熙情绪非常低落，深夜和早晨会无缘无故地哭泣。每天晚上失眠，几乎都要到凌晨3点左右才能迷迷糊糊地睡一会儿，一般在5~6点醒来就睡不着了。在辅导员找她聊天时，她说自己太累了，一点精气神都没有，所以不想上课，不想去食堂吃饭，也不想跟人说话。有时候小熙感觉自己反应变迟钝了，看小说也无法集中注意力，而且以前沉迷的网络小说现在感觉非常无趣，不知道那段时间自己为什么这么喜欢，现在对网络小说是一点兴趣也没有了。

小熙觉得自己什么事情都做不好，无法集中精力搞好学习，她对自己非常失望。她既没有能力帮父亲承担起家庭的重担，也没有办法照顾体弱多病的母亲，所以她经常想自己活着是给父母增加负

① 刘陈陵、吴和鸣、吴斯：《武汉市大学生精神疾病临床调查及预防干预》，《医学与社会》2012年第9期，第75—78页。

担，如果没有她，父母就没有这个累赘了。因此，她在痛苦无力的时候，经常出现自杀的念头。但她又觉得就这样死了，太对不起自己的父母，尤其是对不起辛苦支撑整个家庭又无比宠爱自己的父亲，所以到现在也并没有真的去自杀。然而，自己的痛苦、难过怎么解决呢？小熙对自己的未来看不到一点希望，也不知道自己可以坚持多久。

小熙在母亲的陪同下去某精神科医院就诊，被诊断为“抑郁发作”。

抑郁障碍是大学生最常见的精神障碍，是一类以情绪或心境低落为主要表现的疾病总称，伴有不同程度的认知和行为改变，可伴有精神病性症状，如幻觉、妄想等。部分患者存在自伤、自杀行为，甚至因此死亡。①

（一）DSM-5 关于重性抑郁障碍的诊断标准（节选）②

（1）在同一个 2 周时期内，出现 5 个或以上的下列症状，表现出与先前功能相比不同的变化，其中至少 1 项是①心境抑郁或②丧失兴趣或愉悦感。

① 几乎每天大部分时间都心境抑郁，既可以是主观的报告（如感到悲伤、空虚、无望），也可以是他人的观察（如表现流泪）（注：儿童和青少年，可能表现为心境易激惹）。

② 几乎每天或每天的大部分时间，对于所有或几乎所有活动的兴趣或乐趣都明显减少（既可以是主观体验，也可以是观察所见）。

③ 在未节食的情况下体重明显减轻，或体重增加（如一个月内体重变化超过原体重的 5%），或几乎每天食欲都减退或增加。

④ 几乎每天都失眠或睡眠过多。

⑤ 几乎每天都精神运动性激越或迟滞（由他人观察所见，而不仅仅是主观体验到的坐立不安或迟钝）。

---

① 陆林主编：《沈渔邨精神病学》（第 6 版），人民卫生出版社 2018 年版，第 380 页。

② 本节所涉及的精神障碍诊断标准节选自美国精神医学学会编著的《精神障碍诊断与统计手册》，简称 DSM-5。参见美国精神医学学会编著，［美］张道龙等译：《精神障碍诊断与统计手册（案头参考书）》（第 5 版），北京大学出版社 2014 年版，第 78—79 页。

⑥ 几乎每天都疲劳或精力不足。

⑦ 几乎每天都感到自己毫无价值，或过分地、不适当地感到内疚（可以达到妄想的程度，并不仅仅是因为患病而自责或内疚）。

⑧ 几乎每天都存在思考或注意力集中的能力减退或犹豫不决（既可以是主观的体验，也可以是他人的观察）。

⑨ 反复出现死亡的想法（而不仅仅是恐惧死亡），反复出现没有特定计划的自杀意念，或有某种自杀企图，或有某种实施自杀的特定计划。

（2）这些症状引起有临床意义的痛苦，或导致社交、职业或其他重要功能方面的损害。

（3）这些症状不能归因于某种物质的生理效应，或其他躯体疾病。

9-6 思维如何影响抑郁？

（二）对个案小熙的症状识别分析

（1）小熙最近一个月来持续处于这种情绪低落的状态，符合上述诊断标准（1）的持续时间标准（在同一个 2 周时期内）。

（2）小熙最近情绪非常低落，深夜和早晨会无缘无故地哭泣，符合上述诊断标准（1）第①条症状（几乎每天大部分时间心境抑郁）。

（3）小熙以前沉迷的网络小说现在感觉非常无趣，符合上述诊断标准（1）第②条症状（对于所有或几乎所有活动的兴趣或乐趣都明显减少）。

（4）小熙每天晚上失眠，几乎都要到凌晨 3 点左右才能迷迷糊糊地睡一会儿，一般在 5~6 点醒来就睡不着了，符合上述诊断标准（1）第④条症状（几乎每天都失眠或睡眠过多）。

（5）小熙说自己感觉太累了，一点精气神都没有，几乎什么事情都不想干，符合上述诊断标准（1）第⑥条症状（几乎每天都疲劳或精力不足）。

（6）小熙觉得自己什么都做不好，对自己非常失望，认为自己是父母的累赘等，符合上述诊断标准（1）第⑦条症状（几乎每天都感到自己毫无价值，或感到过分的、不适当的内疚）。

（7）小熙在痛苦无力的时候，经常出现自杀的念头，符合上述诊断标准（1）第⑨条症状（反复出现死亡的想法）。

（8）小熙内心非常痛苦，自己已经没法正常生活，影响了自己的学习和交往，符合上述诊断标准（2）。

综合上述小熙的各种表现，我们可以发现小熙表现出来显著的抑郁障碍的各种症状，需要尽快转介至精神科就诊。

二、精神分裂症

9-7　识别精神分裂症

案例

小岩，男，21岁，大三本科生。平时很少与他人聊天交流，有点孤僻沉默，也不太搭理人，常常都是一个人独来独往。他平时不去上课的时候，就整日坐在床上发呆；去上课也是经常一个人坐在角落里，从来不回答老师的提问；经常自言自语，同学们也听不清他在念叨什么。有时思维跳跃，他说自己脑子里有小人在打架。

去年国庆节后的某个周末，小岩一个人去某公园参加氧气音乐节，活动结束离场时迷路。在寻找出口期间，小岩认定自己会被抢劫，于是找了一个自认为非常隐蔽的地方将手机、钱包等贵重物品就地掩藏。小岩不知道什么时候鞋子不见了，他光脚走了2小时才走出森林公园。离开公园后，他想打车前往车站，先是因双脚沾满血渍被拒载，又因没有手机和钱包多次路边拦车都没成功，最后由一好心司机将其送往车站。到车站后，小岩因没有证件，无法进站无法买票，在车站安检处情绪激动，身体很僵硬，拒不服从车站工作人员的管理。在挣扎吵闹中，他反复说“有人来追杀我，再也活不下去了”。车站工作人员觉得小岩非常不对劲，遂打电话报警。警察赶到后将其送往附近酒店，并联系其父母。小岩父母赶到后，带其去某市人民医院就诊。到达医院后，小岩突然在医院门诊大厅僵直倒地不起，嘴里念念有词。在值班医生赶来之后，小岩向医生寻求帮助，称其父母不是他的父母，而是魔鬼。后经医院诊断为精神分裂症。

精神分裂症是一组病因未明的重性精神障碍，具有认知、思维、情感、行为等多方面精神活动的显著异常，并导致明显的职业和社会功能损害。①

① 陆林主编：《沈渔邨精神病学》（第6版），人民卫生出版社2018年版，第300页。

（一）DSM-5 关于精神分裂症的诊断标准（节选）[①]

（1）存在 2 项（或更多）下列症状，每一项症状均在 1 个月中相当显著的一段时间里存在（如经成功治疗，则时间可以更短），至少其中 1 项，必须是第①、②或③。

① 妄想。

② 幻觉。

③ 言语紊乱（如频繁地离题或不连贯）。

④ 明显紊乱的或紧张症的行为。

⑤ 阴性症状（即情绪表达减少或动力缺乏）。

（2）自障碍发生以来的明显时间段内，1 个或更多的重要方面的功能水平，如工作、人际关系或自我照顾，明显低于障碍发生前具有的水平。

（3）这种障碍的体征至少持续 6 个月。此 6 个月应该至少包括 1 个月（如经成功治疗，则时间可以更短）符合上述诊断标准（1）的症状（即活动期症状），可包括前驱期或残留期症状。

（二）对个案小岩的症状识别分析

（1）小岩的室友反映他自从大一下学期开始就经常自言自语，但也听不清他在念叨什么；时不时思维跳跃，让人没法理解他话语的意义，他还对室友说自己脑子里总是有小人在打架。小岩的这些表现都是言语紊乱的表现，符合精神分裂症诊断标准（1）第③条（言语紊乱，不连贯）。

（2）小岩平时很少与他人聊天交流，不太搭理人，平时在寝室里就整日坐在床上发呆，这些表现符合精神分裂症诊断标准（1）第⑤条（明显的情绪表达减少）。

（3）小岩在公园里认定自己会被抢劫，他反复说 “有人来追杀我，再也活不下去了”，他坚称父母“不是父母，而是魔鬼”……他的思维内容（认定会被抢劫）与客观现实（很多人在公园里走，当天并没有发生抢劫事件）明显不符，这是精神分裂症妄想的表现，符合上述诊断标准（1）第①条。

---

① 美国精神医学学会编著，［美］张道龙等译：《精神障碍诊断与统计手册（案头参考书）》（第 5 版），北京大学出版社 2014 年版，第 42 页。

（4）小岩情绪激动、身体僵硬，到门诊大厅时突然僵直倒地不起，这是明显紊乱的、紧张症的行为，符合上述诊断标准（1）第④条。

综合上述小岩的各种表现，我们可以发现小岩表现出来显著的精神分裂症的各种症状，需要尽快转介至精神科就诊。

三、双相情感障碍

9-8　理解双相障碍

案例

小柔，女，23岁，生物与医药专业研究生，家在北方某县城。小柔的父母感情不和，从她小时候就经常吵架，甚至有几次闹着要离婚。后来父亲去外省某制造业公司工作，收入比较可观。而母亲身体不太好，曾罹患癌症，手术治疗后就靠药维持着，需经常去医院随诊，现在没有工作，在家领低保。父亲虽然收入还可以，但对小柔和母亲基本上疏于照顾，不仅没有精神鼓励和抚慰，甚至经常不给家里生活费。小柔曾经怀疑父亲在外面还有另外的女人和孩子，为此经常跟父亲闹，父女关系非常紧张。小柔的求学之路也非常坎坷，高考失利复读一年才考上大学；第一次考研初试成绩不错，但复试前遭父亲打骂，后情绪低落，复试表现不佳，没有被自己心仪的大学录取，现在就读的学校和专业是调剂过来的。

小柔在学校里的学习生活状态比较不稳定，容易极端化。在刚入学后的一个多月时间里，她总是心情不好，经常默默哭泣，没有胃口不想吃饭，开学一个多月的时间瘦了十余斤。学习上也无法集中注意力，专注不起来。她总是感觉精神不济，什么事情都不愿去做，以前喜欢的动漫也提不起兴趣了，每周打几次的羽毛球也已经很久不去打了。她还出现了失眠现象，甚至有时候晚上睁眼到天亮，整夜睡不着。辅导员了解情况后跟小柔促膝长谈，发现小柔的状态很低迷，情绪也不对，可能考研调剂的专业和导师对其情绪状态有比较大的影响。于是跟小柔商量后，辅导员请示学院领导后为其更换了导师。之后短短半个月，小柔总是表现得精力旺盛，情绪高涨，对未来充满了希望，树立了非常远大的理想，并且坚信自己的抱负很快就可以实现了，自己马上就能为人类的医学进步作出巨大贡献，在自己毕业后十年之内一定可以获得诺贝尔奖。以前是因为情绪低落睡不着觉，现在她感觉自己不需要这么多的睡眠，因此经常通宵达旦地做实验，跟自己的同门师姐和导师经常讨论很宏大的目标和课题，喋喋不休，还不允许导师和师姐不参与、不听自己的演说和论证。

后来，小柔在辅导员建议下去做心理咨询，咨询师访谈后建议尽快转介至专业医院精神科就诊，最终被诊断为“双相情感障碍”。

双相情感障碍是一类既有躁狂发作或轻躁狂发作，又有抑郁发作（典型特征）的常见精神障碍。躁狂发作常见情感高涨，言语活动增多、精力充沛，抑郁发作则出现情绪低落、愉快感丧失、言语活动减少、疲劳迟钝等症状。①

（一）DSM-5 关于躁狂发作的诊断标准②

（1）在持续至少 1 周的时间内，在几乎每天的大部分时间里有明显异常的、持续性的高涨、扩张或心境易激惹，或异常的、持续的活动增多或精力旺盛。

（2）在心境障碍、精力旺盛或活动增加的时期内，存在 3 项（或更多）以下症状（如果心境仅仅是易激惹，则为 4 项），并达到显著的程度，且表现出与平常行为相比有明显的变化。

① 自尊心膨胀或夸大。

② 睡眠的需求减少（如仅仅睡了 3 小时，就感到休息好了）。

③ 比平时更健谈或有持续讲话的压力感。

④ 意念飘忽或主观感受到思维奔逸。

⑤ 自我报告或被观察到的随境转移（即注意力太容易被不重要或无

---

① 陆林主编：《沈渔邨精神病学》（第 6 版），人民卫生出版社 2018 年版，第 342 页。

② 美国精神医学学会编著，［美］张道龙等译：《精神障碍诊断与统计手册（案头参考书）》（第 5 版），北京大学出版社 2014 年版，第 53—54 页。

关的外界刺激所吸引）。

⑥ 有目标的活动增多（工作或上学时的社交性活动）或精神运动性激越（即无目的、无目标的活动）。

⑦ 过度地参与那些结果痛苦的可能性高的活动（如无节制的购物，轻率的性行为，愚蠢的商业投资）。

（3）这种心境障碍严重到足以导致显著的社会或职业功能的损害，或必须住院以防止伤害自己或他人，或存在精神病性特征。

（4）这种发作不能归因于某种物质（如滥用的毒品、药物、其他治疗）的生理效应或其他躯体疾病。

DSM-5 关于“轻躁狂发作”的诊断标准与“躁狂发作”的诊断标准大体一致，区别在于轻躁狂发作持续时间为“连续 4 天”；其功能损害程度比躁狂发作轻，严重程度不足以导致显著的社交或职业功能损害或必须住院治疗；轻躁狂发作与明确的功能改变有关，个体无症状时没有这种情况；这种心境障碍和功能的改变可以明显地被他人观察到。

DSM-5 关于“重性抑郁发作”的诊断标准参考前述“抑郁障碍”的诊断标准。

（二）对个案小柔的症状识别分析

（1）小柔在入学后的一个多月时间里，总是心情不好，经常默默哭泣；开学一个多月的时间瘦了十余斤；学习上无法集中注意力；总是感觉精神不济；以前喜欢的动漫和羽毛球也无法让她提起兴趣；而且出现了失眠……小柔的这些表现符合 DSM-5 关于“重性抑郁障碍”的诊断标准。

（2）小柔在更换了导师之后的半个月时间里，几乎每天都表现得情绪高涨，精力旺盛，跟之前的小柔简直是天壤之别，这种表现符合 DSM-5 关于“躁狂发作”的诊断标准（1）。

（3）小柔对未来充满了希望，树立了非常远大的理想，并且坚信自己的抱负很快就可以实现了，自己马上就能为人类的医学进步作出巨大贡献，在自己毕业后十年之内一定可以获得诺贝尔奖……小柔这些表现符合 DSM-5 关于“躁狂发作”的诊断标准第（2）款第①条（自尊心膨胀或夸大）。

（4）小柔感觉自己不需要这么多的睡眠，因此经常通宵达旦地做实验，这一特点符合 DSM-5 关于“躁狂发作”的诊断标准第（2）款第②条（睡眠的需求减少）。

（5）跟自己的同门师姐和导师讨论目标和课题总是喋喋不休，停不下来，还不允许导师和师姐不参与、不听自己的演说和论证，这一特点符合 DSM-5 关于“躁狂发作”的诊断标准第（2）款第③条（比平时更健谈）。

综合上述小柔的各种表现，我们可以发现小柔既有抑郁发作的相关症状，又有躁狂发作的相关表现，疑似患有双相情感障碍，需要尽快转至精神科就诊。

四、强迫障碍

案例

小易，21岁，某大学电子信息类专业大二男生。他自己感到非常焦虑，主动来学校心理中心做咨询。当老师问他什么时候开始焦虑时，他说其实从初中开始就有焦虑感，因为一次坐公交车的经历让他非常害怕自己会感染上艾滋病病毒。在初三的一个周末，他上完补习班后一个人坐公交车回家。他上车后只有最后一排的一个空座位了，于是他直接过去坐下了。但是坐下后他感觉自己的臀部好像被像针一样的东西扎了一下，他马上站起来检查座位，结果座位很干净，什么异物都没有。他又仔细检查了一圈座位周围也没发现有类似针之类的东西，再检查了自己的臀部、大腿、手臂等可触摸到的身体部位，仍然没发现会引起针扎疼痛感觉的东西。反复检查过后，他臀部没再有什么针刺的感觉了，他也没敢再坐下来，就站着到终点回家。

自那以后，小易就总是尽可能地避免触碰非自己的几乎任何东西，他不得已坐公交车的时候，再也不敢坐下来，哪怕车上很多空位。上车后他会很小心地选择不拥挤的位置，检查扶手或拉手没有问题才敢触碰。他骑公共自行车的时候，总是先仔仔细细地把整辆车全面检查好几遍，确认没有异物，绝对安全才敢骑上去。为了避免被感染上可怕的病毒，他每次外出后，碰到家以外的任何东西，哪怕是接近那些他认为能接触病毒的东西，他都要用消毒液洗手多次，通常一天下来洗手达到30多次。在洗手这一常规动作上，他要花费数小时的时间。小易与外界躯体接触很困难，因此到教室上课、到食堂吃饭、去超市买东西、乘坐公交地铁出门等都变成了让他特别痛苦的大问题。这样控制不住地担心感染艾滋病病毒，过度洗手和检查，不仅消耗了他大量的时间，而且让他特别痛苦。他知道自己的担心和检查很多时候是不必要的，是多余的，甚至是“疯狂的”，但他没办法控制自己不去想、不去做。

小易在学校心理咨询师的建议下，去医院诊治，被诊断为“强迫症”。

强迫障碍是一种以反复持久出现的强迫观念或者强迫行为为基本特征的神经症性障碍。强迫观念是以刻板的形式反复进入患者意识领域的表象或意向，强迫动作则是反复出现的刻板行为或仪式动作。患者明知这些观念及动作没有现实意义，没有必要，是多余的；患者有强烈的摆脱欲望，却无法控制，因而感到十分苦恼。①

（一）DSM-5关于强迫症的诊断标准（节选）②

（1）具有强迫思维、强迫行为，或两者皆有。

强迫思维定义如下：

① 在该障碍的某些时间段内，感受到反复的、持续性的、侵入性的和不必要的想法、冲动或意向，大多数个体会引起显著的焦虑或痛苦。

② 个体试图忽略或压抑此类想法、冲动或意向，或用其他一些想法或行为来中和他们（如通过某种强迫行为）。

强迫行为定义如下：

---

① 陆林主编：《沈渔邨精神病学》（第6版），人民卫生出版社2018年版，第443页。

② 美国精神医学学会编著，［美］张道龙等译：《精神障碍诊断与统计手册（案头参考书）》（第5版），北京大学出版社2014年版，第109页。

① 重复行为（如洗手、排序、核对）或精神活动（如祈祷、计数、反复默诵字词）。个体感到重复行为或精神活动是作为应对强迫思维或根据必须严格执行的规则而被迫执行的。

② 重复行为或精神活动的目的是防止或减少焦虑或痛苦，或防止某些可怕的事件或情况；然而这些重复行为或精神活动与所设计的中和或预防的事件或情况缺乏现实的连接，或者明显是过度的。

（2）强迫思维和强迫行为是耗时的（如每天消耗 1 小时以上），这些症状引起具有临床意义的痛苦，或导致社交、职业或其他重要功能方面的损害。

（3）此强迫症状不能归因于某种物质（如滥用的毒品、药物）的生理效应或其他躯体疾病。

（二）对个案小易的症状识别分析

（1）小易自从初中那次公交车经历后，就总是控制不住地担心、害怕自己会感染艾滋病病毒，让自己内心非常痛苦，符合 DSM-5 关于强迫症的诊断标准第（1）款强迫思维第①条（感受到反复的、持续性的、不必要的想法）。

（2）小易为了减少感染艾滋病的可能，每次迫不得已出门的时候，如乘坐公交车、骑自行车等都会反复检查是否有针刺等异物，要确保安全，符合 DSM-5 关于强迫症的诊断标准第（1）款强迫思维第②条（个体为了压抑此类想法而用反复检查的行为来中和），也符合第（1）款强迫行为第①、②条（为了减少痛苦，重复作出检查行为）。

（3）小易每天洗手 30 多次，花费数小时，影响了正常的学习、交往和生活，为此非常痛苦，符合 DSM-5 关于强迫症的诊断标准第（2）款。

（4）经医院检查确认，小易没有其他躯体疾病，也没有相关的物质原因，因此符合 DSM-5 关于强迫症的诊断标准第（3）款。

综合上述小易的各种表现，我们可以发现小易有显著的强迫思维和强迫行为症状，可能患有强迫症，需要尽快转介至精神科就诊。

9-9　躯体变形障碍

五、焦虑障碍

案 例

小静，22岁，某大学财务与会计学专业大二女生。出生在某江南水乡，独生女，尽管父母很宠自己，但是父母对自己的要求非常严格，期望值也非常高。目前是校学生会某部门的副部长，大学里的学习、学生工作、社会实践等方面都很优秀。小静对自己的要求也很严格，争强好胜，努力获得各种荣誉和表扬，从小到大获得了无数的赞美和艳羡。虽然小静从小到大学习成绩一直名列前茅，但是从高中起就非常担心自己的成绩不够优秀，担心考试成绩不理想，担心老师和其他同学不喜欢自己。近一年来这种情况更加严重，小静总是觉得心慌，会无缘无故地感到紧张和害怕，坐立不安，心情烦躁，每天都会因为各种事情担心。例如，害怕自己组织的学生活动出现问题，担心自己身体会垮掉，担心父母的健康，担心自己会出车祸，担心自己学习成绩不好……对于这些无缘无故的担心，她自己也试图控制，但是控制不了。她总是觉得全身酸痛，肌肉紧张，甚至有的时候会冒冷汗、发抖。她每天晚上入睡困难，经常凌晨2~3点才能睡着，但是睡眠质量差，早上起床后会感觉很疲乏。睡觉时室友发出一点动静她就会十分紧张，总是会担心有不好的事情发生。上课的时候注意力难以集中，容易走神。这些焦虑导致她学习成绩有所下降，学生工作中也经常出现一些不该发生的差错，这使她更加焦虑不安，不知道这样糟糕的情况什么时候才能结束。她因心慌、胸闷而去医院检查，结果无明显的躯体病变。后转到精神科就诊，被诊断为“焦虑障碍”。

焦虑障碍是以焦虑综合征为主要临床表现的一组精神障碍，焦虑综合征表现为精神症状和躯体症状。精神症状表现为提心吊胆、恐惧和忧虑的内心体验伴有紧张不安；躯体症状是在精神症状基础上伴发自主神经系统功能亢进症状，如心慌、胸闷、气短、口干、出汗、肌紧张性震颤、颤抖、颜面潮红或苍白等。[①]

（一）DSM-5 关于广泛性焦虑障碍的诊断标准（节选）[②]

（1）在至少 6 个月的多数日子里，对于诸多事件或活动（例如工作或者学校表现），表现出过分的焦虑和担心（焦虑性期待）。

（2）个体难以控制这种担心。

（3）这种焦虑和担心与下列 6 种症状中至少 3 种有关。

① 坐立不安或感到激动或紧张。

② 容易疲倦。

③ 注意力难以集中或头脑一片空白。

④ 易怒。

⑤ 肌肉紧张。

⑥ 睡眠障碍（难以入睡或保持睡眠状态，或休息不充分、质量不高的睡眠）。

（4）这种焦虑、担心或躯体症状引起有临床意义的痛苦，或导致社交、职业或其他重要功能方面的损害。

（5）这种障碍不能归因于某种物质（例如，滥用毒品、药物）的生理效应，或其他躯体疾病（例如，甲状腺功能亢进）。

（二）对个案小静的症状识别分析

（1）小静对学习、工作、生活等多个方面表现出过度的担心和焦虑，且她担心的内容比较广泛，没有明确的对象，这种过度焦虑的状况持续时间长达一年之久，符合标准第（1）条的症状。

（2）对于这些无缘无故的担心，小静试图控制但是控制不了，符合标准第（2）条的症状。

（3）小静总是觉得心慌，会无缘无故地感到紧张和害怕，坐立不安，心情烦躁，每天都会因为各种事情担心（符合标准第（3）条第①类）；上课的时候注意力难以集中，容易走神（符合标准第（3）条第③

① 陆林主编：《沈渔邨精神病学》（第 6 版），人民卫生出版社 2018 年版，第 423 页。

② 美国精神医学学会编著，［美］张道龙等译：《精神障碍诊断与统计手册（案头参考书）》（第 5 版），北京大学出版社 2014 年版，第 104 页。引用时略有改动。

类）；总是会觉得全身酸痛，肌肉紧张，甚至有的时候会冒冷汗，身体发抖（符合标准第（3）条第⑤类）；每天晚上入睡困难，凌晨2点左右才入睡，睡眠质量差（符合标准第（3）条第⑥类）。可见，小静的焦虑和担心与标准第（3）条中所列的四种症状有关，符合标准第（3）条的症状。

（4）这些焦虑对小静的学习生活也产生了威胁，成绩下降，工作出现差错，严重影响了小静的日常生活，符合标准第（4）条的症状。

（5）小静没有滥用毒品、药物，去医院检查，身体健康，无明显器质性病变，符合标准第（5）条的症状。

由以上分析可以初步判断小静可能患有广泛性焦虑障碍，需要尽快转介就医。

大学生中除了最常见的上述几类精神障碍，还有可能存在其他各种精神障碍。当我们了解了精神障碍的体征和各种症状之后，就能及时觉察和识别精神障碍的核心症状和相关表现，就可以及时寻求专业的诊断和治疗。我们应该像监控我们的血压或血脂水平那样，实施自我精神状况的检测，有需要时能获得精神健康的支持和专业帮助。

第三节　当机立断：预防干预精神障碍

大学生的重大考试、生活处境的改变和重要关系出现危机等，是可能导致其精神障碍发作的一些应激因素。有研究发现大学生精神障碍患者不仅家庭经济地位、社会地位和父母文化程度明显偏低，还有1/3以上的患者养育情况不良，而且这些学生的自我评价明显消极。[①]因此，提高学生身心健康素质，控制引发大学生精神障碍的有关应激因素是最好的预防。

① 刘陈陵、吴和鸣、吴斯：《武汉市大学生精神疾病临床调查及预防干预》，《医学与社会》2012年第9期，第75—78页。

一、精神障碍的预防

（一）增强身体素质

1. 维持正常睡眠，解决睡眠问题

睡眠是哺乳动物维持体内平衡的一个重要组成部分，对自身和物种的生存至关重要。人类有 1/3 的时间在睡眠中度过，然而睡眠紊乱在人群中却十分常见，其中，失眠是最常见的睡眠紊乱，失眠障碍是最常见的睡眠障碍。

（1）了解失眠障碍的症状。失眠障碍的主要表现是在适当的睡眠机会和环境的情况下个体对睡眠质量的不满，主要表现为入睡困难和（或）睡眠维持障碍，同时伴随对白天功能有显著的影响。①

失眠障碍的主要症状包括个体因为入睡困难，或者保持睡眠困难，或者早醒后不能再睡等原因而没有获得足够的或好的睡眠；因睡眠问题导致个体严重的痛苦或者损害了其学习、交往、工作、行为等重要功能。在时间和频率上，失眠障碍每周至少有 3 个晚上出现失眠问题，而且至少持续 3 个月。

有失眠障碍的个体经常难以入睡或保持睡眠。个体没有充分的睡眠或在醒来时没有感觉到恢复（没有能量）或没有感到焕然一新。其结果，他们可能身体能量低，感到疲劳、担心或抑郁。失眠是最常见的睡眠问题，约 30%的成年人报告曾有失眠症状。有时失眠可能发生于应激事件中，如失去亲人、遭遇重大失败，或者出现人际关系问题等。有一些正性事件，如展望即将到来的毕业典礼，或者渴望已久的旅行等，也可能破坏个体正常的睡眠。失眠可以是情境性的（持续数天或数周，经常是生活事件或睡眠时间表或睡眠环境的改变所致），也有间歇性的（每月至少 1 次，但少于 3 个月），或者持续性的（发生 3 个月或更长时间，在生活事件或睡眠时间表或睡眠环境改变之后），或者复发性失眠（一年中有 2 次或更多次的失眠发作反复出现。有慢性失眠的个体经常有几个夜晚的睡眠障

① 陆林主编：《沈渔邨精神病学》（第 6 版），人民卫生出版社 2018 年版，第 573—574 页。

碍，接着又有几个晚上睡得好，然后睡眠困难状况会再次出现）。

（2）认识正常的睡眠阶段。规律且持续的睡眠可以让我们的生活品质更高，日常功能发挥得更好，也可以让我们的心境保持轻松愉悦。大多数健康成年人每晚需要7.5~8.5个小时不被打断的睡眠，如果没有达到个体需要的睡眠时数，身体就可能没有足够的恢复时间，第二天就不容易自我恢复。因此，我们只有了解正常的睡眠规律，才能更好地应对可能的失眠。

成年人的睡眠阶段可以分为快速眼动期（REM）和非快速眼动期（NREM）睡眠。这些睡眠阶段前后转换，一个循环持续70~120分钟。在正常睡眠中，每晚发生3~6次非快速眼动期/快速眼动期循环。当个体睡着后，他们进入非快速眼动睡眠，差不多占整晚睡眠的75%。在这一阶段，身体功能在恢复，呼吸变慢，肌肉放松，体温下降，组织生长出现。最深的睡眠出现在非快速眼动期的睡眠中。

第一阶段的非快速眼动睡眠发生在入睡后大约90分钟，持续5~10分钟。在快速眼动睡眠中，大脑是活跃的，眼球来回移动。约每90分钟，快速眼动睡眠重复一次，每次快速眼动睡眠越到后期，持续时间越长。夜间快速眼动睡眠周期变得越来越接近。①

没有快速眼动睡眠和非快速眼动睡眠阶段的充分循环，身体就可能感到没有充分休息。因此，当我们出现睡眠困难时，要及时寻求医生的诊断和治疗，寻求心理咨询师的心理咨询和帮助，改变自己不良的睡眠习惯，尽可能地改变睡眠环境和生活方式，等等，都可以帮助我们恢复到正常的睡眠模式。

（3）养成良好睡眠习惯，治疗失眠。尽管有许多因素会影响我们的睡眠，但在适应相关的现实环境的基础上，我们依然可以采取一些策略来帮助我们解决失眠问题，获得更好的夜间睡眠质量。

良好的睡眠卫生应该从日常作息时间、日常饮食、休息环境等开始，通过改变我们可以改变的生活环境和方式来减少不利睡眠的行为模式，养成对睡眠有利的习惯。我们主要可以从以下10个方面来实施。②

---

① 美国精神医学学会著，夏雅俐、[美] 张道龙译：《理解精神障碍：你的DSM-5®指南》，北京大学出版社2016年版，第149页。

② 顾平、王淑君：《失眠障碍的治疗》，《医学与哲学》2017年第5期，第22—25、93页。

① 尽量避免饮用含酒精或含咖啡因的饮品；② 在睡前 4 小时内，尽量避免吃难以消化的食物；③ 吃完晚饭之后，应当尽量避免大量饮用水或者其他饮料，避免晚上就寝后频繁去洗手间；④ 在吃完晚饭之后，就不要再参加会引起机体过度兴奋和刺激的活动；⑤ 床只能用来睡觉，将休息和放松等活动都在床以外的环境下进行；⑥ 建立一套准备就寝的流程；⑦ 寝室的环境要对进入睡眠有所帮助，如舒适的温度、光线和声音；⑧ 在躺在床上以后，应当放空思想，避免胡思乱想，但是可以想一些令人轻松愉悦的事情使心情平静，这样有助于快速进入睡眠状态；⑨ 每天在规定时间起床，包括周末；⑩保持规律的体育锻炼，但是睡前不可进行大强度的运动。

有大量研究证明，养成良好的睡眠习惯以后，人们的睡眠质量常常会获得整体改善，睡眠的连续性、睡眠的深度、睡醒后的主观感受（如是否解除疲劳感和睡眠的效率）等都会获得很大的改善。

除此之外，对于有失眠障碍的患者来说，刺激控制疗法是治疗失眠的一线干预措施，也是最有效的行为治疗方法。刺激控制疗法的基本目标是恢复床作为诱导睡眠信号的功能，并减弱它和睡眠不相容的联系，减少对睡眠内源性唤醒的刺激，使患者易于入睡。刺激控制是限制了清醒时躺在床上的时间和待在床上的行为，这些限制是为了加强床/卧室/就寝时间与快速而稳定的睡眠之间的联系。①

刺激控制法的主要步骤包括睡眠教育、自我监测、睡眠卫生和特殊指导。如有些人睡前会烦恼今天的事情及明天将要面对的挑战，为了减少这种刺激引起失眠，可让患者在吃完晚餐后有半小时的烦恼时间，将今天的烦恼、不愉快及明天的计划全写在一张空白纸上，避免在睡觉时又为这些事情伤脑筋。刺激控制疗法的具体操作过程如下：① 只有当感觉到困倦时才躺在床上。② 不要在床上做睡眠以外的事情，如阅读、看电视、吃东西或想烦心的事情。③ 如果卧床或醒来的 15 分钟仍不能入睡，就起床去做些平静的活动。④ 直到再次有睡意时再回到卧室躺床上睡觉；如果在短期内仍然不能入睡，第③条和第④条可按照实际需要重复进行。⑤ 每天早晨把闹钟调到同一时间，它一响就起床，不要考虑晚

---

① ［美］帕里斯（Perlis，M）原著，张斌主译：《失眠的认知行为治疗：逐次访谈指南》，人民卫生出版社 2012 年版，第 10—12 页。

9-10　睡眠卫生教育指南

上睡了多少时间或白天将会有多累。⑥ 白天不要打瞌睡或午睡。第⑤、⑥步有助于逐步确立稳定的自然睡眠节律。在第一周开始训练时，您的睡眠可能会变得更糟糕，但只要坚持，最终是能够逐步建立正常睡眠觉醒节律的。

睡眠质量好，可以保障我们的身体机能得到良好的恢复，让我们在正常的学习和生活中发挥正常的大脑功能，保持学习和生活的满满活力。

2. 促进健康饮食，预防进食障碍

在过去的十几年中，中国青少年进食障碍人数不断增长。除确诊的进食障碍外，未达诊断标准的进食障碍症状也会导致超重、肥胖等问题，且进食障碍具有较高的发病率和死亡率。有数据显示，中国青少年的肥胖率在不断上涨，且增长速率全球领先，提示我国青少年的饮食健康问题不容乐观。①女大学生群体中存在异常进食障碍者是罹患神经性贪食症的高危群体，②有研究表明，暴饮暴食已经成为大学生典型的不良饮食行为，大学生进食障碍检出率为 16.7%。③大学阶段既是饮食行为习惯养成的关键时期，又是进食障碍的高发阶段。因此，认识进食障碍的主要症状，了解其对身心健康的危害，是促进身心健康发展，预防精神障碍的根本。

（1）识别进食障碍的主要症状。进食障碍主要指以进食行为的异常，伴有对食物和体重体型的过度关注为主要临床特征的一组综合征，包括破坏个体如何进食和吸收营养的慢性进食问题。这些障碍极大地损害了躯体健康和个体思考、感受、与他人联系的方式。主要有神经性厌食、神经性贪食和暴食障碍 3 种类型。

神经性厌食者严格限制自己的食物摄入。即使他们很饥饿，在别人看来显得消瘦，甚至骨瘦如柴时，他们也会强烈恐惧体重增加或变胖。他们认为自己是胖的或超重的，即使体重减轻，他们的恐惧也不会减

---

① 林琳、刘伟佳、吴德平：《中国青少年进食障碍研究进展》，《中国学校卫生》2020 年第 5 期，第 797—800 页。

② 郑非：《从心理学视角剖析女大学生神经性贪食症的成因》，《校园心理》2013 年第 5 期，第 323—326 页。

③ 张翠翠、崔瑞兰：《济南市大学生体力活动抑郁症状与进食障碍的关联》，《中国学校卫生》2021 年第 1 期，第 69—72 页。

少。事实上，当他们体重下降时，对于体重增加的担心依然增长。他们常常称体重，只吃很少的特定的食物。神经性厌食的主要症状有限制食物摄入导致显著的低体重；即使显著低体重，仍然强烈害怕体重增加或有持续的影响体重增加的行为；存在躯体形象问题或否认自己的低体重很严重。

神经性贪食者经常进食，他们可能消耗惊人数量的食物。他们可以略微低于正常体重（经常节食，做强度较大的锻炼以减轻体重，但不像厌食者那样低体重），也可以是正常体重、超重，甚至肥胖。在暴食期间，他们感到失控；暴食之后，会由于胃痛呕吐或因担心体重增加而使用泻药。这一暴食和清除过程每周至少重复几次，严重者每天数次。神经性贪食的重要症状有反复的暴食发作，并且在一段明确的时间内（如 2 小时内），进食大量食物，比大多数人吃得多得多，而且对进食是失控的；频繁使用不健康的清除行为（如自我引吐、滥用泻药或极端的锻炼等）避免体重增加；极度担心自己的体重和体形；暴食和清除行为至少每周发生 1 次，持续 3 个月。

暴食障碍者经常吃下不同寻常的大量食物，他们不能抗拒进食的冲动，同时会感到羞耻和内疚，过度进食经常偷偷进行。与神经性贪食不同的是，他们的暴食发作不伴有清除行为。暴食障碍的主要症状：暴食发作的反复，在一段明确的时间内（如 2 小时内），进食大量食物，发作期间对进食缺乏控制。暴食的发作，包括以下至少 3 种症状：进食比正常速度快得多；一直进食，直至感觉太饱、不舒服；尽管没有觉得饿，还是吃大量食物；总是单独进食，由于吃得太多而感到羞耻；事后感到厌恶、抑郁，或感到严重的内疚。

进食障碍是一种同时并发躯体和心理损害的疾病，必须在全面、详细评估的基础上，遵循多学科协作的原则进行综合治疗，包括营养治疗、躯体治疗、精神药物治疗和社会心理干预等。大学生如果表现出一些进食障碍的症状，必须尽早去医院就诊。一旦确诊患有进食障碍，必须严格遵医嘱进行综合治疗。

（2）进行自我健康教育。进食障碍是一种严重危害身心健康并可能导致死亡的精神障碍，影响其发生发展的因素复杂，可能有遗传、性别、年龄、种族、职业、行为、心理、情感、家庭以及环境因素等。经过多年研究与实践，现已形成了针对正常人群、亚临床个体和进食障碍个体的三级预防模型。[①]青少年作为患进食障碍的高危人群，是主要的干预对象，大学生中更多的是具有引起进食障碍的不健康饮食行为，处于发病的临界状态或亚临床状态，因此，预防比治疗更重要。

进食障碍的一级预防主要由学校通过开设预防教育类课程进行，二级预防通常由社区卫生服务机构进行，三级预防是对已发生进食障碍的个体进行治疗，心理治疗是主要的治疗手段。目前，国外对进食障碍心理治疗的主要方法有认知行为治疗、心理教育、自助技术和家庭治疗等。但是这些治疗花费时间较长，对治疗师专业水平要求较高，尤其是，国内当前心理治疗的现实，不太适用于对规模较大的大学生群体进行干预。因此，进食障碍三级预防的重点，应该放在大学生可以使用的自助技术、自我心理教育等方法上。

① 学习营养学基本知识。了解人体所必需的营养素，如糖、蛋白质、脂类、矿物质、维生素、水和膳食纤维等，维持人体健康以及提供生长、发育和劳动所需要的各种物质；要保持能量的摄入与需要之间的均衡；按照“营养需全面，能量需充分”的原则，膳食需均衡，每天的饮食应包括“谷类及薯类、动物性食物、豆类及其制品、蔬菜水果类、纯能量食物”五大类。

② 进行自我心理健康教育。第一，不试图通过身材来寻找自信，不以“体形和瘦”为美，进而通过别人对自己身材的羡慕来获得良好的人际关系。其实，一个人是否受到别人的欢迎并不与身材完美程度成正比。第二，改变完美主义的性格，完美主义者无法接受自己认为的哪怕一点不完美，所以才会和自己的饮食和身材过不去。进食障碍患者中很多人并不是真的很胖，外貌和能力也不是真的很差，但往往因为完美主义性格，而一味地追求一种“完美”的身材。解决问题的关键在于接受自我的不完美，面对心中的恐惧，不因为恐惧而追求“完美身材”。第三，增加与家庭的积极互动，加强理解和沟通。在进食障碍患者的家庭，成员之间常常是敌对、控制、干预等关系，患者的情感需求常常被忽视。因此，大学生要在学习心理健康知识之后，主动与父母亲人等积

---

① 苏小路、余小鸣：《进食障碍的流行现状、影响因素和预防措施》，《国外医学》（卫生学分册）2008 年第 4 期，第 240—244 页。

极沟通，建立积极的家庭互动关系。①

（3）培养良好的进食习惯②。① 定时进餐。三餐形成规律，消化系统才能张弛有度地“工作”。零食要适当，不能吃得过多，更不能代替正餐。零食不能想吃就吃，应该安排在两餐之间或餐后。② 节制冷饮和甜食。冷饮和甜食饱腹作用强，影响吃正餐，所以要有节制，最好安排在两餐之间或餐后 1 小时内。③ 合理搭配、讲究健康营养。为了促进食欲，选择食物要注意食物的色、香、味、形合理搭配，既提高就餐兴趣，又保证科学营养。每天的饮食搭配方面需要注意食物多样，谷类为主，粗细搭配；多吃蔬菜、水果和薯类；每天吃奶类、大豆或其制品；常吃适量的鱼、禽、蛋和瘦肉；每天足量饮水，合理选择饮料。

9-11 认识“BMI”

（二）养成健康行为

一切有利于促进大学生健康的行为，都可以称为健康行为。大学生中常见的健康行为包括合理饮食、睡眠、运动等有利于身体健康的行为，也包括学习、交往等有利于心理健康的行为。对于新时代的大学生来说，网络使用行为已经成为影响大学生身心健康最重要的行为模式之一，其中最容易出现的问题行为是网络成瘾，也称网络依赖。

从精神病学的角度，成瘾与依赖是同义词。成瘾（依赖）的核心要素为失控、渴求、耐受性与戒断状态。网络成瘾是一种非物质成瘾，是与化学物质（如成瘾性物质或酒精）无关的一种成瘾形式，特点为反复出现的、具有强迫性质的冲动行为。尽管成瘾者深知此类行为所产生的不良后果，但他们仍然执意坚持，从而产生对躯体、心理健康和社会安宁的不良影响。③

1. 网络依赖概述

网络依赖又称病理性网络使用，是指由于过度使用网络而导致人们出现明显的社会功能障碍、心理损害的一种现象。

据《2020 年全国未成年人互联网使用情况研究报告》数据显示：在

① 王向群、王高华主编：《中国进食障碍防治指南》，中华医学电子音像出版社 2015 年版，第 145—151 页。

② 袁勇贵、徐治主编：《自我识别心理障碍》，东南大学出版社 2015 年版，第 119 页。

③ 陆林主编：《沈渔邨精神病学》（第 6 版），人民卫生出版社 2018 年版，第 682 页。

2020 年，我国未成年网民（6—19 岁）达到 1.83 亿人，未成年人互联网普及率为 94.9%。19.6%的未成年网民认为自己非常依赖或比较依赖互联网，而 24.7%的家长认为自己对互联网存在依赖心理。①将近 70%的大学新生每天花 2 小时以上的时间在网络上，将近 30%的大学新生每天在网络上花 4—6 小时时间，有 17.3%的大学新生网络成瘾。②大学生中最受关注的问题行为是网络依赖问题。尽管大学生的网络依赖问题可能尚未达到病理性或非物质成瘾精神障碍的程度，但大学生“低头族”现象正在迅速上升。随着网络使用度的提高，网络依赖对大学生的生理健康、心理健康和社会功能等造成了极大危害。

沉溺于网络的人会长时间连续上网，这种行为中的个体新陈代谢、生物节律、饮食习惯等都遭受破坏，进而容易导致人的体质下降，如内分泌紊乱、免疫力下降等。沉溺于网络的人对现实刺激缺乏相应的情感反应会导致个体对亲友冷淡，对周围事物失去兴趣，甚至家庭关系紧张等现实情绪情感和人际关系问题。过度沉迷网络，还容易让大学生们迷失自我，对现实自我缺乏正确的认知与体验，进而容易引发各种心理问题。尤其是沉迷网络游戏社交的大学生，对学习和实践活动的兴趣下降，从而影响学业成绩，甚至个别学生无法正常毕业。这些都是网络依赖对大学生身心健康造成的消极影响。

9-12　网络依赖量表

2. 网络依赖的心理特征

网络依赖者往往存在以下三个心理特征。

（1）奖赏寻求增加。奖赏系统在成瘾的形成和维持中发挥着重要作用，网络依赖主要表现出奖赏寻求增加、耐受性增强、戒断反应和躯体症状等临床特征。网络游戏成瘾者表现出更高的奖赏寻求特征，而对惩罚却更不敏感。同时，网络游戏带来的快感会增强个体玩网络游戏的欲望，进而驱动个体发展到成瘾状态。

（2）冲动控制能力下降。成瘾的核心要素是人们对自身冲动控制能力的降低。有效的冲动控制能力会促使个体抑制自身的上网冲动，制止

---

① 《2020 年全国未成年人互联网使用情况研究报告》，《国家图书馆学刊》2021 年第 4 期，第 13 页。

② 潘佳丽：《大学新生网络使用行为调查研究——以上海某高校为例》，《教育教学论坛》2020 年第 2 期，第 111—113 页。

过度使用网络，进而达到远离网络依赖的结果。但网络依赖者无法对上网冲动产生足够的控制力，不能有效控制自己的上网行为。他们很容易被网络的某些特征吸引，沉溺其中无法自拔。而上网的快感会进一步削弱网络依赖者对自身行为的控制能力，然后进一步去追求网络带来的快感，如此形成恶性循环，陷入网络依赖的深渊。

（3）决策能力受损。决策过程是一个权衡利弊的过程。网络依赖者通常不会去考虑过度沉溺网络带来的负面影响，因为他们的决策能力是受损的。在做决策时，他们不能很好地考虑现有的条件和结果，进而权衡利弊作出选择。他们在行为上表现出宁愿选择当下即刻能获得满足的短暂快感，也不愿为长远的、大的收益而等待。因此，他们通常只满足于当下的快感，而不会为了学业成绩、人际关系和长远发展而努力。

3. 网络依赖的正念训练

大学生如能正确认识网络依赖的心理特征，准确评估自己网络使用的程度，在出现一些可能够不上网络成瘾的诊断标准，但是已经超越了大学生健康的心理和行为范畴的“问题性网络使用行为”[①]时，就能及时发挥主观能动性，主动提高自己的决策力、控制力，避免陷入网络依赖的深渊。

大量研究证明正念认知训练对个体的网络依赖有积极作用和显著的改善效果。正念训练的目标是使训练者“面对”而不是“逃避”潜在的困难。参与者被要求培养一种开放的、接受的态度来应对当前出现的想法与情绪，其核心技术是集中注意力，即觉察自己的身体与情绪状态、顺其自然、不作评判。这种正念练习促使产生一种“能意识到的”觉醒模式，而不是一种习惯化、自动化了的浑然模式。我们以“禅定”训练为例，介绍正念疗法的具体方法，这种简单的“禅定训练”对于人们的心理健康具有巨大的功效。[②]

在心理生理学的视角，禅定是指有意识地对注意的自我控制。科学心理学对于禅定的描述，大部分都集中于行为层面，包括以下几个因

---

① 姜永志、白晓丽、阿拉坦巴根等：《青少年问题性社交网络使用》，《心理科学进展》2016年第9期，第1435—1447页。

② 熊韦锐、于璐：《西方心理学对禅定的功效研究》，《心理科学进展》2010年第5期，第849—856页。

素，如放松、集中注意力、意识状态的改变、暂停逻辑思维过程、维持自我觉察的姿态等。总体来看，禅定的方法包括两个核心，一是将注意力集中于现在，强调活在当下；二是对当下的观念、想法不作任何评判，强调非评判性与接受性。禅定练习的步骤为：（1）首先需要做的是为自己选择一个可以注意的对象，可以是一个声音或者单词，或者一个短语，或者自己的呼吸、身体感觉、运动感觉都可以。（2）在选择注意的对象之后，需要做的就是舒适地坐着，闭上眼睛，进行一个简单的腹部呼吸放松练习（不超过 1 分钟）。（3）然后，调整呼吸，将注意力集中于所选择的注意对象。（4）当你在训练的过程中，头脑中出现了其他的一些想法、感受或者感情，使注意力出现转移的时候，也不要紧，只需要随时回到原来的注意力上就可以。无论头脑中出现什么想法都不用担心，只需要将注意力简单地返回到呼吸上来就可以，不用害怕，不用后悔，也不用任何评判。像这样训练 10—15 分钟之后，静静地休息 1—2 分钟，然后再从事其他正常的学习活动。每天两次，练习 3 个月。

（三）培育健康心态

大学生在掌握了心理学、心理健康相关的概念、理论等基础知识后就能树立重视和促进自我心理健康的意识，用理性的认知看待这个世界，看待周围万事万物；用积极的情绪状态应对这个世界的千变万化；用健康的人格适应这个世界的变革发展。我们将学到的理论知识应用于大学生的生活、学习、交往等实践活动中，就可以将理论知识活学活用，将技能体验知行合一。如此，大学生就能拥有理性平和的健康心态和积极品质，哪怕遇到再大的风浪，也能努力去发现和不幸等值的积极面，找到“不幸中的万幸”。拥有健康心态，学着向内心投放光明，你会发现许多问题将迎刃而解。

二、精神障碍的干预

（一）精神障碍的自我干预

大学生首先要树立“精神障碍可防可治”的自觉意识。精神障碍是会造成正常心理功能的缺损或丧失，但精神障碍也是可防可治的。多数（80%以上）精神病患者只要治疗得当，加上定时复诊服药，就能稳定病情，有效地恢复正常而充实的生活；在急性期精神症状得以控制、缓解后，还得坚持长期服用精神药物。若能按时看门诊，遵医嘱长期服药，病情始终稳定甚至终生不复发的病例在临床上也为数不少。

此外，每个大学生都要学习了解基本的精神障碍科学知识。只有认识了精神障碍的基本概念、发病机制与治疗规范，才能建立积极的预防意识，才能对精神障碍的早期症状有良好的自我觉察。在此基础上，正确对待可能出现的有关精神症状，及时发现并识别出相关的精神症状，在必要时积极配合就医诊治，就是对精神障碍的自我干预，也是基本预防。如果确诊患上了某种精神障碍，要积极配合治疗，遵医嘱规范治疗以尽可能取得好的疗效，与医生配合预防复发。

（二）精神障碍的转介干预

9-13　关爱抑郁症朋友

大学生除了要关照好自己的身心健康，还可以在心有余力时主动帮助周围同学促进身心健康发展。当周围的同学患上了精神障碍，要消除对这些患病同学的偏见，对正在与精神障碍斗争的同学，给予鼓励支持和力所能及的关爱。

发现周围同学有异常精神活动时要及时报告，协助家长和学校老师做好转介就医工作，对精神障碍不抱任何侥幸心理。许多精神病患者都否认自己有病，这是由于其丧失了对其自身疾病的认识能力的缘故，也正因为如此，不少病人尽管病情很重也拒绝就医。对这类可能患有精神障碍的同学，应该及时报告学院、学校相关老师，及时采取措施，才有可能使同学的异常症状得到及时、有效的诊治。

（三）精神障碍的支持干预

第一，患有精神障碍的同学要克服自卑心理，主动融入同学和班集体，力所能及地参与正常的大学学习和生活。

第二，要关心关爱患有精神障碍的同学，努力做到接纳而不歧视，并在班级、寝室等集体环境中营造一个健康、积极、宽容、乐观的心理空间，让同学在这样的环境里感觉到温暖和关爱。

9-14　科学对待精神障碍

第三，要学会关心、关注并鼓励精神障碍患者积极接受专业医疗机构的诊治、遵医嘱坚持治疗。

我们相信，今天的大学生比以往任何时候，都能更好地准备站起来解决精神健康问题。如同本章内容所显示的，我们已经足够认识了精神障碍是什么，精神障碍为什么会发生，精神障碍是需要规范治疗的。只要我们能及时发现识别精神障碍的症状和表现，用科学的态度及时寻求专业的支持和治疗，那我们一定可以战胜精神障碍，身心健康地成长。

本章参考答案要点

思考与练习

1. 大学生常见的精神障碍有哪些？请举例说明。

2. 如果你觉察到自己有某些心理或行为的异常表现，你应该怎么做？

3. 当你发现寝室某室友出现了一些疑似的精神症状（如妄想、幻觉）等表现时，你应该如何对待这位同学？

推荐书目

1. 美国精神医学学会著，夏雅俐、［美］张道龙译：《理解精神障碍：你的 DSM-5®指南》，北京大学出版社 2016 年版。

2. 刘震钟著：《你的反常，他的日常：认识日常生活中的精神病》，中国工人出版社 2018 年版。

3. ［美］科特·戈德斯坦著，王一力译：《人的本性　以精神病理学视角进行的探索》，贵州人民出版社 2018 年版。

第十章

玉琢成器——实现生命成长

生命如流水，只有在他的急流与奔向前去的时候，才美丽，才有意义。

——张闻天

生命过程有很多不确定性，因为不确定，所以才到处充满惊喜；生命成长又有很多规律，因为有规律，所以才可以自己把握。从生命诞生到生命逝去，短短几十年不算长，但是每个人的生命存在都是奇迹，每个人的生命体验都弥足珍贵，每个人的生命价值都蕴含芬芳。本章立足于大学生的生命成长，系统介绍了生命相关的基本概念；结合大学生小琳的案例，分析了大学生生命意识、生命态度和生命价值的现状与特点；指导大学生保护生命、发展生命和成就生命。

第一节　关注生命：体会最美的生命存在

每个人都有属于自己生命的模样。大学生更应该认识生命的内涵，理解生命的意义，厘清生命的关系，珍惜生命，乐享生活，拥抱时代，不负韶华，绽放属于自己生命的独特之美。

一、认识生命内涵

10-1　生命内涵

（一）生命的起源

古往今来，人们怀着好奇的心情，无数次地寻找生命起源的奥秘，涌现出各种传说和学说。在科学不发达的蒙昧时期，“神创论”得到普遍认同，它认为生命是由上帝或神创造的，直到1859年英国生物学家达尔文出版《物种起源》，提出了生物进化论学说，认为生物是在遗传、变异、生存斗争和自然选择中，由简单到复杂，由低等到高等不断发展变化的，人们对生命起源的认识也逐渐变化。随着科学的发展和人类认知水平的提升，人们对生命的起源又有了更深的认识，目前在生命科学界比较公认的推论学说，包括原生汤学说、宇宙学说和同源学说等，认为生命分别是从海洋、宇宙、原始地球中产生的最初的有机分子经过进一步组织，成了可以通过自然选择而进化的最早的生物。虽然关于生命起源的各种假说仍需进一步探索和研究，但无论如何，生命的起源都遵循从低级到高级、从简单到复杂的发展规律，人类的生命起源经历了由无生命体渐变形成蛋白质，再渐变形成生命的过程。

人类群体生命的起源，一般认为大约在2 300万年至1 800万年前，生活在热带雨林地区和广袤草原上的森林古猿，为寻找食物来到地面活动，逐渐学会用两脚直立行走，前肢解放出来后能使用工具并制造工具。与此同时，包括大脑在内的身体素质都得到相应地发展，出现了人类的各种特征，他们是人类最早的祖先；人类个体生命的起源，则来自于精子和卵子的结合，几千万个精子穿越重重障碍，最后只有一个精子与卵子结合形成一个胚胎，才有了人类个体生命的开始。

（二）生命的内涵

人们从最初对生命的敬畏到取得生命领域一个又一个的进步，从未停止过对生命的探索。

生命的内涵包含两个维度：物质生命和精神生命。

《现代汉语词典》释义“生命”为“生物体所具有的活动能力，生命是蛋白质存在的一种形式。”①而《辞海》中的解释则更为详细，“生命”是“由高分子的核酸蛋白体和其他物质组成的生物体所具有的特有现象。能利用外界的物质形成自己的身体和繁殖后代，按照遗传的特点生长、发育、运动，在环境变化时常表现出适应环境的能力。”②这里所说的生命，就是我们能感知到的存在的生命，我们称之为物质生命。

在此基础上，生命个体又与他人和社会构建了复杂的生命关系，生命离不开社会活动和社会交往，以及在此过程中展现的精神风貌。这是人的生命的超越，我们称之为精神生命。

人是双重生命的存在，既有与动物所共有的物质生命，又有人类所特有的精神生命，人的生命兼具自然属性和社会属性。物质生命是有限的，随着生命的死亡而消失；而精神生命却可以在人死后永存于世，两种生命形式构成了一个人完整的生命。

人的生命存在的质量和意义，主要不在于物质生命，而在于精神生命。缺少物质生命，作为人将不复存在；缺少精神生命，人只是徒有人的表征的活的生物体。从生命价值角度出发，我们说“一个人活着，他已经死了”，是说这个人的“物质生命”活着，“精神生命”却已不被认可。我们说“一个人死了，他还活着”，是说这个人的“物质生命”虽然已经死了，但其“精神生命”还活在人们的心中。一些人对生命的理解狭隘化，仅仅视生命为物质生命，把生命理解为感官享乐，一旦不能满足，就认为整个生命无价值、人生无意义，消极情绪弥漫在整个人生

---

① 《现代汉语词典》（第 7 版），商务印书馆 2016 年版，第 1168 页。

② 《辞海》（第 7 版），上海辞书出版社 2022 年版，第 1996 页。

中。有些人特别看重名誉和地位，甚至看得比生命本身还重要，一旦在追求过程中受挫，或取得后又丧失了，就会觉得生命无价值、人生无意义。殊不知，精神生命是人生价值和意义的承载体，生命的更高价值在于其社会价值，对社会的奉献才是人的更高价值追求。

10-2 臧克家《有的人》

（三）生命的特征

1. 生命的有限性

世界卫生组织2021年发布的世界卫生统计报告显示，2019年中国女性的人均预期寿命为80.5岁，男性为74.7岁；日本女性的人均预期寿命为86.9岁，男性为81.5岁。即使现实生活中有很多百岁老人，研究也认为人的自然寿命可以活过百岁，但由于生命的脆弱性和人生际遇的不可控性，绝大多数人是达不到自然寿命的。人终究会面临死亡，人的寿命是有限的，也就是说，我们的物质生命是有限的，生命的有限性决定了生命的可贵。

2. 生命的不可逆性

每个人的生命都经历出生、成长、老化、死亡的过程，这样一个过程对于任何人来说都只能经历一次。生命绝不会在时间的跑道上停留，也绝不会“倒行”，推倒重来。人们所说的“人死不能复生”便道出了这个真谛。正因为物质生命的不可逆性，我们才需要珍惜当下，过好生命中的每一天。

3. 生命的独特性

遗传学的研究表明，每一个个体生命的遗传特征都是独一无二的，每一个人都有独一无二的脑能特性，这种差异性还表现在体态、感官等生理因素上。遗传的差异性决定了人先天具有的独特性，以及在后天发展中的结构优势，不同的人会表现出不同的爱好和特长。所以，人生命的独特性不仅取决于由个体遗传素质所决定的生理因素，还取决于人后天形成的个性思维等因素，即便是孪生兄弟姐妹，也会因后天生活、环境、教育和实践经历的不同而拥有不同的生命形态。

4. 生命的超越性

人一方面是有限的自然存在物，生老病死，不能幸免；但另一方面又是一种有理性的存在，他有着超越自身有限性的理想。人总是在对未来的追求中否定现实，渴望超越，超越人的自身存在，超越现实的存在，正是在这种不停地自我否定和自我超越中生成新的自我，实现生命价值的提升，最终实现精神生命的延续。

二、理解生命意义

（一）生命意识

1. 生命意识的内涵

生命意识是我们每个人甚至整个社会群体所具有的最基本的意识理念。生命意识通过生命意义感、生命价值观、生命智慧等相关因素对心理健康产生影响。目前比较普遍的观点认为，生命意识是一种对生命存在和生命价值的认知和感悟。生命意识包括浅层次的生命存在意识和深层次的生命价值意识两个方面。可以说，人只有有了自觉的生命意识，主动热爱生命、珍惜生命，才能善待自己和他人的生命，才能努力去创造和升华生命价值，追求生命的社会价值和社会意义。

2. 生命意识的内容

生命意识包括以下两个方面的内容：

（1）生命存在意识。生命存在意识是人们对于生命存在的唯一性、不可重复性和基础性的一种自觉认知，是从物质生命角度出发的。生命首先是客观存在，是活着，是生理器官的运转和功能基本完好的状态，是每一个现实的人都能直接体验的自己处于活着的状态。人的生存本身是生命世界里最直接、最真实的存在，是生命发展的基石与动力。生命存在是生命个体一切活动的源泉，存在着的生命的价值是一切价值的基础，如果没有生命，客体的价值属性，即使仍然存在，也谈不上任何价值。

同时，人作为有思想、有尊严的存在物，生命并不仅仅是一个简单活着的问题，也不单纯是一个活着的状态，更不是一个漫无目的、任意发散的自然肉体生命的流逝过程，而是存在着一个为何活、如何活的问题，具有文化的、精神的特质。我们每个人在日常生活中都要维护生命存在的尊严，彰显生命存在的价值和意义。

（2）生命价值意识。生命价值意识则是指人在生命存在的基础上，创造和升华生命社会价值的意识，也是个体通过社会实践实现生命的社会价值，追求生命在社会中的价值延续的自觉意识，是个体为了追求生命存在的永恒而达到的生命理想境界，这是从精神生命的角度出发的。作为"万物之灵"的人类，从本质上讲是一种精神性或者价值性存在，一个健全、成熟的人在意义和价值缺失的状态下会感到空虚和迷茫，也不可能有真正愉悦的生活感受。因此，作为有生命的人既要尊重人的肉体存在的事实和肉身存在欲望的合理性，又要不断对肉身欲望进行价值超越，提升生命存在到更高的价值存在，拓展人的精神世界和心灵世界，弥合人的肉体与灵魂、欲望与理性之间的分隔，从而逐步提高生命智慧，使人成为真实的生命存在主体，成为有自我价值与尊严意识的人。

（二）生命意义

很多人都有这样的经验，在万籁俱寂、独自一人的时候，常会问自己："我为何而活着？活着的意义是什么？我要怎样过一生？我的存在到底有什么意义？"难道我们出生就是为了吃、喝、睡觉，然后走向衰老和死亡吗？我们受到了良好的教育，找到工作，找到满意的另一半，然后生儿育女，周游世界，与朋友聚会，养育孙辈，尽享天年，再后来，当我们老得不能再老的时候，我们死了，难道这样的人生就是有意义的人生吗？

关于生命的意义，胡适先生有一段妙论："人生的意义全是各人自己寻出来、造出来的：高尚，卑劣，清贵，污浊，有用，无用……全靠自己的作为。生命本身不过是一件生物学的事实，有什么意义可说？生一个人与一只猫，一只狗，有什么分别？人生的意义不在于何以有生，而在于自己怎样生活。你若情愿把这六尺之躯葬送在白昼做梦之上，那就是你这一生的意义。你若发愤振作起来，决心去寻求生命的意义，去创造自己的生命的意义，那么，你活一日便有一日的意义，作一事便添一事的意义，生命无穷，生命的意义也无穷了。总之，生命本没有意义，你要能给它什么意义，它就有什么意义。与其终日冥想人生有何意义，不如试用此生作点有意义的事……”①这段话表达了两个基本观点：一是如果人的生命仅仅局限于存在，只专注于物质生命，那人和动物的生命没有区别；二是生命意义是可以通过各种实践活动寻来的，精神生命是创造出来的。

因此，对于如何理解生命意义的问题，我们可以从两个层面来说：

第一，人是生命的载体，人的生命首先表现为生物个体形式的存在，在此基础上才有了生命的意义。这是生命存在的意义，生命存在着，就有意义。在现实世界中，由于人的生命存在意义不会先于生命历程而存在，决定了我们对生命意义的寻找应当到现实世界中去，而不是在人仿佛自成一体的封闭的内心世界中。也就是说，寻找人的生命存在意义应当是具体的，而不是抽象的。

第二，生命的意义各有不同，具有客观评价导向。人的生命存在的意义与个体所经历的具体实践息息相关，个人的生命只有当他用来使其他生命都生活得更高尚、更幸福时才有意义。人短暂而又有风险的生命的意义，只有在献身于社会中才能找到，只有重视高尚永恒的价值，才能给生命增添意义。

所以，我们认为，个体的生命意义是个体对自己存在目的和价值的感知，是个体依据其相对稳定的个人价值采取目标行动，并把自己的得失与内部或者外在的价值标准相比较而形成的关于是否认同和接纳自己，对自己生命的存在是否有价值、有尊严、有力量的评判以及由此产生的情感体验。积极寻求生命意义是我们的人生必修课。

（三）生命观

观，即人们对事物的认识或看法。生命观，是人们对生命的根本的认识或看法。生命观不是对生命的单纯看法，而是综合了对人和社会的共同认识，包括对生命存在、生命过程、生命本质、生命价值和生命修养等的认识或看法。它是一种社会性观念，社会政治、经济发展、文化风俗决定了人们生命观的走向，决定生命发展的价值取向。

生命观是构成人们世界观的重要组成部分，是大学生个体存在和发

① 胡适著：《人生有何意义》，民主与建设出版社 2015 年版，第 8 页。

展不可缺少的重要思想内容，生命观正确与否对于树立正确的世界观至关重要，缺乏生命观或者具有不正确的生命观，会使大学生无法正确认识和理解生命存在的价值和意义，从而严重制约和影响大学生生命质量的提升和生命品质的实现。大学生只有具备了正确的生命观，才能更好地活着，成就生命的和谐。

三、优化生命关系

生命关系对一个人的身体健康、情感生活、认知发展、事业成功和人生幸福，都具有至关重要的作用。优化了生命关系，就优化了生命质量。

（一）生命与自我

“自我”，包括生理自我、心理自我和社会自我。只有形成科学的自我认知，了解自我，才能客观地分析自己面临的境遇并作出理性的选择。认清自我，是大学生生命成长过程中的重要内容与必要环节。

大学生只有知道自己从哪里来，将到哪里去，对生命过程有一个科学的认识，才能理解和思考生命所衍生、所蕴涵以及被赋予的深刻的社会内涵，才能从生理、心理以及社会的层面去认识、把握和接纳自我，才能感受自然客观的“我”以及与人们建立相互关系的社会的“我”的统一，真正地成长与成熟。否则，自我认知是有缺陷的，必然会影响今后的发展与成长。

（二）生命与自然

“天人合一”是中国传统哲学的基本观点之一，它既肯定了人与自然的统一的关系，认为人是自然的产物，是自然的一部分，是自然界最高级的物种，又肯定人与自然是有区别的，但不是敌对的关系，而是相互依存的关系。

首先，生命是自然的产物。人的身体本身就是自然界的一部分，一个人要活着就必须到自身以外的自然界寻找吃、穿、住等生活必需品，人和自然有千丝万缕的关系。我们不应当只想到怎样征服自然、利用自然，这样最终的结果只能是破坏自然，使人类生存的大环境受到破坏，甚至会遭到大自然的“报复”。只有热爱自然、保护环境、维护生态平衡，与大自然和谐相处，我们才可能拥有更加良好的生活环境。其次，人的生命是一个自然过程。一个人从出生到死亡是一个完整的人生历程，生死是自然规律。所以，我们更应该顺应这一自然过程，在有限的生命中更加关注人生的历程。

（三）生命与社会

马克思说：“人的本质并不是单个人所固有的抽象物，在其现实性上，它是一切社会关系的总和。”①人是具有社会性的动物，在人类社会高度发达的今天，人与人通过社会关系连成一个整体，任何人都是社会的一员，不存在孤立的个人。人总是处于社会关系之中，并承担一定的社会角色。在人的社会性背景下，人才从一个自然的生物人、个体人变成社会人、契约人，人才能通过自己的社会角色以及相应的权利和义务，意识到自己的社会存在、精神生命，从而充实和引领自己的物质生命。也就是说，人只有与社会相连，通过在社会中人与人的交往关系传递各种信息、展现自己的才能，才能最终实现人生的价值和意义。

第二节　欣赏生命：培育浓厚的生命情怀

人生的根本，是如何与自己相处。热爱与珍惜自己的生命，把握生命中的每分每秒，用笃定的生命意识，坚韧的生命态度，诠释属于自己的璀璨的生命价值，实现美好生活。

案　例

小琳，女，广西人，本科就读于浙江某大学，2014 年毕业后参加浙江省“两项计划”之西部计划项目，成为一名西部计划志愿者。

① 《马克思恩格斯选集》第一卷，人民出版社 2012 年版，第 135 页。

2016 年 8 月在西藏自治区林芝市志愿服务两年期满后正式留藏工作。2018 年 12 月参加“援藏计划”研究生招生考试，2019 年 9 月进入天津某高校成为一名定向培养研究生，现已硕士毕业回藏工作。

10-3 生命意识

一、笃定浓厚的生命意识

（一）生命因梦想而激扬

1990 年，小琳出生于广西一个农村家庭，父母都是普通的农民。从小琳记事起，父亲就患有脊椎病不能干重活，家里的重活都压在母亲一个人身上。她记得小时候每天父母亲从地里回来都很晚，回来后父亲开始煮饭喂猪，母亲去山的另一边挑几担水回来，井水清甜，可以洗去母亲一天的疲惫。哪怕生活艰辛，家人间、邻里间也都亲密和谐，家里的大小事情也都有商有量。父母脚踏实地、勤勤恳恳，父母的生活态度和处事风格深刻地影响着她。

为了保证让她和弟弟有饭吃、有书读，父母尽了最大的努力。她一直非常珍惜上学的机会，在学习上从未让父母操心过。2004 年，她以优异的成绩升入初中，同时也开始申请国家经济困难学生资助，一直延续到大学毕业。初中阶段，她努力学习，成绩一直保持在年级前列。她时刻告诫自己一定要自强不息，戒骄戒躁，以考上高中、考上大学为目标，将来成为一个对社会有用的人，回馈社会，感恩所有曾经帮助过她的人。2007 年，她考入县城最好的高中，通过努力，高一下学期如愿进入重点班。

2009 年初，在她高二的时候，父亲病逝，这给全家一个巨大的打击。悲伤不舍的同时，她有自己的朴素的梦想：好好学习，掌握本领，反哺家庭，回报社会。2010 年 6 月，她参加高考，顺利被浙江某大学录取。

（二）小琳的生命意识

1. 珍爱生命

年少的小琳就知道生活不易。她还记得每到秋天稻谷成熟前两个月，大家粮食总不够吃，就会出现邻居间互借互给的情形，等到秋收后再一一归还新米。这让她分外珍惜粮食，珍惜拥有的东西。她很早就很懂事，眼看着父母辛苦，早早学会替家里分担。她喜欢等待父母劳动回家，喜欢粮食丰收的幸福，喜欢邻里间的关心，喜欢读书，喜欢帮助别人。这种纯朴的生命观，让她觉得生活是美好的，自己、他人和周围的山水虫鱼都是富有生命力的，困难是可以克服的，安逸的生活是需要通过自己和家人的双手来创造的。

2. 感恩生命

她心思细腻，善于捕捉生命中点滴的感动。从小父母就教育她要好好学习，只有努力学习，将来做一个有出息的人，才能改变自己的命运。她知道别人对自己的好，希望能感谢别人、报答别人。感恩已经成为小琳的一种生活态度，这是一种美德，更是一种责任意识。感恩国家、感恩社会、感恩帮助过自己的人，这是一种情怀，是一种人格，其本质上是一种大局意识和奉献精神！

3. 回馈生命

她总是怀着对生命的敬意，带着对美好未来的信念，勇敢面对生活中的各种挑战。在小琳的观念中，她可以通过自己的努力，做成自己想要做的事情。年少时，哪怕因为要省下每学期 200 元的借读费而放弃了更好的初中的入学资格，哪怕刚开始并没有进入高中重点班，哪怕刚进大学与同学有太大差距，她都会一直努力追赶，慢慢实现自己想要的生活的样子。

（三）部分大学生生命意识的特点

与小琳有些不同，我们身边的部分大学生，表现出以下生命意识的特点：

1. 生活方式不当，安全意识薄弱

进入大学后，没有父母的悉心照料和监督约束，部分大学生的生活

自主性和随意性，增加滋生了很多不良的现象。有些人生活不规律，不能妥善安排学习休息娱乐的时间，经常熬夜、不按时起床，甚至过着“夜玩游戏，晨入睡”的生活等。有些人饮食不当，不吃早饭、挑食偏食、暴饮暴食、过分节食、偏好快餐食品、油炸烧烤食品等。有些人经常吸烟，少数同学甚至达到成瘾状态，有些人常常外出聚会，也会经常喝酒。另外，由于安全意识淡薄，我们身边经常有安全事件发生。宿舍里，个别同学不顾生命安全，因乱接电源、违章使用电器而引发火灾事故；马路上，越来越多的同学成为“马路低头族”，从而引发摔跤、交通事故等；互联网中，很多同学无法识别网络诈骗，导致个人信息泄漏或者财务安全受损事件时有发生。

10-4　腾讯110：2020年网络诈骗治理报告

2. 生命耐挫力弱，心理素质较差

目前在校的大学生大都出生在物质条件不断优越的时代，基本上没有经历过重大人生苦难与挫折，一旦遭遇感情受挫、学业压力、生活负担、求职失败、家庭关系不良、人际关系紧张、媒体负面影响等情况，就容易出现较弱的生命耐挫力和较差的心理素质，无法沉着地面对，比较容易受伤，部分同学还会引发心理危机、心理疾病，严重的甚至放弃生命。这也是当代部分大学生为什么出走、休学、退学，甚至暴力、自杀等情况时有发生的根本原因，它严重影响了大学生的身心健康和人格发展。

3. 生命情感冷漠，践踏他人生命

在大学生经历的传统学校教育与家庭教育中，“分数至上”往往被作为信条与原则，分数成为衡量一切的标准，这使得他们在成长过程中，情感、心灵、个性发展受到忽视，甚至被压抑。少数学生无论是在学校还是在家庭都缺少充分情感交流与互动，情感世界缺少了滋养，感情的纽带自然松弛，对生活丧失热情甚至产生厌恶，更甚者走向极端。另外，部分同学不擅人际交往，沟通能力欠缺，有的甚至不愿或逃避与别人交往，只沉浸在自己的世界里。

4. 生命意义迷失，漠视自己生命

物质世界的丰富、科学技术和互联网的发展，一方面使当代大学生享受了社会进步带来的种种物质资源，另一方面，面对瞬息万变及复杂多样的现代生活，部分大学生逐渐丧失了支撑其生命活动的价值支持和

意义归宿，迷失在“存在性危机”之中，处于深刻的“和人自身疏离”“和自然疏离”“和社会疏离”①的困境焦虑之中，寻找不到生命的意义。“无聊”和“郁闷”成为口头禅，网络游戏和娱乐节目成为打发时光的方法，常常感叹生命的无意义和生活的空虚。

当代部分大学生所面临的种种生命意识问题已不仅仅是个别问题，而是一种具有社会影响力、辐射力的现象，需要引起所有人的正视。

二、乐观坚韧的生命态度

（一）生命因拼搏而精彩

刚踏进大学的校门，面对充满活力和挑战的校园，小琳心里充满了新奇和紧张。她知道在大学要自己养活自己，就走了绿色通道，报名勤工助学；她发现自己的普通话太糟糕，就每天坚持练习；她不敢当众发言，就硬着头皮，参加班内竞选成了班级体育委员。敢拼的性格让她经过短暂的大学适应期后，开始过得忙碌而充实。她积极参加学校、学院各项活动，如篮球比赛、舞蹈比赛、唱歌比赛、定向运动比赛、戏曲比赛、武术比赛、学校运动会、杭州国际马拉松、徒步越野等。她还参加青年志愿者活动，去敬老院陪老人聊天、为他们演唱越剧，去岳庙做义务导游等。在这些活动中，她不仅锻炼了身体，提升了胆识和能力，还认识了很多志同道合的朋友。

但是问题又出现了，她的学习成绩一直不见起色，大学英语六级考试屡战屡败。她意识到自己学习和活动的时间安排出现了问题，之前把大部分时间花在社团活动上，静心学习的时间非常少，出现了本末倒置的情况。于是从大三开始，她逐渐退出社团活动，全心全意投身学习。

临近毕业，当她听说了“西部计划”（普通高等院校应届毕业生和在读研究生，到西藏、新疆、贵州和四川以及其他服务省份从事为期 1

① 梅萍、林更茂：《论当代青年生命意义的困惑与应对》，《中国青年研究》2006 年第 1 期，第 73 页。

至 3 年的志愿服务），听到“到西部去，到祖国最需要的地方去”的口号，非常激动，她觉得实现理想的机会到了。在征得母亲同意后，她欣然坐上了前往西藏的火车，成为一名西部计划志愿者。她表示，从小到大自己都是经济困难学生，受过很多资助，非常希望有机会能回报祖国和社会，“苦一点，条件差一点，失去一些没有什么，关键我的精神是快乐的”。

（二）小琳的生命态度

1. 乐观积极

小琳从小生活清苦，从初中开始就是经济困难学生，高中又经历了父亲去世。这对于一个未成年人来说，是生命不能承受之重。但小琳总是能挖掘清苦生活中的幸福，充满对未来美好的期望，充满了乐观精神。她一直说自己的人生平凡而充实。诚然，平凡才是生命的本色，生活不需要那么多的七彩泡泡，需要的是真实的脉动。她总能以乐观积极的态度发现身边的美好，体会生命中的每一个细节，抓住身边的机会，用行动去体验生活。

2. 坚韧坚强

小琳用生命的活力和智慧不断地激发成长的潜能，拓展成长的空间。大学里的小琳克服了一个又一个的短板，抓住了一个又一个机会，一点一点进步，非常坚韧和坚强。大学时，生活费要自己挣，讲不好普通话，不敢在公开场合发言，大学英语六级考试屡考不过，每一次的困难她都能正视，没有退缩，没有被打倒，这是一种前进的力量。她成功地养活了自己，学会了普通话，积极当班干部，考过了英语六级，毕业后勇敢选择去西部地区服务祖国，她的生活充满韧性和张力。

3. 迎难而上

她珍惜每一次机会，不惧怕自身不足，努力突破自我。学习之余，她参加勤工助学和志愿活动，在养活自己的同时，不断寻找锻炼的机会，她不断积累学识和经验，开阔视野。在西藏完成志愿服务两年后，她毅然选择留藏工作，随后又选择去天津某高校继续读研，每一个脚步都走得踏实。知识储备得到提升，才有更大的能力服务国家。她的人格魅力深深吸引了另一位留藏志愿者，他们喜结连理，小琳实现了爱情、学业和事业的丰收。

（三）大学生生命态度的特点

与小琳有些不同，我们身边的部分大学生的生命态度具有以下特点：

1. 珍惜生命但缺少生存技能，追求价值但倾向功利化

当代大学生生命意识很强，非常珍惜生命，对生命的价值和生存的技能较为关心，能够把自我生命与外界生命紧密联系在一起，认为生命并不完全属于自己，还属于家人、朋友和社会。但部分大学生的生存常识、求生技能和危机干预能力相对欠缺。同时，当代大学生有更强烈的自我意识，极度渴望自我价值的实现，并希望在实现自我价值的同时能够对社会、对国家有所贡献，能清醒地认识到生命的价值在于奉献社会和完善自我的统一。但同时部分大学生又出现了人生追求的自我化、功利化倾向，目光定格在个人的努力拼搏上，凡事从“我”出发，以“我”为中心，仅崇尚“追求自我实现、完善自我价值”。

2. 热爱生活但容易孤寂消极，追求幸福但缺乏安全感

当代大学生对生活表现出一种有理想、有目标、积极向上的态度，像小琳一样，热爱生活，每天过得充实而有意义，拥有理想抱负，并为之不断努力。但是，现代社会激烈的竞争、过大的生存压力也使部分大学生过早地感受了生活的艰辛，“佛系”“躺平”就成了一种自我调侃；同时，由于经常“宅”于网络，部分大学生脱离群体环境和现实交往圈，内心总有焦虑感，缺乏集体归属感，陷入网络孤寂自闭中。另外，大学生对人生目标和人生幸福的规划更加具体实在，且不排除金钱的需要，偏重于追求身边的幸福和稳定的生活。但面对纷繁复杂、千变万化的物质世界的困扰和“内卷”的压力，部分大学生心灵变得浮躁紧张，安全感和幸福感明显不足。

10-5 “躺平”不可取 奋斗正当时

3. 敬畏生命但轻率选择死亡，自我激励但抗危机能力弱

当代大学生能够辩证地看待生死，对死亡采取乐观接受态度，既不害怕死亡，也不欢迎死亡，明白死亡是生命中不可缺少的一部分，在日常生活中，能更多地进行生涯规划，让自己度过一个有意义的人生。但

是少数大学生因为无法处理生活中的痛苦及存在的问题，更轻率地把死亡作为一种逃避痛苦的方式。另外，当代大学生注重自我激励，表现出直面人生困难的豪气，遭遇挫折时，总是积极想办法应对。但相对一帆风顺的成长经历和相对优越的成长环境，使他们外表看起来很坚强，实际承受挫折与危机的能力较弱，个别大学生甚至选择放弃生命。

三、璀璨明亮的生命价值

（一）生命因奉献而厚重

工作之外，小琳参加了西藏林芝地区的志愿者自主管理委员会并担任活动部副部长。她负责成立了环保服务队，经常组织和参与当地环保活动，去桃花村、尼洋河边、比日神山捡垃圾，还对居民进行交通知识、卫生常识的宣传培训，为林芝市入选国家卫生城市贡献了力量；她协助成立了追梦助学团队，每周定期为当地职校的学生和福利院的孩子们进行课业辅导，组织课外活动，给他们带去温暖和陪伴。她还积极参加了林芝桃花文化旅游节、环巴松措国际山地自行车竞速赛等志愿服务，并担任志愿者招募负责人之一。她连续两年获得西藏自治区优秀志愿者称号，还获评2015—2016年浙江省杰出志愿者。

两年志愿服务期满后，她鼓起很大勇气选择留藏工作。留藏工作意味着失去了亲朋好友经常见面的机会，失去了在相对发达的大城市工作生活的机会，意味着需要继续克服高原反应和每年因寒冷带来的五个月冻疮的折磨。但是，在她的内心，她觉得继续留藏工作生活更能体现她的人生价值。2019年，她通过“援藏计划”政策，考取了天津某高校建筑学院的定向研究生。由于跨专业读研，开始时学习特别吃力，感觉自己“基础很差，压力很大，看谁都是学霸”。但是，从小养成的努力习惯发挥了作用。她告诉自己：正视自己的短板，每天都进步一点，不断缩小和同学的差距，哪怕追赶不上，只要不掉队，也是成功。目前，她已经顺利完成研究生学业并回藏工作。

（二）小琳的生命价值

1. 奉献他人

小琳自懂事起就开始洗衣、做饭、打扫卫生，帮父母分担家务。后来在上学时期，热心帮助同学，始终爱护同学，周围的邻居，谁家需要帮助的，她也都非常尽心尽力。她觉得自己帮助别人的时候，其实别人也在帮助她，互相帮助可以一起进步。在她的心里，能帮助别人是一件幸福的事情，这也是奉献的最初动力。

2. 奉献社会

读大学以后，小琳利用周末和其他课余时间，积极走出校园参加志愿服务。她和其他同学一起，积极而认真地完成每一个志愿项目，生活忙碌而充实。她认为自己就是最普通的一个人，用自己的一点点课余休息时间做一些力所能及的事情，这是非常简单而又有价值的。

3. 奉献祖国

小琳心底一直存有一个信念：从小到大自己都是经济困难学生，受过很多社会资助，非常希望有机会能回报祖国和社会。大学毕业后，她坚定地选择了去西藏参加西部计划，因为这个计划非常契合她一直以来想要回馈社会和奉献祖国的价值观，响应国家号召，到祖国需要的地方去，服务国家战略。更为难得的是，两年后她选择继续留藏，这真正是做到了胸怀大情怀，把“小我”融入“大我”，把生命献给祖国。

（三）何为生命价值

小琳的生命价值璀璨而明亮，那什么才是生命价值？

1. 生命价值的内涵

价值，它是一种关系范畴，是现实的人的需要与事物属性之间的一种关系。生命价值，是一种特殊的价值，是个体对待生命及其价值的基本观点和看法，是人的生命实践对于社会和个人所具有的作用和意义。对生命价值的看法，在生命观中具有重要地位，并在深层次影响、制约和指导人们的生命实践活动。

生命价值包括人的自我价值和社会价值两方面。生命的自我价值是个体的生命活动对自己的生存和发展所具有的价值，主要表现为对自身物质和精神需要的满足程度。生命的社会价值是个体的生命活动对社会、他人所具有的价值。衡量生命的社会价值的标准是个体对社会和他人所作的贡献。因此，生命的价值在于奉献社会和完善自我的统一。

2. 生命价值的作用

人类赋予了自己生命无比的价值和尊严。我们认为，价值是人存在的基础和依据，对人生意义的追求，对生命社会价值的追求，是生命价值的最高体现。生命价值观作为一种价值观念，是一种生活态度和生活理想贯穿于人们的一切活动和行为之中，决定着生命的性质和方向。正确的生命价值观对实现人生价值具有积极的导向和促进作用，它是指导人们如何处理生命历程中个人与社会、理想与现实、付出与收获、身与心、生与死等一系列问题的根本标准。

3. 生命价值的评价

10-6　在社会生活中寻找生命价值

人们认为，劳动实践以及通过劳动实践对社会和他人所作出的贡献，是社会评价一个人的生命价值的普遍标准。一个人对社会和他人所作的贡献越大，他在社会中获得价值的评价就越高。英国《太阳报》曾以“这个世界上谁最为快乐？”为题，进行过一次有奖征答比赛。从应征的 8 万多封信中，评出四个最佳答案：一是作品刚完成，吹着口哨欣赏自己作品的艺术家；二是正用沙子筑城堡的儿童；三是为婴儿洗澡的母亲；四是千辛万苦开刀后，终于挽救了危难病人的医生。从这四个答案可以看出，每个答案都包含四个基本要素，即奉献、劳动、爱心、成功。这就意味着，任何一个怀着爱心去劳动而获得成功的人，是最快乐的，其生命价值也得到了最大程度地彰显。因此，奉献是个体生命价值的最高体现，而所有能够增进人类福祉的发明、发现与创造，在客观上都是对社会的奉献。

第三节　超越生命：谱写和谐的生命乐章

把生命掌握在自己手中，保护生命，发展生命，成就生命。用健康延伸生命的长度，用实践拓展生命的宽度，用价值铸就生命的高度，用智慧积淀生命的厚度，用爱与责任营造生命的温度，最终成就生命的和谐。

一、保护生命

（一）维护生命健康

1. 珍惜生命存在

生命对于每个人是重要的，也是脆弱的，有时一个小小的失误就可能导致生命的不复存在。一些大学生缺乏基本的生存知识和应急自救本领，在发生自然灾害、意外事故和公共安全事件时，不懂得如何保护和挽救自己或他人的生命。我们要尽量创造条件学习游泳、火场逃生、野外生存、自护自救等基本的生存技能，做到远离意外伤害，熟悉安全防护标志，学习有效逃离火灾、地震等自然灾害的技巧，能够具有救护和自我救护的能力。

2. 严守生命安全

生命安全高于一切。生命安全是成就事业、实现自我生命价值的前提。“天有不测风云，人有旦夕祸福”，生命的危机随时都可能出现。生命安全的内容广泛，包括交通安全、消防安全、网络安全、瘟疫与自然灾害等，还面临着食品、运动、校园欺凌等诸多安全隐患。唯有树立起生命安全意识，远离危险，才能呵护自己的生命。以新型冠状肺炎疫情为例，大家只要做到有效地积极自我防疫，如戴口罩、勤洗手、常通风、一米线、不聚集、尽量减少外出等，就可以在关键时候保全生命。学校每年也会安排生命安全教育培训和演练，请同学们要从思想上真正强化安全意识，积极参加学习与演练，切实掌握相关基本技能。

3. 维护生命健康

健康的身体和良好的精神状态是一个人自我成长的前提和基础。经常在外用餐、空气水质污染、电磁辐射、人为安全隐患、缺乏运动、精神压力等因素，导致大部分人健康情况堪忧。学习卫生保健知识，建立个人良好卫生习惯；建立良好生活习惯，每天按时休息，尽量避免熬夜；注重饮食规律，全面营养，远离不健康饮食方式；增强体育锻炼，适当使用电子产品。

（二）强化生命意识

生命意识是人对生命存在的一种自觉，是一种人生态度，一种内在素养，也是一种道德责任的承担，是对人的生命存在终极价值的审视。强化生命意识既是生命教育的重要使命，也是心理健康教育的核心要义。结合小琳的案例，我们可以从以下两个方面入手强化生命意识。

1. 强化生命存在意识

生命的存在是生命意义和生命价值评价的基础，没有生命的存在，一切无从谈起，因此要用一种严肃的态度来看待人的存在问题；同时，坦然接受生命存在过程中的喜怒悲欢，要独立自主、充满尊严地承担为生存发展而冒险的责任，接受生命中的一切必然和偶然，注重内心的充实、自由和精神家园的构建等，维护生命尊严，追求生命价值。像小琳一样，一旦具有了良好的生命存在意识，有了对生命的认知与感悟，便会尊重生命，善待自己和他人的生命，热爱生活，在生命力的发挥和创造中体会生命的魅力。

2. 强化生命的价值意识

“人固有一死，或轻于鸿毛，或重于泰山。”在生与死之间的这些年，我们应该多作些积极的选择，修炼自己，造福更多人。爱因斯坦说：“一个人的价值，应当看他贡献什么，而不应当看他取得什么。”[①]可见，创造价值和贡献价值，是人的价值的核心。从这两方面深入来看，创造价值是个人对自我的价值实现，体现在个人的自我修炼方面，想要创造更大价值，就需要个人不断地学习、实践、思考和总结，沉积知识和经验，放大人生格局，开启内在智慧，让自己具有更好的价值创造力；贡献价值是个人对他人的价值实现，体现在服务于他人、企业、社会、国家及全人类，贡献价值范围越大，受益人群越多，个人价值实现就越大。

---

① 许良英、李宝恒、赵中立编译：《爱因斯坦文集》第三卷，商务印书馆 1979 年版，第 145 页。

（三）捍卫生命信仰

10-7　钟南山：生命的微光

1. 坚定生命信仰

生命信仰就是人对生命终极价值的肯定、持有和关怀，是人对其认定的体现着最高价值的目标的坚定信赖和执着追求。信仰所关注的问题就是“人为什么活着”的问题。关于这个问题，中国当代作家余华的《活着》给了我们答案：活着，只是为了活着本身。有一句话曾说，最初我们来到这个世界，是因为不得不来；最终我们离开这个世界，是因为不得不走。我们没有选择，但既然来了，那就不如拼尽全力。拼尽全力地好好活着，这就是我们的信仰。

2. 坚持热爱生命

热爱生命是一种精神面貌。每个人的生命，无论是成功还是失败，无论是幸福或是不幸，都很宝贵。世界上并不缺少美，而是缺少发现美的眼睛。热爱生命，就是热爱生命的多维展现，无论是顽强与坚韧、神奇与丰富、善良与美好，还是独特与变化。新型冠状肺炎疫情给我们带来了灾难，但同样“检测”出了许多中国人是如此热爱祖国、热爱生活、热爱真理、热爱奉献，这是一种怎样的力量和幸福。

3. 彰显生命自觉

生命自觉，包括生命质量、生命尊严和责任担当意识。衡量一个人生命质量的高低，有两个最重要的标准，一是看有无健康的生命本体，二是看有无正确的精神追求。健康的生命本体，主要是指医学意义上的人体健康；正确的精神追求，是指人对自己生命存在价值的认知或者选择。大学生只有拥有健康的身体和正确的精神追求，才能拥有良好的生命质量。尊重生命是一种态度，不管是贫贱还是富贵，不管是顺境还是逆境，只要我们懂得尊重生命，尊重自我，尊重别人，生命的价值就会得以提升。人们生活在各种社会关系之中，也就生活在责任之中，担负起属于自己的责任，彰显生命的自觉。大学生心理教育就是要培养学生生命质量与生命尊严的意识并将其作为自觉的价值追求，主动提升美好人生的知识和技能，使自身有能力以充满自信的理性力量和充满热情的道德良心去创造满意的人生。

二、发展生命

（一）打造生命质量

1. 加强生命规划

生命对于每个人只有一次，理解生命的历程，学会规划人生，既能享受当下美好的生活，又能着眼于未来，用理想照亮现实，减少甚至避免盲目而忙乱的生存焦虑，要学会审慎地经营人生，包括人生设计、职业规划、时间管理与压力应对等。生命质量要在目标和正确价值观的引领下，制定具体行动计划，确定每一个人生阶段的目标和实施路径，同时在过程中不断总结，并指导下一步的前进，要有不断创新和勇于挑战的精神，只有这样才能激励自己取得更大的进步。

2. 敢于责任担当

一个人要担当的责任有很多，包括对自己、家庭、职业、社会、国家、历史、未来等，不同的角色和社会关系赋予不同的责任。自我责任、家庭责任、社会责任和国家责任等，每一份责任都是原动力，我们要在担当中实现生命成长。需要指出的是，在人生诸多的责任之中，爱国是第一位的，是最重要的责任担当，因为爱国关系一个国家和民族的历史传承，它实质上就是每一代人保家卫国的责任接力和使命传承。新型冠状肺炎疫情让“00”后们闪亮登场，出征那天，他们一夜长大；抗疫征途，他们一路成长；在挥汗如雨中他们脱胎换骨，在逆境挑战中他们顶天立地，他们深刻诠释了要用青春奋斗担起民族复兴的历史使命和时代责任。

3. 直面生命考验

生命中会有欢乐和幸福，也会有痛苦、不幸与种种磨难，最终还将走向死亡。当经历挫折、失败、困难的时候，难免失落无助、消极悲观；当无法解脱出来的时候，往往容易走向极端。 大学生要积极通过挫折教育、逆境教育、悲情教育增强自身抵御来自个人或外界风险的能力。热爱生命，懂得在逆境中选择坚持，把生命进程中的危机转化为自己成长的契机，坚持理性分析，乐观心态，逐步改善，这是生命走向强大的必经之路。

（二）调整生命态度

从小琳的生命态度中，我们可以得到以下启发：

1. 尊重生命，懂得生存是人的基本权利

对每一个人来说，对待生命的首要原则就是尊重和珍爱生命，维护生命的尊严和存在。尊重生命包括尊重自己的生命和尊重他人的生命。尊重自己的生命应是尊重生命的起点，一个人如果连自己的生命都不懂得尊重，何谈去尊重别人的生命。尊重自己的生命需要我们不要轻易损害自我的生命健康，像小琳一样，对自己的生命存在和人生负责，努力追求享受自我生命的过程。尊重他人的生命要能感同身受别人对自身生命的珍惜，能够对别人有同情心和包容心。

2. 敬畏生命，对生命的存在心怀感恩

敬畏生命，既是敬畏生命的博大、丰富与神奇，也是敬畏生命中永恒的不可知。周国平先生说，每一个生命的出现都是“大自然经过了无比漫长的时间，无比复杂的程序，终于把生命创造出来，这也足以使我们对生命怀有敬畏之心了。”① 敬畏无穷无尽的宇宙，敬畏万古不息的规律，敬畏与我们共存于这个世界的每一个常识、未知与生命，学会与大自然和谐共处，学会与其他物种长期共存，学会谦卑地倾听不同的声音。只有做到敬畏生命，才能在生命面前自觉渺小，生怕一不小心，亵渎了生命。

3. 诠释生命，确信生命的价值可以创造

每一个生命个体的诞生都有它存在的价值。像小琳一样，人活在这个世上，可以做很多有意义的事情。生命价值的实践是一种责任，对自己、对他人、对社会的责任。在真正理解生命存在真谛的同时，更要懂得生命的价值不是它的存在，而是它被赋予的责任和承诺。生命只有和责任联系在一起才会有生气，才会有活力。那些践踏生命、残害生命，自我毁灭的人无疑是放弃了生命的存在，更无视生命的价值。躺平的一生，永远无法和充实的一生同日而语；虚幻的快感，也永远无法和真实

① 周国平：《周国平人文讲演录》，上海文艺出版社 2006 年版，第 20 页。

的收获相提并论。每一个人活在世上需要感悟的是生命的真谛，需要历练的是生命的不断成长和蜕变，需要正视的是生命的价值，努力创造生命价值才是不悔的人生。

（三）树立正确的生死观

生命来之不易，个体的生命需要得到呵护，我们要珍惜仅有一次的生命，认识生命的珍贵和死亡的意义。死亡教育是引导大学生正确利用死亡的本真价值摆脱对死亡的恐惧，从对死亡的恐惧中解放出来，培养大学生坚强的品质和积极的人生态度，引导大学生开心地过好人生的每一刻，从容地享受生命的每一瞬间，脚踏实地做好人生的每一件事情，以自己真实的生命存在藐视死亡的威胁，从而成就超越死亡的精神生命。

1. 死亡的本质

古代许多帝王渴求长生不死，寻求仙丹，终无正果；《西游记》唐僧取经途中的各路妖魔鬼怪都想吃唐僧肉以期长生不老，所有这些无非是表达了人们追求长寿甚至永生的愿望。就人类个体而言，死亡是每一个人的最终归宿。只有对死亡的真谛有着认识和理解，才能真正从死亡中汲取生命的智慧，延续现实生命。

（1）生物学上的死亡。生物学上的死亡指的是肉体死亡，它是机体内同化、异化这一对矛盾运动的终止。在《辞海》中，把人和动物的死亡分为三类：一是因生理衰老而发生的生理死亡或自然死亡；二是因各种疾病造成的病理死亡；三是因机体受机械的、化学的或其他因素所造成的意外死亡。①这些死亡都是肉体生命的死亡。

（2）哲学意义上的死亡。人的生命既有物质生命，也有精神生命，两者统一于人的一体。与此相对应的，人的死亡同样也存在肉体死亡和精神死亡。肉体死亡是自然的物质肉身的死亡；精神死亡是指人的思维以及高级理想活动已经停止，或者停止其正常范围的追求。一般而言，人的肉体死亡必然会带来精神死亡，肉体死亡意味着大脑的死亡，而大脑是人的精神源泉，进一步也就是精神死亡。另外，精神死亡还特指没

---

① 《辞海》（第 6 版），上海辞书出版社 2009 年版，第 2139 页。

有思想、没有该有的精神意蕴，像动物一般活着，不具备为人的资格。叶圣陶先生曾经说过："真正的可怕是身体机能还存在，精神却已经死了。活着而不知道为什么活着，该怎么活着，一切没有根，没有源，只是飘飘浮浮的，像个虚幻的影子。"①

显然，哲学比生物学所探讨的死亡本质上升了一个层次，它所关注的不仅仅是人的肉体死亡，更是涉及人的精神层面，触及生与死的关系。我们阻挡不了肉体的死亡，但是却可以延续我们的精神生命。

2. 树立正确的生死观

死亡观是人们对死亡的内容、本质、价值和意义的根本性的观点，而生死观是相对一个生命体而言，基于"生"和"死"两方面的认识和观点。个体所表现的生命观和死亡观，是个人世界观和价值观的组成部分，也是人类对自身认识深化的必然结果。正确的死亡观是对死亡的直面，面对死亡去积极思考人生和筹划人生。它不能自发形成，而是社会文化潜移默化的结果，是个人接受社会教化而形成的对死亡的认识和态度。

（1）生要有社会意义。人与动物的区别在于，尽管都有生存的欲望，但动物的生死受肢体活动和外界自然条件控制，而人除了受机体本能和外界环境支配，还懂得用脑力和体力适应和改变周围的生存环境和条件，这不仅是生存，而是进入了生活的阶段，也就是人能够有意识地防止非正常死亡，延长人的生命，提高生命质量。爱惜生命绝不是苟且偷生，而主要是劳动和创造，正是劳动和创造的实践才使人的生命具有意义和价值。所以，人的生命如果与时代联系起来，有益于社会，有益于国家的进步，则人的生命便会永恒。

（2）死要死得其所。人必有一死，正是由于死亡，生命才更加值得爱惜。无论是漠视自身生命还是践踏他人生命，都是对生命的不尊重、不珍惜。我们可以以积极的态度直面死亡，但绝不能轻易放弃自己宝贵的生命。只有努力寻求人生的意义和价值，过好生命中的每一天，等我们老去时，我们才能更加坦然地面对死亡。无论死亡何时到来，我们都要让它有价值。

---

① 转引自张文初：《死之默想》，海南出版社 1994 年版，第 45 页。

（3）承担人生责任。大学生只有确立了生命永恒的观念，才能找到人生的方向与获得生活行为的准则，才能避免行为的任意性，明白人生的责任。对于每一个个体，快乐成长，成家立业，孝顺长辈，抚育后代，构建自己的血缘和亲缘生命；同时，努力地从一个自然生命蜕变为社会生命，构建良好的人际关系和社会关系，努力奋斗，创新创业，立功立言立德，获得永恒的精神生命，从而超越死亡，这就是我们的人生责任。每个人都负有使自己的生活越过越好的特殊责任。

三、成就生命

（一）锚定幸福人生

【练习】生命行动之“我的墓志铭”

目的：设想一下你的墓志铭。想象你去世后，要在你的墓碑上刻下的最简练的话来概括你的人生。

操作：在音乐声中，请大家静静地思考，在空白“墓志铭”表中填写自己的墓志铭，完成后大家一起分享交流。

讨论：写下你的墓志铭，从某种意义上讲，就是总结了你的一生。墓志铭反映了一个人对当前人生的最高理想或是补偿心理。这个游戏的好处就是，你还有足够的时间来拟订你的墓志铭。我们要活得坦荡，活得无悔，我们现在的人生目标，很大程度上决定着我们之后的一生。如果在活动中你发现了自己的人生目标，就请记住它们并努力实现，如果你还没有发现自己的人生目标，就请趁着这个机会好好思考一下。希望这个活动能够对你有所启发。

人要活得幸福而有尊严，不仅与个人努力有关，也与社会文明程度密切相关。如今，我们比历史上任何时期都更接近中华民族伟大复兴的目标，中国梦以蓬勃的生机向世界展现着它旺盛的生命力。可以说，过一个有意义的幸福人生，是我们每个人都可以做到的事情。

幸福是一种主观感受，是一种生活状态，也是一种对生命价值的评价。对于个体来说，幸福是真切的，当你感到了舒适感、成就感、有特别的快乐或是称心如意的感觉，那就是幸福。幸福是人生最高的价值体验，感受幸福的能力源于内心的力量，因此，大学生健康人格的培养就显得尤为重要。

感受幸福，需要在我们的内心世界打下一个靓丽的底色，感受生活的美好，人性的美好，形成快乐、开朗、积极、乐观的人生态度；同时，全面提升自身素质，从艺术修养、科学精神、创新意识等方面创造并成就幸福生活。具体来说，我们可以从以下四个方面入手：一是发展终身学习的愿望、兴趣和能力。在学习过程中感受智力劳动的快乐，精神充实的过程。二是发展独立地、有尊严地面对世界的品质和能力，学会质疑和独立思考，一切都放在理性的天平上来考量。三是学会有效地自我表达，这种自我表达不单单是语言的表达，也包括我们的待人接物、穿着打扮，甚至一切的创造性的活动都是一种自我表达。四是需要学会收集和处理信息，当你作出选择和决定时，你知道从什么地方可以获得可靠的、足够的信息。作为合格公民，要有自主判断、自主选择和自主承担的能力。可以说，一个能感到生活幸福的人，也一定会更加珍惜生活、善待自我、友爱他人和奉献社会，这是成就生命和谐，超越生命的必然要求。

（二）追寻生命价值

10-8 生命价值

【练习】生命行动之“未来之路”

目的：肯定自我价值及生命的意义，设计自己的未来生命历程。

操作：请静下心来，填写表格（见表10-1），10分钟后进行分享交流。

表10-1 预测死亡年龄

预测死亡年龄的依据：本人的健康状况，家族的健康状况，生活地域的平均寿命。 找出今天你的位置：写上今天的年龄，写上今天的日期。 肯定过去的我与未来的我：列出过去让你觉得有意义的三件事，列出今后你最想做的三件事或最想实现的三个目标。 过去的三件有意义之事： 1. ________ 2. ________ 3. ________ 未来想做的三件事或最想实现的三个目标： 1. ________ 2. ________ 3. ________

讨论：在小组交流中，请小组成员都拿出自己的表格展示给其他人，边展示边说明，仔细体会交流过程中自己与他人内心的反应。

人之所以为人，最重要的本质之一就是人是一种知道价值、了解价值的大小，并追求价值最大化的动物。价值与意义赋予人们生活的动力、生存的目标。正如齐格蒙特·鲍曼所说："意识到生命的短暂性使得人们只把价值寄托于永恒的延续性之上，这间接地证实了生命的意义：只要我们知道无论生命多么短暂，在出生与死亡之间的那段时间都是我们求得超越的唯一机会，是我们在永恒中获得立锥之地的唯一机会。"① 一个生命存在一世，如何去展现自身的价值，这一种价值是需要人们自觉地去进行认识、进行规划、进行创造的，人的一生就是需要不断发现、创造、扩展甚至跨越自身生命的一个历程。

结合小琳的经历，我们可以从以下四个方面来努力寻找生命的价值和意义。

第一，从平凡而真实的人生中寻找生命的价值和意义。生命中最有价值的事，莫过于生命本身。生命的意义不可能用成功与不成功来表现，重要的是这平凡生命本身；一个人的生命长短也并不是生命中最重要的，重要的是在有限生命的日子里找到自己努力的方向。不自怨自艾，不矫揉造作，活在当下，活在真实中，珍惜拥有，这种生活，生命的意义自在其中。

第二，从爱自己和爱他人中寻找生命的价值和意义。人的生命价值既不是用金钱，也不是用权势来衡量的。生命对不同个体、群体、社会存在与发展的意义，离不开"爱"。爱是高尚的，从男女之间的纯真爱情，到人与人之间的相互关爱；从对家人的疼爱，到对他人的爱护；从对生活的热爱，到对国家人民的博爱，都是高尚的。在现实的生命世界里，一个只爱自己、只顾自己的人，与其说是一种自私自利的狭隘主义，倒不如说其实没有真爱。在平凡的生命中，只有懂得爱的人才能真正享受生活本身，才能领悟生命存在的意义。

第三，从自我价值的实现和创造中寻找生命的价值和意义。人的一生当中，许多的事情并非仅仅是为了生存，其最终的目的是完成自己的

① ［英］齐格蒙·鲍曼著，范祥涛译：《个体化社会》，上海三联书店2002年版，第314页。

理想，实现一种价值追求。对社会贡献自己的应有之力，生命存在的最大价值在于被他人所需要，当你感到有人需要你的时候，你才会觉得人生有意义，你的生命就会有生存的动力。也就是说，当我们把有限的生命转化为无限的生命，被人需要，实现理想，贡献社会，我们就找到了生命的终极意义。

第四，从与他人相处中寻找生命的价值和意义。生命虽然是以个体方式存在，但一个人的生命不仅属于自己，也属于他人，属于自己的家庭。在当今社会，人与人之间表现出推心置腹的真诚交往与沟通，显得尤其重要。我们要学会与人相处，时刻注意自己的品行，提高自身修养，凡事多站在别人的角度去看问题，多为别人着想，给别人多点帮助。这样，你才会感觉到来自生活的充实和活着的意义。

（三）成就生命和谐

10-9 刘根生：用信念引领人生选择

如何更好地实现人的生命价值，是大学生需要讨论和思考的话题。一方面，生命价值目标要与符合社会发展规律、具有客观真理性的主导价值目标相一致；另一方面，实现生命价值要从自身条件出发，要从提升思想道德素质、科学文化修养等方面入手，不断提高自身的能力，增强实现生命价值的本领，最终成就生命和谐。

第一，主动投身学习，维护生命尊严。教育的本质是解放人，发展人，提升人的身心，发展人的潜能，提高人的素质。高校的思想政治理论课教学体系，包括大学生心理健康教育，是帮助大学生形成正确的世界观、人生观、价值观的主渠道、主阵地，也是进行生命教育的主要课程载体，大学生要重视相关课程的学习，并把知识内化为个人的价值观念。要培养健全人格，学会尊重自己、尊重他人，善于与人交往合作，学会同情关心弱者，呵护一切生命，认识生命的价值。

第二，加强审美教育，提升生命修养。教育不仅教给人们知识，还要净化人的心灵，陶冶人的情操。大学生思维敏捷、朝气蓬勃，是追求美的群体。目前大学生总体素质呈上升趋势，但就审美素质而言，尚存在一些不足，如有的注重外在美而漠视内在美，有的美丑不分，有的片面追求美丽时髦，有的崇尚所谓的完美。大学生要充分利用自己已有的知识和能力，利用人类社会既有的科学、文化、技术、艺术等知识来培养自己发现美和创造美的能力；注意用美的思想陶冶人，树立正确的审美观；共同维护优美的校园文化氛围；主动贴近美的事物，主动参加审美实践活动，培养自己美好的兴趣爱好，追求美好而崇高的理想，从而提升生命之美的觉悟，追求生命之美的理念和创造生命之美的能力。

第三，投身社会实践，增强生命体验。“世事洞明皆学问，人情练达即文章”，拥有丰富的生命体验，这是人生最宝贵的财富。大学生要走向广阔的社会生活促进自身的社会化，可以通过组织野外活动，增进对困难的体验，培养坚强的意志力；邀请劫后余生的人谈谈他们的感悟，经历过死亡体验的人具有更强的对生命的眷恋和执着；邀请警察同志现场讲解面对突发事件时如何进行自我保护，懂得基本自救互救技能；组织针对残疾人、孤寡老人、特困家庭等弱势群体生命态度的社会调查，由己及人懂得珍惜今天的美好生活；积极参加创业实践，在创业实践中磨炼意志，体验创造生命价值的艰辛。在实践中思考，在实践中体会生命的价值，只有这样，才能意识到生活中有很多有意义的事情可以做，有很多人需要关爱，才能拥有克服各种困难的勇气。

生命的意义，需要从生命价值的角度来进行审视和评价。明确生命意义，自觉地朝着选定的目标努力，以全部的情感、意志、信念去创造有价值的生命。让我们共同重视生命教育，了解生命的意义，建立积极、健康、科学的生命意识和生命观，珍惜生命，尊重自己和他人的生命，激发生命情感，端正生命态度，直面生命中的考验，将有限的生命融入社会实践，被人需要，贡献社会，实现自己的生命价值和意义，谱写和谐的生命华章。

本章参考答案要点

思考与练习

1. 如何理解生命的内涵？
2. 何为生命意识？大学生生命意识的特点及存在的问题？
3. 追寻生命的价值和意义有哪些角度和对策？

推荐书目

1. 刘济良、马苗苗等著：《大学生生命教育》，科学出版社 2021 年版。

2. 王敬川：《大学生生命价值理论与生命教育实践》，知识产权出版社 2017 年版。

3. ［印］萨提斯·莫迪著，歌沐、张劼译：《超越死亡》，长江文艺出版社 2018 年版。

主要参考书目

1. 车文博主编：《心理咨询大百科全书》，浙江科学技术出版社 2001 年版。

2. 林崇德、杨治良、黄希庭主编：《心理学大辞典》，上海教育出版社 2003 年版。

3. 李中莹著：《爱上双人舞》，世界图书出版公司 2005 年版。

4. 黄希庭主编：《心理学与人生》，暨南大学出版社 2005 年版。

5. 张旭东、车文博著：《挫折应对与大学生心理健康》，科学出版社 2005 年版。

6. 季建林、赵静波主编：《自杀预防与危机干预》，华东师范大学出版社 2007 年版。

7. 姚树桥主编：《医学心理学与精神病学》（第 2 版），人民卫生出版社 2007 年版。

8. 泛珠三角地区九所师范大学联合编写：《现代心理学》（第 2 版），暨南大学出版社 2008 年版。

9. 肖峰著：《做情绪的主人》，当代世界出版社 2008 年版。

10. 邱鸿钟、梁瑞琼等编著：《应激与心理危机干预》，暨南大学出版社 2008 年版。

11. 王小明著：《学习心理学》，中国轻工业出版社 2009 年版。

12. 许思安、严标宾编著：《大学生人格发展与辅导》，暨南大学出版社 2009 年版。

13. 赵丽琴主编：《大学生心理健康指南》，高等教育出版社 2010 年版。

14. 魏改然主编：《大学生心理健康教育》，化学工业出版社 2010

年版。
15. 陈少华编著：《人格心理学》，暨南大学出版社 2010 年版。
16. 郭永玉、贺金波主编：《人格心理学》，高等教育出版社 2011 年版。
17. 梁宁建主编：《心理学导论》（第 2 版），上海教育出版社 2011 年版。
18. 马建青等著：《大学生心理危机干预的理论与实务》，杭州出版社 2011 年版。
19. 潘绥铭、黄盈盈著：《性社会学》，中国人民大学出版社 2011 年版。
20. 张大均主编：《教育心理学》（第 2 版），人民教育出版社 2011 年版。
21. 张友源著：《左脑情绪管理　右脑压力管理》，中国财富出版社 2012 年版。
22. 江光荣著：《心理咨询的理论与实务》（第 2 版），高等教育出版社 2012 年版。
23. 王继军主编：《精神障碍的物理治疗》，人民卫生出版社 2012 年版。
24. 林子著：《恋爱从失恋开始》，武汉大学出版社 2013 年版。
25. 顾瑜琦、孙宏伟主编：《心理危机干预》，人民卫生出版社 2013 年版。
26. 樊富珉、王建中主编：《当代大学生心理健康教程》（第 2 版），武汉大学出版社 2014 年版。
27. 范红霞主编：《大学生心理健康——心理教育与心灵培育》，高等教育出版社 2014 年版。
28. 刘慧主编：《生命教育导论》，人民教育出版社 2015 年版。
29. 李梦洁著：《交际是一种非凡的能力》，中国电力出版社 2015 年版。
30. 王向群、王高华主编：《中国进食障碍防治指南》，中华医学电子音像出版社 2015 年版。
31. 黄希庭、郑涌著：《心理学导论》（第 3 版），人民教育出版社

2015 年版。

32. 白学军主编：《心理学概论》，北京师范大学出版社 2015 年版。

33. 袁勇贵、徐治主编：《自我识别心理障碍》，东南大学出版社 2015 年版。

34. 张积家编著：《普通心理学》，中国人民大学出版社 2015 年版。

35. 钱铭怡编著：《心理咨询与心理治疗》，北京大学出版社 2016 年版。

36. 江开达主编：《精神障碍药物治疗指导》，人民卫生出版社 2016 年版。

37. 付建中主编：《普通心理学》（第 2 版），清华大学出版社 2017 年版。

38. 郝伟、陆林主编：《精神病学》（第 8 版），人民卫生出版社 2018 年版。

39. 彭聃龄主编：《普通心理学》（第 5 版），北京师范大学出版社 2019 年版。

40. 王薇华著：《高级感：活出你想要的幸福模样》，中国致公出版社 2018 年版。

41. 陆林主编：《沈渔邨精神病学》（第 6 版），人民卫生出版社 2018 年版。

42. 张继明、王东升主编：《大学生心理危机干预辅导员手册》，北京师范大学出版社 2018 年版。

43. 郭永玉等著：《人格研究》（第 2 版），华东师范大学出版社 2019 年版。

44. 胡谊、张亚、朱虹主编：《大学生心理健康教育》，华东师范大学出版社 2019 年版。

45. 俞国良主编：《大学生心理健康》，北京师范大学出版社 2019 年版。

46. 傅小兰、张侃主编：《中国国民心理健康发展报告（2019 ~ 2020）》，社会科学文献出版社 2020 年版。

47. 尤瑾著：《人格的毕生发展》，上海教育出版社 2020 年版。

48. 郑应霞、甘琳琳主编：《人际关系心理学》，华中科技大学出版社 2020 年版。

49. 惠淑英、姚杜纯子、杨洁编著：《自杀心理危机干预》，电子工业出版社 2021 年版。

50. 李世佳著：《压力心理学 从大脑、个人成长到心理健康》，上海教育出版社 2021 年版。

51. [美] L·A·珀文著，周榕等译：《人格科学》，华东师范大学出版社 2001 年版。

52. [美] Shelley E. Taylor 原著，朱熊兆等主译：《健康心理学》(第 5 版)，人民卫生出版社 2006 年版。

53. [美] 卡伦·达菲，伊斯特伍德·阿特沃特著，张莹、丁云峰、杨洋译：《心理学改变生活》(第 8 版)，世界图书出版公司 2006 年版。

54. [美] Gerald Corey、Marianne Schneider Corey 著，胡佩诚等译：《心理学与个人成长》，中国轻工业出版社 2007 年版。

55. [美] 罗伯特·费尔德曼、[中] 黄希庭著，黄希庭等译：《心理学与我们》，人民邮电出版社 2008 年版。

56. [美] 朱瑟琳·乔塞尔森 (Ruthellen Josselson) 著，鲁小华、孙大强译：《我和你：人际关系的解析》，机械工业出版社 2009 年版。

57. [美] 沃特·谢弗尔 (Walt Schafer) 著，方双虎等译：《压力管理心理学》(第 4 版)，中国人民大学出版社 2009 年版。

58. [美] 芭芭拉·弗雷德里克森著，王珺译，阳志平审校：《积极情绪的力量》，中国人民大学出版社 2010 年版。

59. [美] 罗纳德·B·阿德勒，[美] 拉塞尔·f·普罗科特著，黄素菲译：《沟通的艺术》，世界图书出版公司 2010 年版。

60. [美] 罗伯特·J·斯腾伯格、凯琳·斯腾伯格编著，李朝旭等译：《爱情心理学》，世界图书出版公司 2010 年版。

61. [美] 林恩·克拉克 (Clark, L.) 著，姚梅林、庞晖、姚枫林译：《救助情绪——处理常见情绪问题实用指南》，北京师范大学出版社 2011 年版。

62. [美] 弗里德曼 (Friedman, H. S.)、[美] 舒斯塔克 (Schustack, M. W.) 著，许燕等译：《人格心理学：经典理论和当代研究 (原书第 4 版)》，机械工业出版社 2011 年版。

63. ［美］罗兰·米勒，丹尼尔·珀尔曼著，王伟平译：《亲密关系》（第5版），人民邮电出版社2011年版。

64. ［美］帕里斯（Perlis，M）原著，张斌主译：《失眠的认知行为治疗：逐次访谈指南》，人民卫生出版社2012年版。

65. ［美］罗伯特·费尔德曼著，苏彦捷、邹丹等译：《发展心理学——人的毕生发展》（第6版），世界图书出版公司2013年版。

66. ［美］理查德·格里格，菲利普·津巴多著，王垒、王甦等译：《心理学与生活》（第16版），人民邮电出版社2003年版。

67. ［美］Eric Berne著，刘玎译：《人间游戏　人际关系心理学》，中国轻工业出版社2014年版。

68. ［新西兰］斯托曼（Strongman，K. T.）著，王力译：《情绪心理学——从日常生活到理论》，中国轻工业出版社2014年版。

69. ［美］迈克尔·劳伦斯·福克纳、［美］安德莉亚·尼伦伯格著，彭相珍译：《交际有道：如何拥有更多更长久的朋友与合作》，中国青年出版社2015年版。

70. ［英］Marina Pearson著，袁靖亚译：《再见，前任先生》，广西科学技术出版社2014年版。

71. ［英］史蒂夫·米勒著，钱峰、郭岑、游梦雨译：《自信提升三步法》，电子工业出版社2015年版。

72. ［美］简妮·爱丽丝·奥姆罗德著，汪玲等译：《学习心理学》（第6版），中国人民大学出版社2015年版。

73. 美国精神医学学会编著，［美］张道龙等译：《精神障碍诊断与统计手册（案头参考书）》（第5版），北京大学出版社2014年版。

74. ［美］Dennis Coon、John O. Mitterer著，郑钢等译：《心理学导论——思想与行为的认识之路》（第13版），中国轻工业出版社2016年版。

75. ［美］杜安·舒尔茨、［美］西德尼·艾伦·舒尔茨著，张登浩、李森译：《人格心理学：全面、科学的人性思考》（第10版），机械工业出版社2014年版。

76. 美国精神医学学会著，夏雅俐、［美］张道龙译：《理解精神障碍：你的DSM-5®指南》，北京大学出版社2016年版。

77. [美] 米哈里·契克森米哈赖著，张定绮译：《心流：最优体验心理学》，中信出版社 2017 年版。

78. [美] Richard K. James、Burl E. Gilliland 著，肖水源、周亮等译校：《危机干预策略》（第 7 版），中国轻工业出版社 2017 年版。

79. [美] 维克多·弗兰克尔著，吕娜译：《活出生命的意义》，华夏出版社 2018 年版。

80. [美] 埃伦·伯斯奇德、帕梅拉·丽甘著，李小平、李智勇译：《人际关系心理学》，上海教育出版社 2019 年版。

81. [德] 丹尼斯·穆蓝纳（Dennis Mourlane）著，王丹若译：《挫折复原力：成功者都具备的隐藏素质》，北京时代华文书局 2019 年版。

82. [美] 查尔斯·S. 卡弗、[美] 迈克尔·F. 沙伊尔著，贾惠侨、张品、赵红梅译：《人格心理学》，中信出版社 2020 年版。

83. [美] 米歇尔·N. 希奥塔（Michelle N. Shiota），[美] 詹姆斯·W. 卡拉特（James W. Kalat）著，周仁来等译：《情绪心理学》，中国轻工业出版社 2021 年版。

84. [美] 丹尼尔·沃瑟恩（Daniel Cervone），[美] 劳伦斯·佩文（Lawrence A. Person）著，许燕译：《人格心理学：理论与研究》（第 13 版），清华大学出版社 2021 年版。

85. [美] 马歇尔·卢森堡（Marshall B. Rosenberg）著，刘轶译：《非暴力沟通》（修订版），华夏出版社 2021 年版。

86. [澳] 史蒂芬妮·阿兹里著，张瑞瑞校译：《复原力：应对压力与挫折的心理学》，中国友谊出版公司 2021 年版。

后记

大学生是国家的希望、民族的未来，肩负着实现国家富强、民族复兴、人民幸福的时代重任。大学生只有身心健康发展，才能勇立时代潮头，积极投身实现中华民族伟大复兴的伟大征程中，做新时代的青年追梦人。

新时代的大学生心理健康教育，应以培育“自尊自信、理性平和、积极向上”的健康心态为指引，以促进大学生身心全面发展为目标，把大学生心理健康教育提升到新形势下全面贯彻党的教育方针、落实立德树人根本任务、培养社会主义建设者和接班人的高度。

依据《普通高等学校学生心理健康教育课程教学基本要求》和教育部党组 2018 年印发的《高等学校学生心理健康教育指导纲要》，根据新时代高校教育教学改革发展的时代要求，结合本校大学生心理健康教育课程建设和教学改革的探索与实践经验，我们在第一版教材《大学生心理健康与发展》（高等教育出版社 2016 年版）的基础上，对教材大纲进行了调整，做了新的修订。第二版教材以促进大学生心理健康发展为主题，围绕大学生的心理健康、自我意识、积极情绪、健康人格、学习心理、人际关系、美好爱情、心理危机、精神障碍以及生命成长十大主题，指导大学生不断增强心理健康意识，学习心理健康知识，提高心理健康技能，最终提升心理健康水平，增强心理健康素质。

本教材由浙江工商大学心理健康教育中心主任郭洪芹老师担任主编，由我校部分专兼职心理健康教师合作编写。参加各章编写的有：袁娟、沈银红（第一章），刘静（第二章），胡文燕（第三章），郭洪芹（第四章、第八章、第九章），陈晓明（第五章），刘望秀（第六章），叶立军（第七章），鲍碧丽（第十章）。全书由主编郭洪芹确定写作大纲和章节目框架，并负责统稿和定稿。

浙江工商大学心理健康教育中心的创始人和开拓者，为我校心理健康教育工作无私奉献了30多年的王晓刚教授，是我专业成长的引路人，带领我在高校心理健康教育的岗位上不断进取。他对本书的编写给予了专业指导和热心帮助，并为本书作序。在此向王老师致以最崇高的敬意和最真诚的感谢。

浙江工商大学马克思主义学院2021级硕士研究生杨亚茹、刘凯月、李月圆、温欣和高习强五位同学，满怀热情、夜以继日、认真负责地协助主编做了大量的工作，在此表示衷心的感谢。

作为一名心理健康教育教师，感谢浙江工商大学以及各学院、各部门领导对心理健康教育的重视和支持，为心理健康教育搭建平台、保驾护航。感谢我校全体专兼职心理健康教育教师的支持和帮助，感谢我校历届大一新生们对心理健康课的喜欢与投入。感谢高等教育出版社吴军编辑不辞辛苦的敬业与付出。因为有你们，才有了本书的出版。

心理健康教育是我的专业，也是我所热爱的事业。从1996年读大学学习心理学开始，我在高校心理健康教育这个领域已经摸爬滚打了26个春秋冬夏。一路走来，虽然不易，但从未放弃。心理健康教育让我遇见更好的自己，心理咨询服务让我成为更真实的自己，心理学的助人自助与自我成长，是我在这条奋斗的道路上不断超越自我的动力。写作是一个历练与蜕变的过程，写作也是一个艰辛与折磨的过程，然而，写作的过程让我更加明白，每一份付出和努力都不会白费，每一次经历和成长都值得铭记！

行文至此，借用一句非常喜欢的千古名句与大家共勉：“宠辱不惊，闲看庭前花开花落；去留无意，漫随天外云卷云舒。”这是我心之所向！

本书在编写过程中，查阅和参考了国内外相关的文献、书籍、工具等，虽然尽可能地对出处做了注释，但也存在挂一漏万的情况，请读者与原作者谅解。囿于作者学识与专业所限，书中可能存在局限或错误之处，恳请大家批评指正。

希望本书的出版能为促进学生的心理健康发展贡献力量。

郭洪芹

2022年3月6日于杭州